中国法律实证研究

第3卷
2018年

四川大学法律实证研究所　主办

法律出版社
LAW PRESS · CHINA

主 编 简 介

左卫民

法学博士，教育部“长江学者奖励计划”特聘教授，四川大学法学院院长，四川大学法律实证研究所所长，兼任中国法学会理事、中国刑事诉讼法学研究会副会长、四川省法学会副会长、最高人民检察院专家咨询委员等职。1988年至今在四川大学任教，1992年破格晋升为副教授，1994年破格晋升为教授。先后获得人事部首批“新世纪百千万人才国家级人选”（2004）、第四届全国十大青年法学家（2004）、教育部首届“青年教师奖”（2000）、教育部首批人文社科“跨世纪优秀人才”（1997）、国家万人计划哲社领军人才（2015）等荣誉称号或奖励。曾为美国哈佛大学、耶鲁大学、哥伦比亚大学、纽约大学、荷兰阿姆斯特丹大学、德国马普刑事法律研究所、香港中文大学的访问学者。主要研究领域为刑事诉讼、司法制度、纠纷解决与法律大数据。承担了包括国家社会科学基金重大招标项目《和谐社会的构建与人民内部矛盾解决体系的完善》（首席专家）在内的多项国家级、省部级等科研课题；独立或合作出版了《现实与理想：关于中国刑事诉讼的司法》《刑事诉讼的中国图景》《刑事诉讼运行机制实证研究》《中国基层纠纷解决研究》等十余部著作；在《中国社会科学》《法学研究》等期刊上独立或合作发表学术论文逾百篇，其中有50余篇被《新华文摘》《中国社会科学文摘》等转载或转摘。研究成果获得省部级一、二等奖十余次。

中国法律实证研究(第3卷·2018年)

海外动态

名家专论

青年论坛

对话实务

圆桌座谈

海外动态

美国法律体系中的人工智能：问题与挑战

李　本(Benjamin L. Liebman)*

最近一段时间，“AI”一词在中国大火，许多学科均在思考如何用信息技术改造自己，中国法律界亦不甘落后：从各种法律人工智能研讨会到形形色色的法律服务机器人、裁判文书自动生成系统，法律人工智能的建设与应用正如火如荼地展开。与中国相同，在 AI 技术更为成熟的美国，法律人工智能引发了学界与实务界广泛的讨论，不过实际投入使用的 AI 比较有限——它们主要被应用于量刑和假释，即风险评估领域。

具体而言，美国法律人工智能的主要目标是预测个体是否会犯罪、是否会在开庭日出庭等的可能性，从而影响关于保释、量刑和假释的决定。早在几年前，美国就开发了 COMPAS、PSA 和 LSI-R 三种主要的风险评估软件，目前已有一半以上的州利用这些软件来辅助法官量刑。在这之中，一些州使用模型来辨别囚犯，以减少累犯率。实务界希望在 AI 的帮助下通过更精确的风险认识以减小犯罪率——在世界范围内，美国是犯罪率非常高的国家。另一些州则直接使用软件作出量刑。因此，法律 AI 的预测功能对美国法律界尤为重要。客观地讲，风险评估并不是新兴的领域，它一直是量刑和假释裁定的组成部分。过

* 李本(Benjamin L. Liebman)，哥伦比亚大学法学院教授。

去,这种评估依据的是法官的“直觉、本能和正义感”。而现在它将依赖于精算模型和算法。COMPAS 与 LSI-R 模型有五个主要的领域:涉及犯罪的情况、人际关系、个性、家庭、社会排斥程度。由于这些软件的专利性,确切的考虑因素和计算权重外界是不得而知的。有学者研究称,这些模型可能还包括工作经历、经济状况、家庭成员犯罪记录、年龄、性别、婚姻状况、福利、教育水平等要素。值得一提的是,其中的一些模型是为假释裁决使用而设计的,现在被应用于量刑。从实践的角度看,法律人工智能在使用中的风险是基于历史数据作出决策的方法,如从询问被告或犯罪记录中获取超出100个问题并以此为参考。换句话讲,风险评估软件善于评估群体的可能性,而不是个人的可能性。需要注意的是,风险评估并不等于量刑:量刑的目标在于道德罪责或未来危害的可能性,风险只是量刑的一个考虑因素,而风险评估的结果更侧重于风险。它聚焦于累犯的可能性,而不是监禁是否会降低累犯概率。

就如一切新事物的推广都不可能一帆风顺那样,法律人工智能特别是法院使用的算法在学界和实务界引发了很多争议。归纳起来有这么几点:

一是准确性问题。有学者通过实证研究证明这些算法并不能很好地预测未来的暴力犯罪。一项研究显示,在算法预测的未来两年内实施暴力犯罪的人中,仅有20% 实施了暴力犯罪,就算范围扩大到所有的犯罪,正确率亦仅有61%。据此,部分学者认为 AI 及其算法在风险预测领域并不优于其他方法。

二是社会问题。具体而言,量刑应当依据社会经济的不利因素。算法在预测评估时会参考对方及其亲属的生活环境、受教育程度、收入情况、违法记录等因素,这便形成了一种压制贫困者的体制。[①] 还有一些设计可能会引发种族偏见和歧视。例如,被评估对象是否参与斗殴、是否与警察打过交道等因素。斗殴的意思不一定是犯罪,但黑人参与斗殴并上升为犯罪的可能性客观上就比白人要高:在美国的大城市的黑人区,年轻的黑人经常会被警察拦下来盘问,甚至与警察斗殴。如此,是否参与斗殴、是否因此与警察打交道就在很大程度上相当于是否黑人更可能犯罪。更进一步讲,这类模型会造成种族决定犯罪可能性的问题。同理,以亲属是否有犯罪记录来考量个人的危险

---

① 部分学者认为算法会根据一般认识将被预测的个体区分为穷人、富人,并以他们身份作为其危险性高低的重要判断因素。

程度，也饱受学者和社会活动人士的批评。客观地讲，虽然美国不允许开发者在这些软件、算法和模型中明确写入种族等因素，但某一些考虑因素天然与种族相互关联，并很有可能转化为种族问题。

三是正当程序问题。如上文所述，由于算法具有专利性，因而当事人无法查看算法，并且 AI 得出结论的过程也无法公开。同时，目前针对法律程序中算法的使用，几乎不存在任何规则或者标准。这就在一定程度上形成了所谓的“黑箱”。这一担忧正是目前美国法律人工智能的痛处所在，并在某种程度上已转化为现实问题。最近在威斯康星州便发生了一起典型的案件（State v. Loomis）。该州一法院使用 COMPAS 算法来决定量刑，使被告认为法官违反了正当程序原则并上诉到威斯康星州最高法院。此案在美国引起了较大的争论，被告的部分主张也基本反映了当前对法律 AI 的一些批判观点：其一，被告应有权检查法律 AI 的算法，如何科学透明地公开算法信息是法院必须面对的问题；其二，算法的科学有效性和正确性值得怀疑；其三，算法量刑侵犯了量刑个别化的权利。威斯康星州最高法院最后驳回了被告的诉讼请求，主要原因在于最高法院认为使用算法量刑没有违反正当程序原则，且在使用法律 AI 的同时法官依然可以做到量刑个别化——在威斯康星州，算法只是量刑的一个因素，并不是唯一的因素。不过最高法院亦借此案要求法官在用算法的时候，必须向当事人解释其原理、使用方法，并且要考虑到算法推演的结论产生偏见的可能性。

对于本案的处理结果，有学者批评道：本案过后，法官使用的算法依然没有得到公开，“黑箱”依然可能存在。另外相关机构未能对法官如何使用风险评估系统给出充分的指导。换句话讲，法官真的理解自己在使用的工具吗？如若法官不能掌控好 AI 的算法，很有可能会导致种族歧视等社会问题。更为致命的一点在于，算法量刑工具的虚假吸引力风险依旧存在。和其他国家的法官类似，美国法官很多时候对 AI 及其算法持乐观态度，认为其具有科学性和专业性，操作起来也方便快捷，因而喜欢使用。殊不知算法模型的建立是依据经验法则的，法律 AI 本身其实是另一种形式的经验证据，若长期使用会有过度重视“专家”的经验证据的风险。

笔者认为，美国学界和实务界对法律人工智能的批判和担忧固然有其合理性，但我们不能忽视法律人工智能积极的一面。事实上，尽管有各种批评的声音，法律人工智能在美国正迅速普及。目前法学界和实务界对“科学判刑"的呼吁在很大程度上助推了这股浪潮。同时大家也发现在一些关键问题上,算法亦不一定处于劣势:就如饱受批判的偏见问题,不可否认的是在传统审判中法官也常有自己的偏见,很难说算法的偏见高于人的偏见,不会被主观情感左右的AI在某种程度上或许能够限制人为偏见或提供客观基准。此外,一些州的数据表明,算法在提高判决一致性、司法公正和减少犯罪率方面确实有一定的作用——不少人认为算法可以降低监禁率。而对于美国法院普遍存在的诉讼爆炸、案件积压问题——其高效的运算、决策能力能使大量事实清楚、情节简单的案件得到迅速处理,从而大幅减轻法官的办案压力。这些既是算法使用普及的重要原因,也是法律人工智能的优势所在。

除法院外,类似的法律AI也被应用于其他法律领域,典型的就是美国警察使用的软件和算法,不过其重点不在预测个体犯罪的可能性,而是犯罪可能发生的时间、地点,从而使得警方能合理配置警力资源。不过与法院使用的人工智能一样,其使用风险即在侦查贫困社区犯罪方面形成恶性反馈循环:每次出警侦查到的轻微犯罪将会形成新的数据,而这些数据又会促成更多的出警,因为模型在预测轻微犯罪(滋扰型犯罪)方面的优先度高于重罪,并且其考量因素可能让贫穷本身成为一种罪行。长此以往,对少数族裔社区的轻微犯罪将会产生更多的逮捕,同时以数据为基础的犯罪地图会与贫困区域重合。如此,有学者警告称警方使用的预测模型将会令传统的"罪后出警"向"罪前出警"转变,将普通公民转变为嫌疑犯;同时预测型出警还会助长种族歧视的风险——这些问题都是目前美国警方致力于解决的。在司法领域之外,一些律所和法律公司也利用AI来进行电子开示和结果预测,并利用自然语言处理技术筛选与案件有关的文档。而在法学研究领域,对于机器学习技术、AI和算法的研究,美国法学界可以说是刚刚起步,不少既存和设想中的问题的验证与解决还停留在最初的阶段。与中国的法学家们一样,多数美国法学家也不懂信息技术、缺乏相应的技能。因此在研究法律人工智能时,多学科、跨领域的合作相当重要。而法律人工智能亦会是法律实证研究的新领域。

综上所述,尽管目前,美国法律人工智能存在违反正当程序、歧视、法律私有化和算法不透明等诸多问题,但其迅速发展普及和取得的创新、成效亦令我们有理由相信它有一个光明的未来。随着技术的进步、完善,法律人工智能很可能会有更多令我们为之振奋的发展。

美国实证研究方法的趋势和争议

司徒蕾(Rachel Stern)*

众所周知,美国法学界实证研究开展较早、方法也较成熟。随着技术的进步,学者们也在不断使用新工具、新思路对现有的方法进行改良,实证研究亦日趋精细化,研究者考虑的因素亦越来越多。

当前美国法律实证研究主要存在两种趋势,第一种是计算型社会科学并将法律文书视为数据。最近三年里,美国法学学者开始使用计算工具对美国法律体系展开研究,法院的判决书、口头辩论的记录和法院之友的观点(Amicus Curiae briefs)皆是研究数据。研究者们在使用这些材料时一般会采用一系列计算工具对其进行分析。其中比较典型的有 Jacobi 和 Schweers 于 2017 年发表的描述美国联邦最高法院法官的性别与被打断的次数间的关系的文章。① 再以笔者的研究团队 2018 年发表的文章"Mass Digitization of Chinese Court Decisions: How to Use Text as Data in the Field of Chinese Law"②为例。在该文

---

* 司徒蕾(Rachel Stern),加州大学伯克利分校法学院助理教授。

① 在本文中,两名学者以数据分析的方式描述了美国联邦最高法院女法官被打断的比例有20%以上,而女法官却很少打断她们的同事的有趣现象。

② Benjamin L. Liebman, Margaret Roberts, Rachel E. Stern and Alice Z. Wang, "Mass Digitization of Chinese Court Decisions: How to Use Text as Data in the Field of Chinese Law", *Social Science Research Network* (2017).

中笔者的研究团队使用了主题模型这一计算工具,即使用计算机自然语言处理技术对中国裁判文书网的判决书进行筛选分析,若一些词经常一起出现(identify groups that frequently adhere together),我们便将其作为一个主题。通过计算机分析,我们获得了"劳动教养"、"宅基地"和"行政处罚"等主题标注(topic label)。通过对这些模型的进一步分析,我们发现中国人的创新性诉讼能力是很强的——如多种富有创造性的行政诉讼形式。这极大地扩展了我们的视野,帮助我们迅速发现了一些传统研究方法难以察觉的问题并颠覆了美国法学界的一些传统认知。由此可见,计算工具的引入和统计方法的变革对法律实证研究本身是大有裨益的。

美国法律实证研究第二种趋势则不局限于技术层面——当前学界对实证研究的可复制和透明性提出了新的要求。值得一提的是,这种研究范式或者说学术规范的转变不只局限于法学领域。这场始于2010年的范式革命已席卷了整个社会科学界并极大地改变了方法论课程的教学方式和人们对新研究的期待。对于这场革命,Miguel等学者亦于2014年在《科学杂志》(*Science*)上发表了"Promoting Transparency in Social Science Research"一文,全面介绍了这一转变并推动了革命的进程。具体而言,可复制性和透明性革命使得定量研究中过去被认为是正常的实践和步骤充满争议性。比较典型情况的有两种:一是Harking,即结果出现后的假设。过去学者们习惯于在数据或文本分析成功结束之后再提出与之相符的假设,从而容易得出研究结论并写作论文。这种做法固然有道理,但在范式革命后,有学者认为这一做法使分析和实验失败的情况无法被外界得知,因为研究者通常只会在实验成功的前提下开始进一步研究,这么做有违实证研究的透明性。二是P值操控,这是一个较为复杂的问题。在统计学中,研究者常常通过消除异常值、收集更多的案例或将数据分组来调整P值——这也常常是统计课程的一部分。而在社会科学界,学者们为了使自己结论的可信度更高通常会采用各种方法将P值控制在0.05以内。这种过去非常常见的做法在范式革命后亦受到了广泛的质疑,不少学者认为这是在人为操纵数据并使之往对自己有利的方向发展,不仅不尊重事实,还会降低研究结论的客观性和科学性。其中最典型的案例便是Amy Cuddy关于"权力姿势"(power poses)的研究受到美国社会心理学界的质疑。[③]

需要特别指出的是，在可复制和透明性革命的过程中，新的研究范式已逐渐形成且得到学界的认可。在定量研究方面，最佳方式是研究者预先在GitHub等网站上对自己的假设进行注册并对常规数据进行存档，方法论及实验细节亦会在线附录。与此同时，研究者通常会使用计算机对数据进行匿情分析，即分析隐藏数据的某些方面以避免研究结果的偏颇。最后，即便是实验无效，研究者也会尝试发布这一结果。而在定性研究方面，虽然可复制和透明性革命对其的影响并不算强，但研究者们已开始参照定量研究的部分范式，最典型的便是最近建立的供定性研究者们使用的数据库（https://qdr.syr.edu/discover）。

除研究范式的改变带来的争议外，可复制和透明性革命还在研究伦理上引发了争议。具体而言，基于部分定性研究材料因得不到完全公开而存在关键细节缺失、错误等问题，一些学者提倡研究者们完全公开访谈记录和现场笔记。这一观点得到了不少研究者的赞同，他们指出这么做可以方便其他研究者使用已公开的笔记开展进一步研究，同时也符合透明性革命的要求。不过公开访谈记录和现场笔记的代价也是沉重的，首当其冲的便是受访者的隐私无法得到有效保护，进而打击其配合研究者的积极性——对于定性研究者而言，在过去的标准下能够说服受访者参与自己的研究已经十分困难了，一旦学界要求完全公开访谈记录，多数受访者定会不再配合研究者。如此定性研究将会面临巨大障碍，且目前提倡公开的一派也未提出有效的应对措施。更重要的是，透明度和可复制性真的是定性研究面临的最重要的问题吗？——对于数据统计意义强的定量研究而言，可重复性与透明性确是最重要的，但对于定性研究而言，改善政策相关性或解决多样性缺乏的问题或许更为紧迫。

综上所述，从宏观的角度来看，虽然可复制和透明性革命正如火如荼地展开，但它于法学研究而言究竟是积极的还是消极的目前还没有定论，特别是在定性研究方面。这些争论将会持续很长的一段时间，且不论结果如何，它们必将对美国实证研究产生深远的影响。

---

③ 学界主要质疑该研究的透明性与可复制性，因为Amy的研究数据和P值过于“完美”。如此，部分学者在查阅了一系列经典文章后发现Amy的许多实验无法复制；而另一些学者对部分实验进行重复后发现了与Amy的结论相冲突的结果。这便使Amy的研究成为了近年来美国社会心理学界一个很大的丑闻。

名家专论

关于法律人工智能在中国运用前景的若干思考

左卫民*

内容摘要：法律人工智能在中国司法界的运用方兴未艾，现初步形成了信息的电子数据化、办案辅助系统的智能化、实体裁判的预测与监督系统统一、电子化的证据标准四种法律人工智能形式。然而，法律人工智能存在一定的现实困境：从数据层面来看，当下的法律数据不充分、不真实、不客观且结构化不足；从算法层面来看，法律人工智能所使用的算法隐秘且低效；从人才层面来看，法律界、人工智能界互有疏离、隔阂，重视程度不够。未来，应认识到法律人工智能在中国运用的长期性与艰巨性。在明确法律人工智能应定位于辅助角色的同时，在技术层面上改进算法并培养法学与计算机科学知识相融合的人才。

关键词：法律人工智能　法律数据　算法　深度学习　知识图谱

---

* 左卫民，国家2011协同创新计划"司法文明协同创新中心"研究人员，四川大学法学院教授。感谢洪凌啸同学、郭松副教授、朱奎彬副教授对本文提出的宝贵意见。

一、方兴未艾的运用

在Alphago战胜围棋高手李世石、柯洁之后,人工智能进一步成为当下热议的话题。正如我们所看到的那样,人工智能在人类社会活动的很多领域已开始得到较多运用,诸多互联网企业和国家对之也是高度关注。① 在此背景下,中外学界开始讨论、探索人工智能在法律领域中的运用问题。

在国外,据BBC报道,一种名叫Case Cruncher Alpha的法律人工智能"机器律师"与伦敦的100名律师就"基于数百个PPI(付款保护保险)错误销售案例事实来判断索赔与否"的法律问题展开比赛,结果"机器律师"法律AI以86.6%的准确率领先于律师的66.3%②。弗吉尼亚理工大学发现分析中心的学者通过数据驱动结构的机器学习分析了美国最高法院以往做出的裁判,并以此预测未来的判决。其AI通过对裁判文本的仔细分析,计算每个在裁判中出现的与争点相关的语词,并权衡其在争点中的权重,进而透视每个大法官对争点关注的强弱程度,再结合大法官的投票行为,挖掘文字表述的实际意义。最终,AI不仅能够更好地发现不同大法官的裁判立场与观点,预测其未来投票趋势,还可以更清楚地表明谁是裁判决策中的摇摆者与妥协者,甚至大法官们在哪些问题上更容易妥协也一清二楚。基于此,AI可以预测最高

---

① 比如,在中国,以BAT为代表的互联网公司纷纷宣称要转型成为人工智能企业。李彦宏称"互联网是前菜,人工智能才是主菜""百度公司将不再是互联网公司,而是一家人工智能公司"。李彦宏:《未来百度不是互联网公司而是人工智能公司》,载网易科技:http://tech.163.com/17/0527/08/CLE8VI5H00097U80.html,最后访问日期:2018年3月3日。马化腾称"人工智能近两年成为全球投资者关注的热点,吸引许多资金投入,腾讯也十分看重该领域的发展,预计人工智能将成为未来业内的核心竞争力"。马化腾:《人工智能将成未来业内核心竞争力》,载新华社:http://news.xinhuanet.com/2017-03/23/c_129515907.htm,最后访问日期:2018年3月3日。马云称"我相信人工智能,还有数据。在未来30年的时间里,我觉得最好的CEO应该是ET,就是一台超级计算机"。马云:《30年后翻天地覆 人工智能引领未来》,载中国青年报:http://hebei.ifeng.com/a/20161014/5055780_0.shtml,最后访问日期:2018年3月3日。中国政府在2017年的"两会"上明确提出,"加快培育壮大新兴产业,全面实施战略性新兴产业发展规划,加快新材料、人工智能、集成电路、生物制药、第五代移动通信等技术研发和转化,做大做强产业集群"。《政府工作报告——2017年3月5日在第十二届全国人民代表大会第五次会议上》,载http://www.gov.cn/premier/2017-03/16/content_5177940.htm,最后访问日期:2018年3月3日。

② See Rory Cellan-Jones, "The Robot Lawyers are Here-and They're Winning". Accessed March 13, 2018. http://www.bbc.com/news/technology-41829534.

法院未来的裁判,其准确率达到了 79.46%③。此外,美国芝加哥的伊利诺伊理工大学与南得克萨斯法学院利用 1791 ~ 2015 年的美国最高法院数据库,合作开发了一种算法,该算法再现了 1816 ~ 2015 年美国最高法院法官的 28,000 项决定和 240,000 次投票,正确率分别达到 70.2% 和 71.9%,这高于法学家们 66% 的预测准确率④。Lex Machina 公司在知识产权法律领域也通过人工智能预测裁判结果。⑤ 有国外学者甚至认为,人工智能在预测案件判决结果上已经超越了人类专家。⑥

上述事例显示,在域外,随着人工智能与大数据时代的到来,法学家与其他领域的人士已开始探讨如何将人工智能运用于法律裁判领域。但这并不新鲜,计算机甫一普及,美国法学界就开始讨论法律推理与思维是否可被机器所取代的问题了。⑦ 20 世纪 70 年代,Anthony D' Amato 提出,人类法官是否以及应该被机器法官所取代,以消除法律的不确定性。⑧ 但这一设想是否正确以及可行在美国学术界一直争论不休,有时还被上升至哲学层面讨论。如 JC Smith 指出,"电脑可以/应该更换法官"的见解是基于笛卡尔的"灵体二元论"和"莱布尼茨的谬误",二者犯了智力可以独立于人体而存在和所有的人类思想都可以通过一种通用的语言来表达的错误。⑨

---

③ See Mohammad Raihanul Islam, K. S. M. Tozammel Hossain, Siddharth Krishnan, "What AI can tell us about the U. S. Supreme Court?". Accessed March 3, 2018. https://theconversation.com/what-ai-can-tell-us-about-the-u-s-supreme-court-55352.

④ See Katz DM, Bommarito MJ II, Blackman J(2017), "A general approach for predicting the behavior of the Supreme Court of the United States". Accessed March 3, 2018. https://doi.org/10.1371/journal.pone.0174698.

⑤ See Valerie Chan, "Lex Machina Expands its Award-Winning Legal Analytics Platform to Commercial Litigation". Accessed March 3, 2018. https://lexmachina.com/media/press/lex-machina-expands-its-award-winning-legal-analytics-platform-to-commercial-litigation/.

⑥ 2016 年 11 月 24 日,英国卫报报道,伦敦大学学院(UCL)、谢菲尔德大学和宾夕法尼亚大学的科学家表示,人工智能已经可以分析法律证据与道德问题,进而预测审判结果。在研究中,人工智能程序分析所有信息,并提出自己的司法判决。在其中 79% 的案子里,人工智能提出的判决与当时的法庭判决一致。See Artificial intelligence "judge" developed by UCL computer scientists. Accessed March 3, 2018. https://www.theguardian.com/technology/2016/oct/24/artificial-intelligence-judge-university-college-london-computer-scientists.

⑦ See Bruce G. Buchanand and Thomas E. Headrickr, "Some Speculation about Artificial Intelligence and Legal Reasoning", 23 *Stan. L. Rev.* 40.

⑧ See Anthony D' Amato, "Can/Should Computers Replace Judges", 11 *Ga. L. Rev.* 1277 (1977).

⑨ JC Smith, "Machine Intelligence And Legal Reasoning", *Chicago-Kent Law Review*(1998).

值得注意的是，目前法律界对人工智能的运用已不再局限于对裁判的预测，在其他领域也能看见其活跃的身影。汤森路透公司已将IBM的认知计算系统——Watson系统用于法学学术研究，Ross Intelligence亦将IBM Watson的Q&A技术运用到破产法律的研究中。通过对法律文件的学习，其能自行识别出法律信息的重要程度，从而提高律师案例检索的效率。[10] 在一般的法律服务与活动领域，人工智能更是显示出了自身的巨大优势：在民事法律领域，很多公司已开始运用人工智能审查合同，如摩根大通开发出的商业贷款合同审查系统几秒钟就能完成曾经需要用36万小时才能完成的信贷审查工作[11]；在刑事法律领域，人工智能主要运用于一般的警务活动、羁押必要性审查以及量刑后假释等活动中；在警务活动方面，加州圣克鲁斯大数据创新企业Predpol所研发的犯罪预测软件，能够通过对犯罪历史数据的分析，逐个小时计算出哪里最可能发生犯罪活动。从理论上来说，警方只需经常在这些地区进行巡逻就可以提前阻止犯罪。圣克鲁斯、洛杉矶和亚特兰大等使用该软件的城市都降低了犯罪率。[12] 在保释与假释决定中，美国一些州法庭使用算法来确定被告的“风险程度”：从这个人会再次犯罪的可能性，到被告会如期出庭的可能性等各个因素，进而决定是否对其保释或假释[13]。此外，法律人工智能还被用于法庭量刑，如美国的一些州正在使用“风险评估工具”（Correctional Offender Management Profiling for Alternative Sanctions, or COMPAS）来确定刑期。[14] 这种“风险评估工具”是在参考了数十年的量刑案例后所设计的一种算法，该算法结合了十几个参数，进而转化为被告在一定时期内重新犯罪的可能性。[15] 现在，“法官正使用这些法律人工智能量刑系统帮助他们作出量刑决定，尽管法官仍保有其自由裁量权，但这种法律人工智

---

⑩ Michael Mills，“Using AI in Law Practice：It's Practical Now”，42 *Law Prac*，2016，pp. 48，51.

⑪ ［美］埃里克·布林约尔松、安德鲁·麦卡菲：《人工智能概览》，载《哈佛商业评论中文版》2017年10月刊。

⑫ ［美］凯西·欧尼尔：《大数据的傲慢与偏见：一个圈内数学家对演算法霸权的警告与揭发》（第1版），许瑞宋译，台北，大写出版社2017年版，第104页。

⑬ See Kali Holloway and AlterNet，“Software Is Deciding How Long People Spend in Jail”. Accessed March 3，2018. https：//www. truthdig. com/articles/software-deciding-long-people-spend-jail/.

⑭ See Christopher Slobogin，“Risk Assessment”，in Joan Petersilia and Kevin R. Reitz，eds. ，*The Oxford Handbook of Sentencing and Corrections*，2012，pp. 196，203 – 205.

⑮ Ibid. ，p. 204.

能系统对实际量刑决策的影响正在扩大”。[16]

面对法律人工智能的迅猛发展与广泛运用，域外理论界出现了两种明显存在分歧的观点。部分学者对法律人工智能的使用前景持相对乐观的态度，认为法律人工智能在当下与未来将获得更广泛的使用，但这取决于算法的进一步优化、计算机硬件的进一步提升以及更为物美价廉的法律人工智能服务的出现。[17] 还有部分学者则没有这么乐观，反而在他们看来，由于目前能够获取的数据可能并不可靠、算法标准模糊且未达到公开透明程度，盲目信任法律人工智能会产生如隐性歧视等新问题、新冲突。[18] 近日，一起由美国威斯康星州法院使用 COMPAS 系统智能量刑的案件裁判结果在美国社会引发了激烈的讨论，其中的算法歧视问题引人深思。在威斯康星州诉卢米斯一案（Wisconsin v. Loomis）中，被告埃里克·卢米斯（Eric Loomis）因偷窃枪击者抛弃的汽车而被警察误当作枪击者予以逮捕，鉴于其存在偷盗和拒捕行为，卢米斯最终被判有罪并服刑 6 年，这是因为 COMPAS 系统通过对卢米斯回答的一系列问题的测算，将其危险等级认定为“高风险”。卢米斯提起上诉，但威斯康星州最高法院支持了下级法院的裁决，认为 COMPAS 系统的算法具有中立性和客观性。[19] 2017 年 6 月，美国联邦最高法院拒绝受理卢米斯的申诉要求，实际上维持了威斯康星州最高法院支持原判决有效的裁决。[20]

那么，在中国，法律人工智能又呈现出何种景象，社会各界对其前景抱以怎样的希冀呢？

从理论界来看，法律人工智能受到了广泛关注，并展开了初步研究与讨论，其大致可分为以下几类：一是关注人工智能作为新兴工具对既有法学理

---

⑯ See Christopher Slobogin, “Risk Assessment”, in Joan Petersilia and Kevin R. Reitz, eds., *The Oxford Handbook of Sentencing and Corrections*, 2012, p. 200.

⑰ See Walton, David J., Litigation and Trial Practice in the Era of Big Data, 41 Litig. 55, 55.

⑱ See Bennett Moses, Lyria and Chan, Janet, “Using Big Data for Legal and Law Enforcement Decisions: Testing the New Tools”, *University of New South Wales Law Journal*, Vol. 37, No. 2, 2014, pp. 643 – 678.

⑲ See Jeff Larson, Surya Mattu, Lauren Kirchner and Julia Angwin, “How We Analyzed the Compas Recidivism Algorithm”. Accessed March 3, 2018. https://www.propublica.org/article/how-we-analyzed-the-compas-recidivism-algorithm.

⑳ See Michelle Liu, “Supreme Court Refuses to Hear Wisconsin Predictive Crime Assessment Case”. Accessed March 3, 2018. https://www.jsonline.com/story/news/crime/2017/06/26/supreme-court-refuses-hear-wisconsin-predictive-crime-assessment-case/428240001/.

论所带来的问题与挑战。《法律科学》在2017年第5期集中刊发的5篇与法律人工智能相关的问题所讨论的主题,就是这种研究路向的典型代表。[21] 值得注意的是,郑戈还展望了人工智能与法律的未来,认为"'现代'法律体系能否成功应对人工智能所带来的新的风险和不确定性,能否在人工智能时代继续维持秩序与变革、守护与创新、价值与事实之间的动态平衡,这是今天的法律人所必须面对的紧迫问题"。[22] 二是分析人工智能运用中所产生的信息公开和透明化问题。例如,胡凌对法律(主权权力)是否以及如何介入人工智能算法的运作,特别是在广泛影响大众利益的情形中,如何设计信息披露等监管机制、干预某类代码化规则的系统性歧视等展开了讨论。[23] 三是讨论人工智能在法律领域的运用,尤其是有关中国智慧法院建设的问题。例如,吴习彧认为,人工智能难以胜任知识覆盖面大、技术含量高的司法工作,更可行的做法应是一种人机结合的司法裁判智能化辅助系统。[24] 何帆则认为,现在谈机器人法官是无稽之谈,法官"需要的智慧和智能,第一要务还是辅助和服务法官办案,而不是替代司法裁决、淘汰办案法官"。[25] 此外,还有学者从司法权特点的角度反思了智慧法院的建设,认为"工具理性对司法意义的消解,智慧管理对司法自主的削弱,智慧应用对司法平等的分化以及服务外包对司法公信的威胁,是智慧法院存在的法理困境"。[26]

概括而言,理论界有关法律人工智能的研究虽然热闹,但仍处于开拓阶段,尚缺乏对法律人工智能运用现状与未来的深刻把握与思考。至于所提出的关于法律人工智能如何运用的建议,也只是方向性的。

相较于理论界,实务界对法律人工智能可能有更多的期待,并采取很多实际行动。在政策层面,国务院于2017年7月发布《新一代人工智能发展规划》,确立了我国新一代人工智能发展"三步走"战略目标,力争到2030年人

---

[21] 分别参见吴汉东:《人工智能时代的制度安排与法律规制》,载《法律科学》2017年第5期。易继明:《人工智能创作物是作品吗?》,王迁:《论人工智能生成的内容在著作权法中的定性》,载《法律科学》2017年第5期。梁志文:《论人工智能创造物的法律保护》,载《法律科学》2017年第5期。司晓、曹建峰:《论人工智能的民事责任:以自动驾驶汽车和智能机器人为切入点》,载《法律科学》2017年第5期。

[22] 郑戈:《人工智能与法律的未来》,载《探索与争鸣》2017年第10期。

[23] 参见胡凌:《人工智能的法律想象》,载《文化纵横》2017年第2期。

[24] 参见吴习彧:《司法裁判人工智能化的可能性及问题》,载《浙江社会科学》2017年第4期。

[25] 何帆:《我们离"阿尔法法官"还有多远?》,载《浙江人大》2017年第5期。

[26] 徐骏:《智慧法院的法理审思》,载《法学》2017年第3期。

工智能理论、技术与应用总体达到世界领先水平,成为世界主要人工智能创新中心。㉗ 最高人民法院与最高人民检察院提出了"智慧法院"与"智慧检务"建设的行动规划。㉘ 公安部与司法部也有类似大数据与信息化建设的指南。㉙ 因应于此,地方司法机关尤其法院的人工智能与"智慧法院"建设方兴未艾,北京、上海、浙江、江苏、广东、贵州等省市均推出了名称不同的人工智能法律工具,如北京法院的"睿法官"智能研判系统、上海法院的"206"刑事案件智能辅助办案系统,苏州法院的"智慧审判苏州模式"。纵观当前实践,法院系统在"智慧法院"建设中所使用的人工智能主要有以下几种形式:

一是信息的电子化、数据化,即通过技术手段,将语音、纸质化卷宗文字等非电子化信息转换为可复制、可转换的电子数据,从而减轻司法机关的工作负担,为进一步应用打下基础。例如,最高法院、上海高院、广州中院、苏州中院等超过 100 家法院就应用了科大讯飞公司研发的智慧法院庭审系统。又如,最高法院委托苏州中院研发的庭审语音识别系统,可以将语音自动转化为文字,并能自动区分庭审发言对象及发言内容,法官、当事人和其他参与人均能实时看见转录文字。㉚ 在系统试用中,语音识别正确率已达到 90% 以上,书记员只需进行少量修改即可实现庭审的完整记录。经对比测试,庭审

㉗ 《国务院关于印发新一代人工智能发展规划的通知》,载 http://www.gov.cn/zhengce/content/2017-07/20/content_5211996.htm,最后访问日期:2018 年 2 月 12 日。

㉘ 2017 年 6 月,最高人民检察院通过了《检察机关大数据行动指南(2017-2020 年)》。《最高检印发〈检察大数据行动指南(2017-2020 年)〉》,载 http://news.jcrb.com/jxsw/201706/t20170612_1764805.html,最后访问日期:2018 年 3 月 3 日。2017 年 3 月 12 日,最高人民法院院长周强在全国人大会议上做关于最高人民法院工作报告时提出,2017 年人民法院将加快建设智慧法院,努力提供更多优质司法服务。周强:《加快建设智慧法院 努力提供更多优质司法服务》,载 http://legal.people.com.cn/n1/2017/0312/c42510-29139903.html,最后访问日期:2018 年 3 月 3 日。

㉙ 公安部部长郭声琨在全国公安科技信息化工作会议上表示要"积极适应大数据时代信息化发展新趋势,大力实施警务大数据战略,大力加强科技成果运用,强化顶层设计,避免重复建设,不断提高公安工作信息化、智能化、现代化水平,为公安事业发展进步提供有力的科技引领和信息支撑"。"要主动拥抱大数据、人工智能新时代,树立前瞻性的思维与眼光"。《全国公安科技信息化工作会议在京召开 孟建柱提出要求 郭声琨讲话》,载《人民日报》2017 年 6 月 21 日,第 4 版。司法部在 2017 年 8 月联合财政部印发了《"十三五"全国司法行政科技创新规划》,对"十三五"时期司法行政科技创新作出部署。参见《司法部等部署"十三五"时期司法行政科技创新》,载 http://www.sohu.com/a/162786704_121220,最后访问日期:2018 年 3 月 3 日。

㉚ 参见丁国锋:《江苏"智慧法院"建设为司法能力现代化注入新动力》,载《法制日报》2017 年 3 月 20 日,第 1 版。

时间平均缩短20%~30%,复杂庭审时间缩短超过50%,庭审笔录的完整度达到100%。[31]

二是办案辅助系统的智能化,即指通过智能化手段,实现裁判文书中如“当事人信息”“诉讼请求”等固定格式内容的一键生成,缩短起草文书时间,辅助法官提高办案质效[32]。例如,河北高院历时近一年组织研发了“智慧审判支持”系统,帮助法官对电子卷宗进行文档化编辑,并按法律要素实现结构化管理,自动引用、排列、归纳和分析全要素案件数据,辅助法官完成文书的撰写。在河北194个法院中,已有6961名法官应用“智慧审判支持”系统,截至2017年5月31日,共处理案件11.1万件,辅助生成78.4万份文书[33]。

三是实体裁判的预测与监督。预测指的是人工智能系统对海量裁判文书进行情节特征的自动提取和判决结果的智能学习,建立具体案件裁判模型,根据法官点选的关键词或提供的事实、情节,自动统计、实时展示同类案件裁判情况,预测正在审理案件的实体裁判,同时推送更为精准的相似案例,供法官参考。北京法院的“睿法官”系统便是依托北京三级法院统一的审判信息资源库,运用大数据与云计算充分挖掘分析数据资源,并依托法律规则库和语义分析模型,在法官办案过程中自动推送案情分析、法律条款、相似案例、判决参考等信息,为法官判案提供统一、全面的审理规范和办案指引。[34]所谓监督,是指对于“同判度”较高的类案,基于预测性判断,对法官制作的裁判文书判决结果与之发生的重大偏离,系统自动预警,从而防止裁判尺度出现重大偏离。如苏州法院的人工智能系统不仅能够统计类案的裁判模式与结果,还能对当下案件根据历史裁判模型模拟裁判,如果法官制作的裁判文书判决结果与之发生重大偏离,系统予以自动预警,方便院、庭长行使审判监督管理职权。[35]

---

[31] 参见丁国锋:《江苏“智慧法院”建设为司法能力现代化注入新动力》,载《法制日报》2017年3月20日,第1版。

[32] 参见应雨轩、卢燕、颜敏丹:《为法官“减负”裁判文书一键生成》,载《台州日报》2017年3月21日,第4版;周斌:《苏州法院刑案简易判决一键生成》,载《法制日报》2017年6月19日,第1版。

[33] 参见刘子阳:《先进技术深度融合审判执行工作推进审判体系和审判能力现代化 智慧法院给法院插上信息化翅膀》,载《法制日报》2016年11月18日,第3版。

[34] 参见罗书臻:《挖掘“富矿”“反哺”审判——运用裁判文书大数据促进司法公正的地方经验》,载《人民法院报》2017年9月1日,第1版。

[35] 参见丁国锋:《苏州法官判案,8种“机器人”智慧平台当高参》,载http://www.legaldaily.com.cn/zfzz/content/2017-04/17/content_7108999_2.htm,最后访问日期:2018年3月3日。

四是建立统一的、电子化的证据标准,即通过法律大数据总结案件办理经验,并将其内嵌于公、检、法三机关的数据化办案系统中,用以规范公、检、法机关与人员的司法行为。㊱ 例如,上海公、检、法机关从统一证据标准、制定证据规则、构建证据模型入手构建的刑事案件智能辅助办案系统。㊲ 由于类似办案系统的目的在于规范司法行为,似乎还不能算是完全的法律人工智能。

二、法律人工智能的现实困境

面对人工智能迅猛的发展趋势,很多人都认为它在法律领域有着广阔的应用前景,并将成为一种可以起到决定性作用的重要手段。但在笔者看来,法律人工智能在中国未来可期的中短期内只可能是一种有限的辅助办案手段,难以应用于核心的司法工作——裁判。笔者的这一判断可以从以下三个方面论析:第一,法律领域并不拥有优质且海量的法律数据资源;第二,法律界并未形成合适且高效的大数据算法;第三,缺乏优秀、适格的法律与计算机人才。

(一)匮乏且低质的法律数据

毫无疑义,人工智能兴起的重要原因在于大数据"爆炸式"的增长,这为人工智能的发展提供了必需的"燃料"。其实,一切人工智能都必须基于充分的大数据,有数据方有人工智能。同理,法律领域中的人工智能无论基于何种算法,其基础是有大量数据尤其是大量优质数据的投喂。那么,我们当下法律数据的质与量如何呢? 笔者的基本判断是,我们处于数据严重匮乏的状态,且可能在中短期内依然如此。这也就意味着法律人工智能在我国可能缺乏必要的数据基础。

1. 法律数据不充分

在棋类世界,Alphago 及其后代虐遍围棋、国际象棋与日本将棋的人类高

㊱ 参见顾文剑:《司法大数据实践:30 岁法官达到 50 岁法官经验水准》,载第一财经日报:http://www.yicai.com/news/5337226.html,最后访问日期:2018 年 3 月 3 日。

㊲ 参见毛丽君:《代号"206"上海刑事案件智能辅助办案系统正式"解密"》,载 http://sh.eastday.com/m/20170710/u1ai10706910.html,最后访问日期:2018 年 3 月 3 日。

手,但却并未听闻 Alphago 打败中国象棋高手。原因何在?一方面,Alphago 能够获得成功,很大程度上归功于其拥有一个存储了十几万份公开的人类 6~9 段职业棋手对弈棋谱的数据库。它实际上包括了人类迄今为止几乎所有质量上乘的棋谱,涵括了围棋世界几乎所有的历史与奥妙,悟懂便可参透,这大大方便了 Alphago 从中模仿人类常见的落子方式。另一方面,中国象棋只有残局棋谱,未有全局棋谱,Alphago 不能获取充分的信息和数据。这个例子正反都能说明,基于充分数据的充分信息是人工智能有用武之地的基本前提。然而,中国目前并不存在这样的数据条件。众所周知,当下作为人工智能开发基础的法律数据基本来源于中国裁判文书网上的裁判文书,但上网的裁判文书数量可能只有审结案件 50%。[38] 也就是说,还有大约一半的裁判文书并未上网。另外,裁判文书事实上只记载了裁判结论,而反映裁判过程的决策信息并未体现在裁判文书中。这意味着基于裁判文书的人工智能获取的信息其实较为有限,也许最多十中有一。显然,依赖这些有限的裁判文书及其所记载的更有限的信息提炼普遍的裁判模式,是相当危险的。

目前,部分法院开始建设并未对外公开的裁判文书全数据库。较之全国性的裁判文书网,其数据更接近于全样本、全数据,据此似乎可以构建仅适用于自己的法律人工智能。但问题在于,这些数据库只是最近几年才开始建设的,并没有囊括所有案件的裁判文书。也就是说,所谓的裁判文书全数据库其实也只是一种当下的数据。在只有当下数据而没有历史数据,只有近期数据而没有长期数据的情况下,即便基于官方全数据也难以充分发现和总结规律性的决策模式,更无法展开有效的信息分析与建模。

需要着重指出的是,除了对外公布的法律裁判文书,法律决策过程中的关键行为如形成决策的内部讨论往往是高度非文字化、非数据化的。无论是中国、大陆法系国家的法律决策组织如合议庭、审委会的讨论、决策过程,还是英美法系国家的法官、陪审团审判的内部讨论、裁判过程,基本上都是非公开或无记录甚至是不允许记录与公开的。这使得我们对法律决策过程中的博弈过程、裁判目的、考虑条件、心证形成等这些影响决策最为关键的因素缺乏普遍、充分的记载与掌握。不仅如此,中国司法决策运行赖以存在的程序

[38] 参见马超、于晓虹、何海波:《大数据分析:中国司法裁判文书上网公开报告》,载《中国法律评论》2016年第4期。

过程信息也不充分:一方面,“庭审笔录不是一种公开的法律证明文书”[39],其亦未实现充分的数据化;另一方面,大量的程序过程如警察的侦查过程、检察院的起诉过程、法院庭审前后的过程也没有公开的、正式或非正式的文字记录,更遑论在此基础之上的数据化了。因此,所谓的特别是中国的法律人工智能应用可能是难以存在的。

总之,法律数据不充分是中国目前突出的现象。虽然我们一直强调司法公开,但也仅限于庭审过程与裁判结果的公开,对包括审前程序、决策讨论、法官心证过程的公开是极为有限的。同时,法律信息也是未充分记录甚至是非记录化的。由于影响司法公开与法律信息记录的制度性因素与结构性条件将会长期存在,因而法律领域尤其是司法领域的数据信息在很长的时间内都将呈现出有限性、片段化的特征。因此,所谓的法律人工智能只可能是在数据存在系统性缺失的条件下展开。这必然影响到法律人工智能基于充分性和高质性的大数据提炼出准确法律决策模式的可能性,从而也就难以据此建立起普遍适用且精确有效的法律人工智能模式。只有当法官的行为模式与决策信息被充分获得并数据化时,法律人工智能或许会迎来灿烂露光,否则在信息不充分的条件下,我们无法期待法律人工智能能够为我们稳定提供一个真实、全面而非残缺、虚假的司法决策与行为的全息图景模式。

2. 法律数据不真实

法律人工智能所掌握的公开信息是否真实决定了其得出的结论是否可靠,正所谓“rubbish in,rubbish out”。如果投喂给法律人工智能的数据信息存在真实性问题,我们很难对法律人工智能抱以太高的期望。遗憾的是,目前中国法律领域的信息存在突出的“表象性”特征,即信息是公开的,但却并不一定是真实的。

就司法领域而言,这种“表象性”,是指外界所能掌握的信息是用以证明法律决策正确而按照一定标准制造出来的信息,其可能无法充分、真实反映法院、法官在决策时所真正采用的“实质信息”。某些时候为了社会效果,法院做出判决的真实理由无法言说,甚至虽然在法律上倾向甲当事人,但为了“情理”或“公平”,法院需要更多地照顾乙当事人,这时候法院只能隐藏起真实裁判理由而采纳其他裁判理由甚至在判决书中不说理而直接给出判决结

[39] 张卫平:《论庭审笔录的法定化》,载《中外法学》2015 年第 4 期。

果。这种真实理由不公开、公开理由不真实的现象在当下的司法实践中并不鲜见。类似的情况可能在调解型裁判以及"和稀泥"式的判决中体现的更为明显。另外,还有一些时候,法官裁判并不严格遵循我们熟知的"法律逻辑"或"法律推理"模式展开,而是先依据以往的经验凭直觉得出一个结论,再来进行法律论证。很显然,这种先直觉后论证的法律决策模式在绝大多数时候可能是有效的,但无法保证每个法律决策的正确性。一旦决策错误,论证这一错误决策的法律理由也可能错误。因此,在司法实践中,许多法律论证、法律理由并不一定正确,需要进一步甄别与判断。因此,司法实践中的法律决策与法律行为,其背后所依据的信息与理由(虽然所占比例很难说高)或者是经过了精心修饰,或者并不是真正的决策信息,或者还可能是错误的。这其中很多做法部分是法院为了社会矛盾的妥善解决而有意为之,部分是思考方法的局限性所致,因而我们无法苛求甚至期冀改变太多。

其实,这种现象并不仅仅存在于司法领域,仲裁机关也有类似的情况发生。可以说只要有法律行为存在的地方,就有法律信息"两张皮"的情况发生。从长远来看,这种现象将长期存在,我们或许可以减少但无法彻底消除它,期待法院主动改变更是不太现实。因此,我们需要认识到纸面上形式真实的法律信息与实践中实质真实的法律信息之间的鸿沟,进而认识到法律人工智能也无法归纳出人类裁判的真实理由、普遍标准,也难以得出真正靠谱的结论。我们注定会发现案件类似却见解各异、判决不同。或许可以通过人类以知识图谱的贴标签方式来尝试解决上述难题,但这归根结底也是一种主观判断,很难说没有掺杂单纯法律之外的考量。总之,在法律数据信息不够真实的条件下,人工智能所分析得出的结论、发现的裁判模式有可能是虚假的。而要想寻求真实的数据、信息与模式,没有人类的帮助将很难完成。这又牵扯了下一个问题:法律数据的客观性。

3. 法律数据不客观

尽管我们期望法律是客观的,能够代表社会公平正义,但由于法律主体的利益与主张的差异性,法律往往只能代表"大多数"人所认可的行为标准与模式。从本质上来说,法律是一种意识形态。既然是意识形态,那么作为法律适用结果的司法裁决也就不可避免地具有不同程度的意识形态色彩:每个判决要么代表着不同的意识形态,要么是多种意识形态的结合、折中。[40] 这也就意味着司法判决以及作为判决的理由与依据都具所有很强的主观性与主体性,任何司法裁判似乎都很难做到绝对的客观。正是在这一意义上,弗兰克指出,"所谓实际发生的世俗化其实是经历了两次反应后的结果,第一次是经由证人的反应,第二次是经由那些必须'认定'事实的人的反映。初审法官或陪审员对证词的反应充满着主观色彩。所以,认为初审法院'认定'的事实是主观的一点也不过分"。[41]

在中国,这主要体现在"同案不同判"上。很多时候,不同层级、不同区域甚至同一法院的不同法官对于同一法律问题往往有不同的看法与见解。在一些所谓的"疑难"案件中,更是如此。诸如"许霆案"在刑法上如何定性、"快播案"是否真的触犯了刑律、老太摆射击摊是否属于非法持有枪支等这些"公案"所涉及的法律问题,不仅需要精细的法律推理与法律解释,更牵扯法律背后法官的主观意志与价值判断。很多时候,裁判结果的作出不仅是法律技术的体现,更是法律观念、社会价值的映照。因此,法律适用具有主体性、主观性与变迁性。我们很难像获取围棋棋谱那样获得一个完全没有任何意识形态与价值判断的客观化的法律信息数据。"自动售货机"式的裁判古今中外皆难以达致。从这一点来看,如何让人工智能理解当下的社会共识,理解时代共识下的观念差异并预判这一差异未来的可能变化是摆在所有法律人工智能面前的大难题。更为重要的是,由于裁判者众多且彼此在很多方面存在差异,法律人工智能如果不加区分的话,会提炼出何种裁判模式及其适用范围,这也是大问题。如同 Alphago 主要收集与分析顶级围棋高手的棋谱而非所有棋谱一样,是否、如何收集、归纳、建模千千万万的各种裁判信息,也值得深思。似乎我们应当以一流法官的一流裁判为参数来展开此项工作,但目前却并未如此。

总之,面对法律信息这一掺杂着主体性、主观性、特殊性的意识形态混合体,要想通过人工智能发现规律、提炼标准、形成模式,进而预测未来判决,是一项极具挑战性与困难性的工作。

---

[40] 关于意识形态对司法裁判影响的详细分析可参见[美]弗兰克·克罗斯:《美国联邦上诉法院的裁判之道》,曹斐译,北京大学出版社 2011 年版,第 4~45 页。

[41] [美]弗兰克:《初审法院——美国司法中的神话与现实》,赵承寿译,中国政法大学出版社 2007 年版,第 8 页。

4. 法律数据结构化不足

数据被人工智能识别的重要前提是数据具备结构化特征。对于外人或者机器而言,识别自然语言已属不易,识别法律专业术语更是难上加难。尽管法律裁判文书对法律要素如法律主体、案件事实、法律适用等做了明确规定,但进一步细化到法律语词方面,却并未作出统一规定,也不可能作出这样的规定。以丧葬费为例,在起诉状中"丧葬"可能被称为"安葬""殡葬","停尸"的其他表达有"拉尸""抬尸""存尸""运尸""收尸","保存尸体"的同义词有"冷冻尸体""冷藏尸体"等。如此种种非结构化的数据表述为机器的学习造成了极大的障碍。当面对法律这种非客观存在物时,人工智能领域的主流方法无监督学习效果不甚理想,必须通过人工方式对法律数据进行筛选、清洗与分类。因此,当下的法律人工智能严重依赖人类事先构建的知识图谱。这意味着,如果没有人类为数据"打标签",机器无法主动进行学习。这与我们熟悉的围棋领域的 Alphago Zero 式的无监督学习截然不同。然而,由于法律文书并无定法,其实践表达千奇百怪,种类繁多,这就为"打标签"制造了巨大的困难。相应地,法律人工智能也就面临着法律数据非结构化的障碍。或许当务之急是实现法律数据的结构化,让法律人在文书写作中尽可能使用统一的术语,方便机器识别、学习。然而,这又谈何容易呢?

(二)隐秘且低效的算法

毫无疑义,在拥有"燃料"的同时,人工智能还需要强劲的"引擎"——算法作为重要支撑。在人工智能领域"监督学习"仍是主流方法的情况下,采用何种算法,由谁来执行算法来完成重要标注"标签"的任务,是决定法律人工智能成败的重要环节。正所谓"巧妇难为无米之炊",即使有了米,还得有炊具,更得有巧妇。光有原材料而无炊具与厨师,无法烹制出一桌子珍馐盛宴。算法的要害在于正确认识、提炼、总结法律决策的规律,并据此归纳人类法律决策的模型尤其是成功模型,并用于预测未来裁判,为当下裁判提供参考。人工智能依赖机器学习展开分析预测,其与以回归分析为中心的统计方法不完全一致。机器学习不是分析假设,而是分析、训练数据,通过使用算法,确定连接输入数据与输出结果的"最佳"假设。机器学习本质上是通过对训练数据——输入算法中的例子(可能是从历史记录中提取出来的)的计算,从中学到潜在的预测关系。但是,尽管机器学习由算法驱动,但没有人的参与、输入和假设,机器学习是不会发生的。

在人工智能领域，算法主要可分为符号学派、联结学派、进化学派、贝叶斯学派与类推学派五种主要类型[42]。需要指出的是，人工智能的发展是这五种派别各领风骚、起起伏伏的过程，然而每种派别的算法屡屡在大热之时就被强行与人工智能画上等号。近数十年以来，人工智能领域属于联结学派的深度学习算法获得了重大突破，世人熟知的 Alphago 正是在结合了深度学习与强化学习后而一鸣惊人。因此，许多人误以为深度学习就是人工智能。这显然存在误解。每种算法派别针对的数据领域、数据特点各不相同，在一个领域获得突破的算法不见得就能适用于其他领域。

在中国的法律人工智能界，算法处于一种"云山雾罩"的状态。我们不清楚法院和法律科技公司到底采用了何种算法以及该算法的实际效果如何。很多时候，我们只能从它们只言片语的描述中获取极为有限的信息。其中，或者对算法的描述语焉不详，或者过高评价吹嘘地天花乱坠，使用了"神经网络""迁移学习"等往往令局外人一头雾水的话语，但算法究竟是什么以及效果怎样，我们却难以得知。这其中当然有可理解的客观原因：一方面，出于对公司核心技术成果——算法的保密需要。在竞争激烈的市场条件下，任何法律科技公司都不会对外大肆宣扬其算法的主要内容，更不可能在公开的出版物上详细介绍其算法的运作方式。[43] 另一方面，出于宣传的需要。在商业利益的驱动下，法律科技公司往往将最先进的算法名词搬上自己的宣传手册，而无论其是否真正使用过。另外，还值得注意的是，使用这些法律人工智能产品的用户往往也不关系其背后的算法为何，更无动力去学习与研究。他们在乎的只是系统好不好用，能不能提高办案效率。当然，鉴于这些用户大多是法律专业出身，他们也无能力去研究那些复杂的代码与程式。这其实也在一定程度上使法律科技公司更易宣传其算法的先进性。

根据笔者的观察与访谈，在中国法律人工智能界特别是预测裁判方面，

---

[42] 参见[美]佩德罗·多明戈斯:《终极算法 机器学习和人工智能如何重塑世界》，黄芳萍译，中信出版集团 2017 年版，第 66 页。

[43] 这种做法还可能得到法律的支持。在美国威斯康星州诉卢米斯案中，被告人认为自己受到了算法的歧视，要求算法公开，但威斯康星州最高法院和美国联邦最高法院却认定，初审法院所依据的 COMPAS 系统的算法具有中立性和客观性，也没有要求公开算法细节。See Jeff Larson, Surya Mattu, Lauren Kirchner and Julia Angwin, "How We Analyzed the COMPAS Recidivism Algorithm". Accessed March 3, 2018. https://www. propublica. org/article/how-we-analyzed-the-compas-recidivism-algorithm.

“知识图谱+深度学习”是话语层面的主流算法,几乎每家法律科技公司都宣称使用了“最先进”的“神经网络深度学习”算法。但在实践中,知识图谱而非深度学习可能才是法律界运用人工智能的主流做法。所谓知识图谱(Mapping Knowledge Domain)是显示知识发展进程与结构关系的一系列各种不同的图形,用可视化技术描述知识资源及其载体,挖掘、分析、构建、绘制和显示知识及它们之间的相互联系。具体来说,知识图谱是用可视化的图谱形象地把复杂的知识领域通过数据挖掘、信息处理、知识计量和图形绘制而显示出来。[44]

从实践来看,很多法律人和法律科技公司都在似懂非懂地使用知识图谱的话语来构建法律人工智能,并将其作为主流算法,即通过知识图谱实现知识的可视化,描摹出案件的主要构成要件和证据构成。然而,他们可能并未注意到,知识图谱对数据、模型的颗粒化程度要求较高,模型越精细,数据越详细,知识图谱的效果才越好。以酒驾类案件为例,尽管此类案件案由简单,数量庞大,但在知识图谱上的颗粒化程度仍然极高,需要考虑的因素也相当多。如果忽略了这一点,以颗粒化程度低的知识图谱进行案件结果预测,仍然无法获得期望的效果。正因如此,实践中法律人工智能预测裁判的效果不佳,正确率较低。这不仅表明目前流行的算法存在某种技术上的缺陷,也说明算法本身的效率不高。

事实上,目前较为常见的关于法院的大数据分析报告,都是对特定种类案件中的某些较易区分的因素,如当事人地域、性别、年龄、是否构成犯罪、涉案金额大小、刑期长短、民事案件中哪方胜诉等内容进行标注与分析,从而得出一些较为基础、简单的结论,如民事案件中何种状况的当事人更易胜诉、刑事案件中量刑的区间、犯罪金额大小对出入罪的影响等。结合裁判文书的文本内容仔细、深入地挖掘、分析、标注信息,并构建模型、发现趋势的大数据分析乃至真正意义上的法律人工智能并不多见。之所以如此,除了前述所说的法律数据方面的原因外,更为重要的原因在于我们目前并未形成一套高效、成熟的算法,甚至对于算法本身都还缺乏准确、恰当的理解。在这样的情况下,我们很难对法律人工智能的前景保持乐观的态度。

---

[44] 参见秦长江、侯汉清:《知识图谱——信息管理与知识管理的新领域》,载《大学图书馆学报》2009年第1期。

在理想状态下，法律人工智能或许是一种类推学派中的知识图谱与联结学派中的深度学习相结合的机器学习方法。知识图谱与深度学习结合的算法意味着需要将法律分解为一个个小的逻辑模型，方便机器识别的同时通过专业人员给各个数据打上标签而为深度学习提供训练数据集。就本质而言，这仍是一种监督学习算法，打标签费时费力，成本非常高。即使不考虑这一点，深度学习算法就完美地适用于法律领域的任何场合，因为深度学习是一个端到端（end to end）的过程。这意味着，机器学习对与错、是与非界限十分明晰。唯有如此，机器通过学习大量带有明确标签的数据内容，自动总结、形成模型，以预测未来结果。机器需要充分挖掘法律文本，仔细分析文本中有法律意义的话语，将之标签化并在此基础上分析、建模。然而，单纯以案件结果的胜诉、败诉作为数据内容标签，可能无法充分反映法官的裁判思路与案件事实。很多时候，一个关键案件事实的不同会使案件的裁判结果迥然不同。因此，简单地以裁判文书的裁判结果为数据内容“喂养”深度学习，获得的可能只是一个无法充分反映司法裁判决策的模型。此外，深度学习算法还存在非透明性与不可解释性的缺陷。正因如此，人们常常将其形容成一个“黑箱”，即只能获知机器给出的答案，却无法了解答案得出的过程。然而，司法裁判的过程不仅仅是给出结论的过程，更是以一系列合乎逻辑的声明或通过引用相关的法源得出结论的过程，只有结果无法“服众”。就此而言，深度学习算法的“黑箱性”可能天然地与法律决策的“透明性”要求相冲突。这一切都告诉我们，如何通过机器学习算法发现或者充分发现裁判规律是一个漫长而未知的过程，中国法律人工智能还有很长的路要走。

（三）薄弱的人才

法律人工智能的发展，不仅取决于法律数据与具体算法，还要求有既懂技术又知晓法律的复合型人才作为支撑。从中国目前的情况来看，法律人工智能的人才培养与储备状况都难以为其发展提供充分的人力资源支持，甚至在未来很长一段时间内，法律人工智能的发展都可能受制于人才的匮乏。这就意味着，在法律领域使用人工智能，也许在相当时间内，我们不可能也不应该像对 Alphago 那样抱有巨大希望与信心。

1. 法律界对人工智能技术的疏离

首先，法律界对数据统计与分析技术十分陌生。在传统意义上，文科培养模式下训练出来法律人更习惯从定性而非定量的视角看待法律问题。即使在近年实证研究逐渐兴起的背景下,定量研究仍然为数不多。少数实证研究也多采用描述性的统计方法,即通过百分比、增长率、图形描述等方法浅显地阐释客观世界,而缺乏如相关、回归、聚类等推断型统计方法。之所以如此,一个很重要同时也很现实的原因就是我们的研究者自身对数据统计与分析的技术并不了解,更谈不上熟练运用。这一局限在大数据时代将被无限放大。大数据时代,数据量无法用传统意义上的百、千、万来指称,而是要用 GB、TB 等表述容量大小的标准来形容,转换成传统数字,或许是亿、千亿、万亿。面对如此海量的数据,别说法律人,即使是数据专家,亦有无从下喙之感。以 e 租宝与钱宝案为例,案件中涉及的数据量早已超越了人工能够处理的极限,必须依赖机器分析方能办案。遗憾的是,法律人并不精通大数据,在面对海量数据时,时常要倚仗 BAT 等企业的数据专家才能找到自己需要的证据。

其次,法律界对大数据算法几乎完全外行。在"小数据"时代,法律人运用统计式"算法",或称法律实证研究,或许尚可应付。但面对海量、巨大的数据流,这种"算法"已经不可能准确把握法律现象与司法运行规律,而是需要更为精细与技术化的算法。然而,现实是我们的法律人对于是否以及如何应用算法来处理法律大数据,整体上属于外行,更遑论建构出成功的算法模型,甚至没有真正大规模地实际使用算法来构建裁判模式。

最后,法律界对人工智能缺乏客观的认识。在人工智能迅速勃发的背景下,越来越多的法律人开始关注人工智能,也勤于学习、研究相关知识、技术,但目前仍缺乏对法律人工智能的客观认知。部分法律人甚至不关心人工智能,甘愿做一只埋头于沙子的鸵鸟,在与人工智能领域的专家对话时,或还停留于数十年前的刻板印象,将人工智能所能做的预测与人类的推理画上等号,或沉迷于科幻小说的虚拟幻想,认为人工智能将会彻底颠覆人类社会,人类会成为机器人的奴隶。这些脱离人工智能界的幻想甚至是臆想常常贻笑大方,让人工智能领域的专家在惊骇之余丧失了进一步对话的兴趣与勇气。

2. 人工智能界对法律行业重视不够

首先,人工智能界对法律行业的感知不深。许多程序员尽管在编码技术上极为高超,但限于之前从未接触过法律行业,因此对法律人所提出的产品要求无法理解。这使很多法律人工智能产品无法达到法律人所设想的预期,实际产生的作用较为有限,以至于在很多时候法律人工智能开发成了技术人员的自说自话。目前,法律人工智能的发展表面上轰轰烈烈,但真正了解、掌握人工智能技术、机器学习算法的人才其实寥寥可数,有些甚至并未投身于法律人工智能这一专业领域。

其次,人工智能界的投入有限。目前,很多法律科技公司虽然非常重视法律人工智能的投入,并确实投入相当的资源,但相对于其他领域人工智能的投入,这些投入其实并不可观。这不用和谷歌(Google)旗下 DeepMind 公司研制"阿尔法狗"围棋人工智能的投入去比,就是和 BAT 等企业研发一般的人工智能产品相比,都相去甚远。事实上,目前中国热衷于法律人工智能研究与运用的公司,其规模、人才与资金都较为有限,远远不如大科技公司。

即或有大科技公司如科大讯飞介入,其核心技术也是通用型语音技术,而非专门针对法律开发的人工智能。实际上,讯飞的语音技术在当下的审判实践中也未获得普遍运用,原因之一就是科大讯飞所投入的人力与资源还不够充分,未能将通用的语音技术转换发展为专用的法律语音技术,特别是尚未能解决复杂法庭审判中多方互动及争论的情景难题,当庭化语音运用中的"最后一公里"技术障碍没有打通。

最后,人工智能界过于看重眼前收益。目前的人工智能技术主要集中于金融、汽车、互联网等高收益、高薪酬的领域。这和国外情况也较为类似。彭博社在 2017 年 12 月发文称,"人工智能将占领华尔街 99% 的投资机构";㊺在汽车业,特斯拉吸引了大量的人工智能人才。许多从高校毕业的人工智能人才,被 BAT 等互联网企业的高薪酬所吸引,投身其中。相较这些高收益的行业,法律行业略显寒酸,吸引力明显不足,从而也难以招揽高技术人才。这一局面或许短期内都无法改变。

显然,人才问题构成了法律人工智能成长与运用的最大现实障碍与瓶颈。既然我们既没有人工,又没有好人工,又怎么会生产出好的"人工智能"呢?特别是,当机器学习者被要求对新知数据进行分类时,分类设计必然会引入一些归纳偏见,即机器学习者在"清洗"数据,设计何种假设及验证是否合适的问题上会不可避免存在偏差。如果是法律领域的专业人士进行或指导计算机行业的专业人才完成上述工作或许可以将偏差降至最低。但如果

㊺ Nishant Kumar,"How AI Will Invade Every Corner of Wall Street". Accessed March 3,2018. https://www. bloombergquint. com/business/2017/12/05/how-ai-will-invade-every-corner-of-wall-street.

没有法律专业人士参与其间,偏差可能将无法被控制在一个可接受的范围内。恰恰在此关键问题上,法律界似乎并未做好充分投入“法律人工”的准备,人工智能界尤其是科技企业界也没有做好这方面的准备。必须看到,我们缺少“人工”去收集、选择法律数据的大样本甚至是全样本;我们更缺少“好”的“人工”去筛选优秀的裁判文书,去分析正确的裁判推理、裁判结果,并在此之上思考判断、正确归纳相应的裁判模式。或许只有当法律人与技术人紧密结合,相互理解,充分获知对方的需求与期待并实际解决法律与技术运用中的实践难题时,才是法律人工智能在法律界大展拳脚的时刻。

三、中国应该如何运用法律人工智能

无论我们接受还是不接受,在大数据时代,法律行业已经受到冲击并正在发生改变。正如维克托所言:“法律大数据以一种前所未有的方式,通过对海量法律数据进行分析,对法律问题进行预判,获得巨大价值的产品和服务,或得出新的认知、深刻的观点和主张。”[46]

这必然改变传统法律行业的工作方式与竞争形态,并进而引发法律思维与研究方法的革命性变革。当大数据进一步结合自然语言分析能力、机器学习技术之后,所谓的法律人工智能呼之欲出。从某种意义上讲,传统手工作业式法律行业走向现代的机器化作业似乎不可避免,法律作业方式的工业革命已经正在展开,并逐步向纵深延展。在此背景下,法律人工智能在中国的前景如何呢?中国又应该如何去迎接法律人工智能时代的到来呢?

(一)法律人工智能在中国的运用具有长期性与艰巨性

我们处在一个“巨头齐聚、资本介入、民众法律意识不断提高的时代”,[47]“大数据”与“互联网+”的结合使得各路人马与多种资本纷纷进入法律行业。一时间,法律大数据、法律人工智能成为炙手可热的话题,各种冠以类似名称的法律产品也充斥着市场,甚至部分产品已经进入了法律服务领域和司

---

[46] 杨彤丹:《法律大数据是一场研究方式的革命》,载《社会科学报》2016年6月2日,第2版。

[47] 王振宇:《法律+互联网?少点套路,多点真诚》,载 http://www.weixinnu.com/tag/article/2662873222,最后访问日期:2018年3月3日。

法裁判活动之中。在笔者看来,这些热闹的现象并不表明中国已经进入了法律人工智能时代,更不意味着市场已经有了成熟的法律人工智能产品。恰恰相反,法律人工智能在中国的运用将是一个长期的过程,并将面临艰巨的挑战。这是由如下因素所决定的。

其一,社会是否接受"机器人法官"。必须指出,法律决策本质上属于一种人类专家决策,这与依数据而决策迥然不同,规律各异。法律经验经由开放的辩论与经年的累积而达至,并以当事人与社会可接受的方式表述。然而,人工智能是一种由机器(尽管人在其中操控)分析数据,基于数据关联性而构建的"另类"的客观化、科学化的决策模式。很多时候,机器归纳的裁判模式可能连操控主体也难以理解,就如人类时常无法理解"阿尔法狗"的围棋招式一样。在法律专家系统与数据分析系统所得出的结果不一致时,人类是否选择相信机器,这是一个大问题。如果人类选择不相信,那么期待中的"阿尔法法官"不会降临。实际上,在中国司法的公信力较低,人类法官都被怀疑时,"机器人法官"会怎么样?很难想象算法低效且不透明的机器裁判会更受人拥戴。所以,在中国,法律人工智能在长时间内可能只是一种辅助性、参考性的器物,为法官、检察官、律师等法律人提供行动参考。

其二,人类法官优秀经验的归纳尚待时日,更不要说超越了。整体上,目前没有充分成熟的算法与相对成功的机器裁判与预测模式。尚处于萌芽阶段的法律人工智能是一个长期且极为耗费资源、需要更多既懂法律又懂人工智能的双面人才加入的领域与行业。法律人工智能仍属一种统计型、经验型、材料准备型、文字模板型的弱人工智能,低效且适用范围窄。如果说类似"阿尔法狗"的强人工智能是以模仿人、超越人为目标,并已在诸如象棋、围棋、电子游戏、无人驾驶等领域实现了超越人类的目标的话,法律人工智能更像是嗷嗷待哺的婴儿,期盼着优秀数据、优秀人工的加入与投喂。特别要指出,由于法律人工智能在算法上采取了知识图谱的半监督学习方式,这种方式的显著特点是"有多少人工方有多少智能",故只有在前期通过法律专家对法律规范以及法律案例的归纳、总结,将其转换为结点—边—节点的表示知识和事实的陈述语句,方能实现某一法律要素式审判的突破。且不说法律专家对特别类型法律知识的审判要素与知识图谱的总结是否正确,光是在处理、应对法律领域在法律知识上越来越精细化划分的趋势,就需要大量的资源。可以说,数据化的法律规范、案例与相关知识正处于"爆炸式"的增长态势,一夜之间增加十数件新设法律规范与几百件新增案例已是常态,更别提每一个细小的法律类型要素与法律知识图谱的背后各种法律、行政规范、法院内部文件甚至社会规范的叠加。这种工作量用"浩如烟海"来形容一点也不为过,每一点法律知识图谱的构建完成、每一步法律人工智能的前进都需要付出难以想象的艰辛。

值得注意的是,目前市场上的绝大多数甚至可以说几乎所有人工智能产品的开发者都未能很好地解决如何表示法律、总结法律、阐释法律的难题。并且,在机器学习的对象、被喂养的数据上,也没有解决数据质量不佳的问题。现有的学习对象既不是质量优秀的判决书,也不是全部的法律判决书;既不是全样本,也不是部分样本中的优秀样本;既不代表法律数据的全体水平,也不代表法律数据中的高水平。就此而言,在当下技术开发者对人类法官经验的选择尚无力区分时,我们无法判别何为优秀的裁判文书、何为优秀的裁判标准。在裁判文书水平尚属良莠不齐的今天,我们还无法自信地说机器学习的裁判文书都是优秀的文书,也无法期待在此基础上形成的裁判模型必然得出准确的结论。

需要指出,尽管人工智能被誉为新时期的"电"与"蒸汽机",能够为旧产业提供新动力、新思路,但人工智能这一工具并非轻易能够为旧有行业的人们掌握与使用。由于法律专家对人工智能技术掌握的不够,因此并不清楚如何用技术上合适的方式来表达、显示法律,甚至法律专家本身也没有充分地基于法律数据和裁判文书等信息来把握、认识法律的现状和规律性的裁判因素。就这个角度而言,"多人工就多智能,少人工就少智能,没人工就没智能,优秀人工就有优秀智能,垃圾人工就有垃圾智能"确实已成为法律人工智能能否有效运用的基本操作方式,甚至即使有了优秀人工也未必就有优秀智能。然而,目前各界似乎并未意识到法律人工智能开发的长期性与艰巨性,只看到了法律人工智能的"钱景",却对"前景"路上的重重荆棘或毫无防备或假装视而不见。在已有甚至未有的法律人工智能层出不穷的当下,我们甚至担心这种一哄而上向钱看的法律人工智能浪潮会"欲速而不达",反使真正的法律人工智能产品运用前景受到破坏。

中国需要法律人工智能,更需要优秀的法律人工智能,更需要时间、资本、人力尤其是优秀的、既擅长人工智能技术(计算机科学、统计学)又精通法律知识的双栖人才的长时间、专注的投入与坚持,绝非一朝一夕可就。

（二）明确法律人工智能可以运用的领域与条件

对于人工智能而言，像“法律人那样思考”已经不再是一种愿景，更不是一种奢望。确实，只要有足够的数据量，再加上深度的机器学习与超强的自然语言学习能力，法律人工智能就可以高效地处理各种复杂的法律事务，甚至能够得出与优秀法律人一样的判断。尽管如此，但在笔者看来，这并不表明法律人工智能就能不分领域与场合适用于所有法律事务。法律人工智能同样存在适用范围的限制。

其一，法律人工智能应定位于做辅助法律人决策的助手与“参谋”的角色。这既是由人类（包括法律人与公众）对法律职业的认知决定的，也是由人工智能自身的不足决定的。从根本上讲，人工智能尚未在法律的核心领域显示其高于人类的能力，尽管在某些领域如犯罪风险评估似乎有其超人之处。因此，它适宜作为法官裁判的助手而非完全替代法官。从提高工作效率的角度来看，未来应更多地将其运用于处理技术性、辅助性的工作中，如法庭记录、材料搜索与推送、裁判文书的制作等。但即使如此，也不要低估法律人工智能做好辅助性事务工作的难度，如在多人说话、方言表述的庭审中，语言转换的精确性仍然是一项复杂性较高的工作，至今都未取得实质性突破。

其二，法律人工智能可以多用于私主体。在法律事务中，法律人工智能的适用与否由公民个人、公司或其律师决定更为适宜，如当事人借助法律人工智能选择律师，律所主任进行律所管理、律师起草与审查合同、律师借助法律人工智能预测案件结果等。之所以强调法律人工智能的使用决定应由私主体做出，首先，是因为法律事务结果的好坏影响当事人，因此必须充分保障其意思自治。一旦由公权力决定是否使用法律人工智能，如果出现争议或与人工智能预期不符，很可能会引发进一步的冲突。其次，公权力的行使要求一定的透明性，而法律人工智能的算法却具有相当的“黑箱性”，其或者因为深度学习算法的运用而无法言明计算的过程与内容，或者由于算法商业机密与知识产权的考虑而不对外公开，这天然地与公权力行使的透明性与规则的公开性相悖。

其三，法律人工智能应多适用于非裁判性事务。法律人工智能应更多地用于诸如合同的审查、起草等非诉事务，较少用于预测裁判等诉讼事务。这是因为，相对非诉讼事务而言，诉讼是一个开放的过程，信息众多繁杂且真假难辨。在这样一种多方博弈，信息互有隐瞒的场景中，呈现于法庭之上的案件事实只是真实客观事实的一角,法官需要通过残缺的信息做出判断、决策。同时,法官的判决结果还会受到多方面的影响,有时甚至是社会性、情感性的因素的影响。因此,在这种开放而非封闭的裁判场合下,信息时时流动且变化,这是一种信息非充分条件下的博弈,不同于围棋这种信息充分、公开的充分博弈。不久前,人类选手在信息不充分的星际争霸游戏中以4:0的比分横扫人工智能的事例,[48]也从侧面证明信息不充分的场合可能并不适合人工智能"施展拳脚"。

其四,在法律人工智能预测或辅助裁判方面,应该注意以下几点。首先,法律人工智能应适用于简单、明确的案件。如同Alphago适用于围棋这样规则清楚、边界明确、信息充分的场域,却至今未能击败信息不完全条件下人机互动的电脑游戏高手一样,法律人工智能的运用领域应当是信息客观性强、事实清楚、证据客观真实的简单案件,而对复杂、模糊案件的裁判仍需倚重法官们的专业智慧。具体而言,在民事案件中,像保险类纠纷、网络支付纠纷、网上金融交易纠纷、小额借贷纠纷、劳动争议纠纷、交通事故纠纷、婚姻继承纠纷等这些案情相对简单、证据较为客观的纠纷,人工智能有较好的运用前景;在刑事案件领域,盗窃、抢劫、酒驾等简单的案件较为适合适用人工智能,职务犯罪、杀人、故意伤害等恶性案件由于需要对证据进行更为仔细的甄别,再加上每个案件都有其特殊性,因此对人工智能的适用需要谨慎;在行政案件领域,法律人工智能可以适用于案件事实清楚,争议不大,可以适用简易程序审理的行政诉讼类案件,如应当以不属于行政诉讼受案范围、不具有原告主体资格、超过法定起诉期限以及不符合其他受理条件等理由裁定驳回起诉的案件。其次,适用于民商事案件应多于刑事、行政案件。比较而言,法律人工智能可能更适合民商事法律纠纷的处理。这是因为民商事案件的信息资源更为丰富、充分、准确与真实,尤其是在诉讼两造的激烈对抗下,法律信息往往可以得到充分披露与展现。而相对而言,刑事以及行政诉讼呈现出"弱对抗"甚至"无对抗"的状态,从而使法律信息的充分性无法保障,真实性也存疑。

(三)需要在法律人工智能开发的技术层面推进改革

如前所述,中国目前人工智能的开发与运用在技术层面还存在不少问题,

---

[48] 参见《面对AI,人类玩家在围棋上输了,但在星际争霸上赢了!》,载http://www.sohu.com/a/201852729_608451,最后访问日期:2018年3月3日。

尤其是算法和人才的问题可能构成了法律人工智能在中国成长与运用的最大现实障碍与瓶颈。鉴于此,在中国推进法律人工智能时,除了要明确上述两个认知层面的问题外,还需要在技术层面采取有针对性的完善措施。

第一,算法的改进。对于算法问题,首先,要考虑的问题是提高算法的准确性与科学性,探索契合中国法律实践的算法。对于任何人工智能而言,算法都处于异常关键的位置,法律人工智能同样如此。一方面,应注意算法的准确性。如果在实践中贸然使用准确性欠佳的算法,我们最终很有可能只是发现一个"未拟合"即不正确的决策模型。这样的人工智能毫无意义,反而还会干扰正常的司法决策。另一方面,我们还需要注意算法的科学性。有时候,准确性并不意味着一切,太过准确甚至是一种变相的错误,即我们还会发现一个"过拟合"的司法决策模型。也就是说,我们通过机器学习发现的司法规律可能比法律专家所熟悉的规则更为复杂,它们将包含不同的元素,其相关性可能不会立即显现出来。其次,要注意算法使用的透明性。从当前所使用的主流算法看,深度学习无法做到算法的透明性。因为即使公布深度学习的所有代码与程式,也无法预知算法如何以及为何得出相应的结果。因此,未来需要在对现有算法进一步开源的基础上,探索与使用更为契合中国实践需要的新的算法。此外,算法的透明还需要从基础数据做起,即从对法律裁判文书中简单要素的标注向疑难、复杂要素的标注迈进。最后,要注意算法的歧视性。算法带有歧视性,这已是不争的事实,比如有犯罪前科的主体在算法预测量刑时会陷入更为不利的境地。"对过去有偏见的数据进行未经仔细考虑的算法系统本来就有可能重新创造甚至加剧过去决策过程中出现的歧视。"㊾因此,应当注意算法中可能存在的偏见及其潜在危害。这就要求我们认识到人工智能得出的判断可能存在错误,需要人的理性判断与解读。

第二,人才的培养与融合。从某种意义上讲,法律人与技术人的结合程度决定法律人工智能的运用深度。但正如前文所指出的那样,我们目前既没有"人工",更没有好"人工",又怎么会生产出好的"人工智能"呢?特别是当机器学习者被要求对新知数据进行分类时,分类设计必然会引入一些归纳偏见,即机器学习者在"清洗"数据时,设计何种假设及验证合适都不可避免地存在

㊾ See Edwards, Lilian and Veale, Michael, "Slave to the Algorithm? Why a 'Right to an Explanation' Is Probably Not the Remedy You Are Looking for", 16 *Duke Law &Technology Review* 18 (2017).

偏差。如果由法律专业人士进行或指导计算机专业人才完成上述工作,或许可以将偏差降至最低。如果没有法律专业人士参与其间,偏差可能将无法被控制在一个可接受的范围内。恰恰是在此关键问题上,无论是目前的法律界还是人工智能界,都没有做好充分投入的准备。因此,未来我们不仅要从法律人工智能的角度系统培养相关的专门人才,还要推动法律人士与技术人士在知识结构上的深度融合。或许只有当法律人与技术人紧密结合,相互理解,充分获知对方的需求与期待并实际解决法律与技术运用中的实践难题时,才是法律人工智能在法律界大展拳脚的时刻。

如何在中国实现类案类判

左卫民*

内容摘要:通过法律人工智能实现类案类判是当下中国法律人工智能的重要目标。然而,现有的类案类判系统存在检索推送案例不精确、推送案例的范围过窄、来源不明、层级不清、类案类判实践差异显著等诸多问题。这就导致了法官普遍对类案类判系统存在抵触情绪。这背后既有技术无突破、数据不全面、制度不健全的现实原因,同时就司法逻辑层面而言,又有类案类判能否以及何种程度上能够取代司法解释与指导性案例的地位值得怀疑与考量之处。因此,需要思考如何充分捏合算法与法律,建立真正的法律案例大数据库。同时,加强"类案"本身的建设与管理,确立国家层面类案类判的管理机制与标准流程,建立一套类案类判、类案推送、类案检索的国家标准。

关键词:人工智能　大数据　类案类判　司法制度

在法律大数据与人工智能技术正在助力掀起的中国司法"技术革命"中,通过人工智能实现类案类判已被视作贴近一线法官需要的重要内容。类案类判意味着相同或者类似案件能够得到相同或类似判决结果,其机制在于通过被动或主动的方式,为法官寻找与手头正在处理的案

---

* 左卫民,国家2011协同创新计划"司法文明协同创新中心"研究人员、四川大学法学院教授。

件相似甚至相同的案件,以达到启发、拓展法官判决思路、帮助法官正确裁判之目的。整体上,类案类判不仅可以提供疑难案件的新的解决途径,也能够统一司法裁判尺度、避免司法裁判不公。特别是在司法责任制改革背景下伴随着审判权力下沉至一线法官,类案类判有望成为控制裁判偏离度的"纠偏机制",制约着法官的办案质量,在此意义上类案类判可以成为一种新型的司法控制手段与审判管理技术。可以说,类案类判是当前法律大数据与人工智能在司法领域最为热门的实践运用,司法实务部门对类案类判抱持强烈的需求与期待。

类案类判尽管在话语层面十分热闹,但在实践中的运用情况究竟如何,有何种问题?中国的类案类判前景如何?对于上述问题,目前尚缺乏清晰的答案与充分的学术探讨。有鉴于此,考察类案类判在中国司法实践中的运用,并在此基础上展开理论阐释显得尤为必要。

一、类案类判制度的实际考察

在中央层面,2018年1月5日,最高人民法院正式上线运行了"类案智能推送系统"①,期冀以类案的快速查询和智能推送,来辅助量刑决策、规范裁判尺度、统一法律适用,并进一步提升审判质效,促进司法为民、公正司法。据介绍,该系统"从案件性质、案情特征、争议焦点、法律适用4个方面,覆盖全部1330个案由,通过机器自动学习构建出超过10万个维度的特征体系;在精准度方面,做到全案由文书数据整体搜索推送准确率达到63.7%,民事、刑事Top 10类型的准确率达到85.5%,其中检索全案由整体准确率61.6%,热门类型案由整体准确率81.8%"。② 需要指出的是,该系统目前仅在最高人民法院、高级人民法院试点,尚未正式在全国范围内全面铺开。

在地方层面,各省法院先后开发了各自法院的类案类判系统。例如,安徽省高级人民院与安徽富驰信息技术有限公司合作开展了"类案指引项目",

---

① 罗书臻:《"智慧法院导航系统"和"类案智能推送系统"上线运行 周强强调认真学习贯彻党的十九大精神 深入推进智慧法院建设》,载《人民法院报》2018年1月6日,第1版。

② 熊群力:《类案智能推送系统上线,为"智慧法院"建设保驾护航》,载https://item.btime.com/m_2s21q9d73qc,最后访问日期:2018年8月10日。

旨在“以大数据挖掘分析为前提”开展同类案件分析研究，为法官提供“多维度、多案件的分析场景”“实现了涵盖离婚纠纷、民间借贷纠纷、机动车交通事故责任纠纷、盗窃罪、诈骗罪以及交通肇事罪六大案由的软件试用版功能设计与开发”。③ 又如，重庆市江北区法院自 2017 年 4 月运行了金融案件“类案智能专审平台”，利用该平台“自动向法官推送相似度较高的案例，并对法官拟做出的裁判进行智能评析”。④ 再如，贵州省高级人民法院“以大数据挖掘分析为前提，建立类案裁判标准数据库，建立类案及关联案件强制检索机制，为法官提供多维度、多层面的分析场景。通过自动检索、类案推送、裁判文书语义分析、对比分析等大数据方法避免类案非类判现象”⑤。

不过，实践中普遍、真实的情况究竟如何呢？

近月，笔者实地考察了 S 省有关法院的类案类判制度实践，同时对 J 省类案类判制度相关设计人员进行访谈了解，发现类案类判在实践中主要有两种形态。第一种是被动推送式。所谓被动推送式，是指技术人员先依托裁判文书网司法案例建立数据库，在此基础上对相关案例进行人工“贴标签”，将一个具体的司法案例结构化为数十个法律标签。例如，在刑事案件中，将主动投案交代罪行的行为标注为“自首”标签，将多次犯罪的行为标注为“累犯”标签。之后，将电子化后的起诉书接入该系统，系统将自动生成该起诉书的一整套标签，再将这些标签与系统中的标签进行对比，最终推送标签最为类似或相近的案例。第二种是主动搜索式。所谓主动搜索式，是指当法官对系统自动推送的案例不满意时，自主选取一些系统中事先罗列出的法律标签，并且在此基础上输入一些关键词，通过这一整套的菜单式标签选取与自主搜索，在数据库中比对类似标签，最终获取类案。

详言之，法官可先在系统事先设置的各种刑事案件罪名或各类民事案件案由栏中自由选取与手头正在裁判的案件类似的罪名或案由，然后在搜索栏中输入与本案相关的关键词，并且为了缩小搜索范围，增强搜索精度，法官还可以选择关键词在裁判文书中出现的位置，例如，可将搜索范围限定在裁判

③ 李忠好、姜浩：《安徽研发类案指引项目并试用》，载《人民法院报》2016 年 6 月 21 日，第 1 版。

④ 《金融审判用上人工智能 江北法院类案审理时间平均缩短 27 天》，载 http://news.163.com/17/0818/14/CS4KD93400018AOP.html，最后访问日期：2018 年 8 月 10 日。

⑤ 《贵州省高级人民法院——探索“类案类判”机制 确保法律适用统一》，载《人民法院报》2018 年 1 月 26 日，第 4 版。

文书的“法院认为”部分。在点击“搜索”按钮后,系统会为法官推送三种案例类型,分别是“典型案例”“本院及上级法院案例”“其他案例”,每种案例类型的数量在十个以下。笔者亲身的搜索过程经验显示,“典型案例”有些是高级法院的案例,有些则不明来源,但据笔者推测或许是公报案例,这种案例仅显示了裁判要点、判决结果、推荐意见。“本院及上级法院案例”主要是该地及其上级法院近年来的案例,但时间上往往集中于某些具体的年份,而非大跨度的时间范围。另外,上级法院的案例也较为稀少。“其他案例”则十分庞杂,全国各地、各审级法院的类似案例均列其中,且集中于特定年份以及特定省份的案例。法官可以直接点击系统推送的案例并查看具体情况。

那么,类案类判制度的效果如何呢?笔者发现,类案类判制度在司法实践中并未受到法官们的广泛欢迎,许多地方法院或者没有建立起类案类判制度,或者即使建立了,所推送的类案并不符合法官的要求,而法官通过法院内部智能辅助系统搜索也无法获得理想的可参考的案例,许多法官甚至需要求诸于一些商业公司开发的案例检索系统。在访谈过程中,有法院院长坦言,现阶段使用法律智能科技手段的法官数量不多,且主要集中于年轻法官群体,上了年纪的法官接受新法律科技手段的意愿普遍不强。在愿意使用智能办案系统的法官群体中,许多也不是冲着类案类判系统去的。在他们看来,类案类判系统显然不及“裁判文书自动生成工具”实用。原因很简单,“裁判文书自动生成工具”能够自动识别、提取起诉书中要素,自动生成裁判文书草稿的功能实实在在地减轻了法官的工作负担。相比之下,类案类判系统不仅操作复杂、检索耗时,推送结果也不尽如人意,极大地降低了法官用户的体验。在调研中,许多法官反映,类案类判系统对法官办案“帮助不大”“作用很小”。一些法官甚至坦言,“真正要用的时候还是要到外网用商业公司开发的案例检索系统去搜”。

可以说,当前类案类判在实践中的运用并不普遍,有限的实践也存在这样或那样的问题,归结起来主要有以下几点:

其一,检索推送案例不精确,无法解决法官实际需要。笔者在考察中即发现,有些类案推送系统在推送案例时对案例的数量进行了一定的限定(如10个),但这些案例并未做到“同案”,有时甚至连“类案”的标准也未达到。而在主动搜索时,法官往往会搜索出上万个司法案例,尽管改进检索方法可以将案例数量限缩至百个以内,但法官需要参考的案例仍面临着过量的问题。如此一来,类案推送系统实际上并未很好地契合法官的办案需求。事实上,很多时候,困扰法官的仅仅是案件中的若干技术细节或法律难点。遇到这种情况,法官急切地想参考其他法官的判案思路与做法,至于案情是否类似、是否相同则是法官次要考虑的内容。因此,仅仅通过大规模的法律标签比对去寻找类似的案件,即便标签相同,倘若在核心法律技术细节上没有获得法官预期的检索结果,对于法官而言,就没有类案的参考价值。从这个角度来看,现有的类案推送制度太过粗糙,无法解决业务核心难点。

其二,推送案例的范围过窄、来源不明、层级不清。笔者发现,现实中的类案类判往往集中于若干年份,许多案例在某一年份大量涌现,在接下来的年份却销声匿迹。同时,法院的诉讼档案电子化进展的迟缓发展会拖累类案类判制度,系统无法推送未完成诉讼档案电子化年份之前的司法案例。与此同时,类案类判制度所推送的案例没有清晰注明来源,许多案例只给出了裁判要点、评析,至于文书制作者是何人,基于何种立场与目的所作的评析也不甚明晰。此外,当前类案类判系统所推送的案例虽然既有判决书又有裁定书,但一审法院所作的判决结果是否二审过程中发生了变化,一审判决的效力是否仍然存在等均未予以标明,由此导致了检索结果的混乱性、检索案例的参考价值也处于一种不确定状态。

其三,地方各自为政,类案类判实践差异显著。当前,类案类判在地方各司法机关还存在系统不一、检索结果不一致的问题。这主要体现在,各地的类案类判系统是与各家法律科技公司合作的,并无一个统一的顶层规划与设计。四川的法院会使用河北的法律科技公司提供的类案类判系统,而江苏的法院则会使用其本地法律科技公司开发的系统。也就是说,各地法院的类案类判系统是各行其是、各自为政的,至于其所提供的类似案例推送、搜索服务,更是千差万别。

二、当前类案类判问题的原因分析

上文梳理了当前类案类判在实践中的运用情况,指出当前类案类判(实质上是类案推送)运用存在类案推送效果欠佳以及不适应法官需求等问题。在笔者看来,上述问题的出现,与当前的类案推送技术、类案检索范围以及支

持类案类判的配套机制缺乏等紧密相关,具体而言:

(一)技术无突破

这主要体现在两方面。一方面,就被动推送式的类案推送技术而言,现有的技术尚无法准确识别出案件的核心区别点,尽管通过大量标签的匹配来寻找类案确实可以在一定程度上寻找到相似的类案,但是由此产生的问题是推送的类案数量过量,法官无法甄别出具体哪个案件中包含了自己需要解决的法律难点。因此,需要法官花费巨大的时间成本去逐一查看、分析所推送的数量较大的案件。对法官而言,与其花费这么高的时间成本尚不如直接询问其他经验丰富的法官或者查询相关法条。此外,由于现有的人工贴"标签"技术过于粗糙,对法律事实的归纳存在疏漏,很多法律细节未被标签化或未被准确地标签化。类案推送系统是以大量标签化、结构化的法律数据为支撑的,这需要大量的人力成本投入基础性的"贴标签"工作中。然而,在中国的法律人工智能界,我们既缺少海量详实的标签化法律数据,也缺少既懂法律、又懂技术的跨界人才,更缺少有意愿、有热情投身到这项繁杂、艰难却又意义深远的工作中去的年轻人。这就造成了在推送类案时法官觉得所推送的案件"类似而无用",进而导致不愿意使用类案推送系统。另一方面,就主动搜索式的类案推送技术而言,这一技术与谷歌、百度等搜索引擎所使用的技术差别不大,都是通过多个关键词叠加并一定程度上限定搜索范围的方法进行检索。在某种意义上,法院内部自主(联合)研发的智能辅助系统很多时候甚至无法比拟谷歌、百度等巨头所拥有语义库,其在词向量算法方面的突破尚不及搜索引擎。

(二)数据不全面

要想让类案类判制度真正发挥作用,有赖于较大规模的裁判文书数据的存在。然而遗憾的是,这点在中国的法院实践中尤为不足。首先,从时间上看,直到2013年,最高人民法院才建立中国裁判文书网,构建裁判文书的统一集中上网渠道。在此之后,生效裁判文书才开始大量、集中上传至这一平台。在此之前,各级法院主要依托自身的门户网站选择性的公布部分裁判文书。这就意味着,当前的类案类判事实上缺乏足够的、历史的"数据储备"。尽管可能会有人质疑,我们不是已经公布了二千多万份裁判文书吗?但需注意,这两千多万份裁判文书主要是近几年的,类案参考价值有限。因此,除非进行大规模的案卷诉讼资料电子化工作(2013年之前),否则类案类判所依托的数据库都将面临某种限制性。其次，从近年上传的文书情况来看，裁判文书数据也面临较大的漏洞，且存在明显的地域差异。例如，有研究即指出，“经济发达省份的公开文书量不仅超过经济落后省份，公开比例也相对更高”⑥，而这二者之间的差距巨大，如有些省份如浙江、陕西、安徽可以达到60%甚至70%以上，而有些省份如黑龙江、西藏要低于20%。⑦

整个中国地方法院裁判数据在时间与结构上的“先天不足”直接造就了类案类判制度在实践中的推进乏力。很难想象，一个只能推送特定时间段以及特定区域内案件的系统能够为法官裁判案件带来多大的帮助。也不难想象，当面对受时空限制且权威不足的类案推送结果时，法官会抱以怎样的失望。

（三）制度不健全

2017年8月1日，最高人民法院印发《最高人民法院司法责任制实施意见（试行）》（以下简称《实施意见》）。《实施意见》指出，“承办法官在审理案件时，均应依托办案平台、档案系统、中国裁判文书网、法信、智审等，对本院已审结或正在审理的类案和关联案件进行全面检索，制作类案与关联案件检索报告”。值得一提的是，《实施意见》还对检索后的情形做了具体划分，当拟作出的裁判结果与之前的裁判尺度不同时，将会受到更严格的审查。

然而问题是，《实施意见》并未对法官如何进行类案检索作出具体的规定，我们无法确知类案检索的范围、层级与效力。首先，类案检索缺乏有效的时间指引，是十年内的案件、五年内的案件抑或三年内的案件？在司法不断面临新情况、新类型案件不断涌现的背景下，缺乏时间范围规定的类案检索与推送制度显然不合时宜。其次，类案检索在案件检索的地域范围上有所阙如。地方法院法官，是否要优先参考上级法院法官所作的判决？是否需要参考其他省份法院法官所作的判决？外省法院、同级法院的类似案件对正在办理的案件有何具体影响，是否应当遵从？再次，《实施意见》并未明确类案检索的效力问题。例如，哪些法官判的案子属于质量高的案例？二审案件的质量就一定比一审案件的质量高吗？如果出现不同省市、不同审级法院就同一法律问题适用上的冲突，是否就一定以高审级法院的判决为准？谁来评价，

⑥ 马超、于晓虹、何海波：《大数据分析：中国司法裁判文书上网公开报告》，载《中国法律评论》2016年第4期。

⑦ 同上。

何人确定检索出来的案例的效力?事实上,如果没有一整套的操作标准,那么法官所选择适用的案例可能只是迎合法官"胃口"的案例,而非真正的"类案"。如此一来,一些裁判质量不高的案例则会因为法官的固有前见而不当的进入法官的类案"篮子",选择性适用检索案例因之产生。最后,案例检索缺少具体的操作规程。何种情况法官可以寻求类案检索与推送,是否具有一定的条件、标准、案件性质、类型或范围的规定?类案检索与推送是否应当是一种强制性的活动?检索或推送后,法官是否还需要针对所参考适用的案例进行某种说明抑或回应,尤其是当裁判结果与其他类案结果有所出入时?应以何种方式回应,如何回应?这些都有待司法解释的进一步明确与规范。

三、类案类判背后的司法逻辑之争

事实上,类案类判制度所要解决的根本性问题,是中国法院长期存在的同案不同判或者类案不类判的问题。正如笔者在一项研究中曾指出的,"事实相同的案件在不同法院甚至同一个法院的不同法官中可能出现大相径庭的判决,由此导致的裁判不统一现象严重损害了法律权威,成为当代中国司法实践亟待解决的重要问题"。[⑧] 例如,在某些刑事案件中,某些罪行在甲地仅作拘役处理,在乙地却会被科以有期徒刑。又如,在某些民事案件中,丙地法院会支持原告的诉讼请求,在丁地却会判决被告大获全胜。这其中固然有司法地方保护主义作祟的原因,但也与审判技术、审判理念的保守性与滞后性等密切相关。

长期以来,中国司法活动过程中主要通过制定司法解释或规范性文件、召开审判业务会议、组织法官培训等形式来弥补法律漏洞,以解决法律适用过程中所面临的司法难题,达到统一司法尺度、维护司法公正的目的。然而,上述措施仍未取得预期效果,中国法院在此基础上又开始研究设立案例指导制度。

《人民法院第二个五年改革纲要(2004 - 2008)》明确提出了要建立和完善案例指导制度。2010年4月,中央政法委协调公、检、法召开会议,要求推

---

⑧ 陈明国、左卫民:《中国特色案例指导制度的发展与完善》,载《中国法学》2013年第3期。

行案例指导制度并在年内公布一批指导性案例。同年 11 月,最高法院酝酿五年之久的《关于案例指导工作的规定》出台。[9] 2011 年年底,最高法院发布了第一批指导性案例。截至目前,最高法院共发布了 17 批 92 个指导案例。此外,还有各种如婚姻家庭纠纷、打击危害食品、药品安全违法犯罪、合同纠纷、未成年人审判等典型案例与数量众多的最高人民法院公报案例。

因此,在使用类案类判系统之前,我们首先应当思考以下问题:其一,弥补法律漏洞,是通过司法案例还是规范性法律文件的形式为佳?其二,现有的指导性案例、典型案例、公报案例满足了我们通过司法案例实现上述目的的需求了吗?有必要再使用在权威性上有所缺失,仅在细节性上更胜一筹的"类案"吗?其三,如果使用"类案",是使用一种指导性的"类案"还是参考性的"类案",多大程度的指导,多大程度的参考?

笔者认为,类案类判制度或许不应当被赋予过高的地位与期望,司法解释或最高法院的指导性案例应当并且可以肩负起统一司法裁判尺度、维护司法权威公正的使命。在实践中,中国法院应当更多地通过司法解释、规范性法律文件的方式,同时辅以指导性案例、法院内部的法官会议以及极少数案件的审委会讨论的方式,解决同案同判的功能性障碍。或许更悲观一点,类案类判很难成为司法领域法律人工智能的下一个突破口。原因在于,类案类判制度所能够提供的司法产品质量有限。中国法院正在使用的类案类判系统所提供的"类案"更多的是一种质量不佳、缺乏权威、指导意义有限的案件。类案确实是一种已有的判决,但未必是一种好的判决,更未必是具有创新性的判决。法官所接收或搜索出的类案很多是散落于全国各地基层法院的一审案件,本身的质量、典型性与指导意义尚值得怀疑。同时,类案被摆送至法官案头的过程不同于指导性案例的层层选拔,次次挑选,经历了明确的淘汰机制与程序。类案仅经过了"搜索""推送"一道工序,筛选太不严格,质量令人担忧。

由此出发,指导性案例、典型案例、公报案例之外的"类案"不仅不应具有指导性,甚至仅应具有有限的"参考性"。法官或许应更多地注重类案裁判中的思维进路、思考方式,以拓宽自身在裁判中的思路,而不应被他人类案的裁判结果

⑨ 徐昕:《【司改观察(一)】案例指导制度:渐进的革命》,载 http://www.infzm.com/content/70295,最后访问日期:2018 年 8 月 10 日。

所禁锢,我们甚至可以鼓励法官开拓出与之前“类案”不同的裁判结果。

四、类案类判将向何处发展

从小处看,类案类判制度可以起到拓宽裁判思路,发散裁判思维的作用。从大处看,类案类判制度具有一定的发展前景,未来也可能成为确保司法统一适用,维护司法公正,避免司法不公的手段,或许还能成为一种新型司法判决质量控制机制。然而,基于目前在类案类判制度上有限的人、财、物力投入,匹配精度准、推送质量高、案例权威强的类案类判时代尚未到来。笔者认为,需要从以下四个方面改进类案类判制度。

第一,制度的进步离不开技术的发展。单纯依赖传统搜索方式的类案搜索在时间成本与效率成本上均受到了极大的限制,不仅数量过多,精度也不准确。因此,未来需要由案例搜索向案例推送转型,向法官精准推送其所需要的类案。这不仅依赖现有人工智能领域算法新的突破,更需要努力思考如何将人工智能领域先进的算法与法律行业的特性结合起来。未来,类案类判尤其是类案推送有赖多种算法相结合的新尝试,而不是单一算法的突进。

第二,需要建立真正的法律案例大数据库。没有法律案例数据,试图建立类案类判系统无疑是沙上堡垒。笔者认为,首先应当推进全国法院历史裁判档案的电子化、数据化工作,将能够信息化的裁判文书年份向前推进。其次,应当进一步加强裁判文书公开上网工作,让能上网公开的裁判文书尽可能公开。通过各种方式督促文书公开工作落后的地方法院转变思路,促成基础信息化工作的完成。

第三,加强“类案”本身的建设与管理。这指的是,其一,需要对类案的“标签化”“结构化”工作做进一步精细化的提升。在现有的环境下,有多少人工就有多少智能。我们需要更多的经验丰富的法律工作者加入到基础性的标签数据工作中来,需要具备深厚法律学识素养的法学专家为纷繁复杂的法律事实界定更为清晰明确的法律标签。唯有如此,类案推送系统方能在此基础上寻求到更佳的数据匹配。其二,需要对类案系统的案例进行来源、级别与质量上的明确标示。首先,应当对每个案例库中的案例标示清楚来源,是指导性案例、公报案例、典型案例还是一般的案例?案例的地域来源、来自何方，审判流程、是否上诉，效力状况、是否改判等情况应当标注明了。其次，应当参考性地标注案例的质量高低，供法官参考。当然，这部分工作需要法学研究者的联合投入。

第四，确立国家层面类案类判的管理机制与标准流程。尽管最高法院业已开发了未来将在全国范围内铺开的“类案智能推送系统”，但现在仅在最高法院与省一级法院试点，何时能够真正让国内每个法官都能用上类案推送系统仍未明确。因此，当务之急首先是统一全国范围内驳杂的类案类判系统，摆脱各地法院各开发一套系统、各自为战的局面，至少让法官在检索类案时获得相同的案例，而不是基于各地法院各自的法律数据库检索出的案件。如果摆在法官案头的所谓“类案”都不尽相同，意欲达成统一司法裁判尺度的目标无异于痴人说梦。

此外，应当确立一套类案类判、类案推送、类案检索的国家标准。笔者认为，可以从以下几个方面着手。首先，明确类案检索机制的启动标准。不应设立强制性标准，是否检索类案应当以法官的实际办案需要为标准，设立一套强制性的标准只会人为增加法官的工作负担。其次，通过技术手段明确案例库中案例的权威高低与质量差别。最后，要建立一套类案机制的记录和监督手段，如果法官通过类案系统发现手头正在裁判的案件结果与多数法院相似案件的判决结果出入太大，系统应当及时提醒、记录并跟踪，必要时可以集体讨论案件。

总之，类案类判是人类对法律的美好憧憬与希冀，在法律人工智能与法律大数据飞速发展的今天，我们也似乎看到了实现这一夙愿的灿烂露光。然而路漫漫其修远兮，理想丰满而现实骨感。类案类判制度的落地正在中国大地上遭遇重重关山险阻，这其中不仅有技术壁垒的原因，更多的是法官理念的原因。不止一次，我们听闻法官对法律科技手段的拒绝与排斥。这当然有产品用户体验不佳的原因，但更多让人黯然神伤的说辞是法官认为现有的手段即可解决案件，没有必要使用自己不熟悉、可能用不好的新工具。然而遗憾的是，法律人工智能的发展壮大绝非一朝一夕之事，我们现阶段缺少的法律语料库、法律语义词，也许正在法官每天的敲击键盘声中，当事人无数次庭上的语音转换过程中默默潜长，孕育着无穷的希望。使用法律科技工具，或许未来成功的希望很小，但不使用法律科技工具，将永远没有成功的希望。

算法的法律与法律的算法

郑　戈*

内容摘要:人工智能是使计算机能够学习、分析和决策的算法。随着物联网时代的到来、计算机算力的不断提升、深度学习和强化学习系统的突飞猛进,人工智能学习的素材和结果都取得了令人惊叹的发展,并开始进入人们的日常生活,改变着人们的行为模式、交往方式、决策方式、商业模式和社会秩序生成机制。这些变化一方面改变了法律所要面对的问题域,另一方面也改变着法律本身的运作模式。大数据基础上的智能算法造就了新的权力形态,也呼唤着新的权利保护模式。本文围绕着两个关键问题展开分析:一是如何用法律规制算法,二是如何用算法强化法律。在此基础上,本文也展望了法治的未来图景。

关键词:人工智能　决定论算法　概率论算法　机器学习　大数据　法治

一、问题的提出

狗年春节刚过,就有两则关于人工智能的新闻先后在微信朋友圈"刷屏"。一则是关于特斯拉自动驾驶汽车的,另一则是关于一款法律人工智能产品(被称为"律政

* 郑戈,上海交通大学法学院教授。

界 AlphaGo”)的。

自动驾驶汽车是人工智能最热门的应用领域之一，它结合了智能算法、传感器和执行器，可以说是一种有“感知”、“判断”和“执行”能力的智能产品。其鼓吹者不仅宣称自动驾驶汽车将大大减少目前全球每年100多万的因交通事故死亡的人数，最终“将人类赶出驾驶座”，而且指出自动驾驶汽车将带来一系列生产力和生产关系方面的根本变革，比如人们可以在交通工具上工作，通勤时间不再是成本，而变成创造价值的时间，购买汽车并且让汽车大部分时间都躺在车库或停车场将被大多数人视为不明智的选择，召之即来挥之即去的自动驾驶汽车将使汽车成为24小时都在路上的共享物品，这将极大缓解交通拥堵和停车位紧张等令人头疼的城市问题。但自动驾驶汽车真的安全吗？人们能把自己的人身安全交托给一部由算法控制的机器吗？当这部机器导致了人身伤亡和财产损失的时候，法律责任应如何分配。这些都是特斯拉事件促使我们再三思考的问题。2018年2月27日，央视新闻客户端报道：历时一年多的河北邯郸车主高巨斌因特斯拉的Model S自动驾驶汽车在自动驾驶状态下发生事故造成其子高雅宁死亡而起诉特斯拉公司一案有了新进展，此前一直主张“没有办法知道”发生事故时车辆是否启用了“自动驾驶”(Autopilot)的特斯拉公司在大量证据面前被迫承认车辆在案发时处于自动驾驶状态。

这起事故发生在2016年1月20日，是全球首起自动驾驶汽车致死事件。就在同年5月的一天，40岁的美国退伍兵、网络设备公司老板约书亚·布朗(Joshua Brown)驾驶的一辆特斯拉Model S自动驾驶汽车在佛罗里达州列维县(Levy County)的27A美国高速公路上与一辆卡车相撞，布朗当场死亡。美国国家交通安全委员会(NTSB)的调查表明，布朗和自动驾驶系统都未能识别出这辆卡车，特斯拉直接从卡车下面穿过，车顶被掀开，布朗的头部严重受伤，直到撞到一棵树上才停下。汽车的气囊在撞上卡车时也未打开，直到撞树时才打开。①

值得注意的是，这两起事故发生时，中美两国都未曾制定允许自动驾驶汽车上路的道路交通管理规则和事故责任规则。直到今天，相关的规则也仍

---

① See Gareth Corfield, “Tesla Death Smash Probe: Neither Driver Nor Autopilot Saw the Truck”, *The Register*. Accessed June 20, 2017. https://www.theregister.co.uk/AMP/2017/06/20/tesla_death_crash_accident_report_ntsb/.

在酝酿之中。而这些事故使我们看到,智能算法操纵的汽车早已默默上路,正在与人类司机驾驶的汽车互动。事故早已先于规则出现。同时,这两起事故中丧生的司机都是退伍军人,这个特定身份或许意味着他们敢于冒险,在事故发生时他们都没有"驾驶"汽车,而是放心地把自己的安危交给智能算法。但现实生活中大多数人都是"风险规避者",对于不能确定是否安全的新产品,总是不愿意贸然去尝试。立法可以起到稳定人心的作用:虽然法律不能消除事故,但可以让人们觉得有安全保障。

这类事件引出了本文要讨论的第一个问题,即算法的法律。我们正在进入"算法统治的时代"。越来越多的人拥有不止一种穿戴式智能设备。从智能手机、智能手环、智能眼镜到智能运动鞋、智能手套、智能服装,我们有些人生活在智能家居环境中,室内遍布着智能照明系统、智能冰箱、智能洗衣机、扫地机器人、擦窗机器人等。这些设备随时随刻都在向"云端"传送着我们的各种信息,包括从心跳、脉搏等身体信息到消费信息、饮食习惯、活动轨迹等。我们因此成为"物联网"时代的"量化自我"(Quantified Self)或"可测度的自我"(measurable self)②。我们的一举一动都留下了电子痕迹,变成可供处理、分析和利用的数据,但我们并不拥有这些数据,也无法控制这些数据。数据属于为我们提供各种服务的"大数据掌控者"。因此,量化自我可能是一个不准确的概念,它让我们误以为我们可以借助大数据来更好地进行自我管理和自我实现。更准确的概念应该是"被强加给个人的量化身份"③。

人不是数据,更不是电子痕迹的汇总,但技术正在使数据化、碎片化的得到处理和整合,形成各种各样的自动化区分、评分、排序和决策。这些活动反过来使我们的"真实自我"在社会层面变得无关紧要。我们进入所谓"微粒社会",④我们都成为数据,并最终成为被算法所定义的人。算法权力(algorithmic power)这种新兴的权力并不把我们当成"主体"来对待,而是作

② See Sander Klous and Nart Wielaard, *We are Big Data: The Future of the Information Society*, Atlantis Press, 2016, p. 61.

③ Frank Pasquale and Danielle Keats Citron, "Promoting Innovation While Preventing Discrimination: Policy Goals for the Scored Society", 89 *Washington Law Review* 1413, 2014, p. 1414.

④ [德]克里斯托夫·库克里克:《微粒社会:数字化时代的社会模式》,中信出版社2017年版。

为可计算、可预测、可控制的客体。[⑤] 在这里，马克思和恩格斯在一百多年以前所描述的资本主义对全部社会关系的革命性改造在数字技术的帮助下以更加彻底的方式得以推进："一切固定的僵化的关系以及与之相适应的素被尊崇的观念和见解都被消除了，一切新形成的关系等不到固定下来就陈旧了。一切等级的和固定的东西都烟消云散了，一切神圣的东西都被亵渎了。"[⑥]大数据掌控者们借助越来越智能化的算法分析和利用着我们的数据，开发着靠数据化的人类经验喂养的人工智能产品，在为我们的生活提供越来越多的便利的同时影响着我们的选择和决策，并在此过程中积累起日益膨胀的财富、技术和人力资源。我们时常听到各种美妙的新词汇，如共享经济，似乎我们都是这个新世界的主人，分享着它所带来的各种好处。但"共享经济其实是一种聚合经济"[⑦]，其产生的巨大利益属于聚合数据的平台或"架构"。我们都在为自己的消费付费，而我们在消费的同时也都在生产，生产着数据，但没人为我们的数据生产支付报酬。我们是生产性的消费者（prosumer），"免费"使用 APP 或其他网络服务就是我们的报酬[⑧]。由此可见，有形的自动驾驶汽车只是算法影响人类生活的一个有形的例子，而无形的智能算法已经改变了我们生产方式、消费方式和生产关系、社会关系。法律如何规制算法，解决算法所带来的主体性流失、权利损害和歧视问题？现有的立法和规制模式已经提供了一些可供参考的方案。通过比较这些方案，评析其利弊，我们可以形成一条相对清晰的思路。

第二则新闻是：专门从事法律人工智能产品开发的 LawGeex 公司与斯坦福大学、杜克大学和南加州大学的法学教授们合作进行了一项新的研究，让 20 名有经验的律师与训练好的法律智能算法竞赛，在 4 小时之内审查 5 份保密协议，找出包括保密关系、保密范围、仲裁、赔偿在内的 30 个法律问题点，以界定法律问题的准确和明晰程度作为得分点。人类律师平均花费 92 分钟

---

⑤ John Cheney-Lippold, *We Are Data: Algorithms and the Making of Our Digital Selves*, New York University Press, 2017, p. 141.

⑥ 马克思、恩格斯：《共产党宣言》，载《马克思恩格斯选集》（第 1 卷），中共中央马克思恩格斯列宁斯大林著作编译局编译，人民出版社 2012 年版，第 403 页。

⑦ Don Tapscott and Alex Tapscott, *Blockchain Revolution: How the Technology Behind Bitcoin Is Changing Money, Business, and the World*, Penguin, 2016, p. 28.

⑧ See Birgit Blättel-Mink und Kai-Uwe Hellmann (Hrsg.), *Prosumer Revisited: Zur Aktualität einer Debatte*, VS Verlag für Sozialwissenschaften, 2010.

完成了任务,准确率是85%,而人工智能系统仅用了26秒就完成任务,准确率高达95%。实际上,这也不是人工智能在法律技能竞赛中第一次打败人类了。2017年11月,剑桥大学法学院的学生们组织了一次人机法律竞赛,由112位自愿报名参赛的律师和开发法律人工智能产品的新创企业CaseCrunch的一款产品进行比赛,比赛内容是预测金融申诉专员(Financial Ombudsman)对付款保障保险(PPI)不当销售申诉实际案例的裁断,结果是人工智能产品的预测准确率高达86.6%,而人类律师的预测准确率只有62.3%。⑨

这一类事件涉及本文要讨论的第二个问题:法律的算法,即法律人的推理和判断在多大程度上能够被算法所取代,或者说,法律职业在多大程度上能够被法律人工智能产品所取代。这可以说是法律职业者们所关心的问题。算法能为法律做什么,既取决于我们对法律思维和法律方法的理解,也取决于算法本身的发展状态。本文第三部分将重点讨论法律算法化的可能性及其限度。

信息技术革命带来了新的权力形态,导致了"算力即权力"的新现象,同时也使传统上用来抗衡国家权力的公民权利面临着更隐微、更无所不在、更多元化的权力技术的侵蚀。法律是一种技艺,更是一套形塑体现人类基本价值的良好秩序的规范体系。面对新型的权力格局和权利处境,法治将向何处发展?未来的法治秩序将呈现何种面貌?这是本文最后一部分将会讨论的问题。

二、算法的法律

技术是导致经济、社会变革的重要变量之一,而且是不可逆转的变量。法国哲学家德布雷写道:"归根到底,唯一跳出星球运转的循环意义外的革命不是政治革命而是技术革命,因为只有它们才是不复返的。有了电流后就不再用蜡烛,有了汽轮船就不再用帆船。然而有了十月革命还是回到了东正

⑨ "Cambridge Students Organise 'AI v. Lawyers' Challenge", https://www.law.cam.ac.uk/press/news/2017/11/cambridge-students-organise-ai-v-lawyers-challenge.

教。”⑩人工智能是一种正在给人类社会带来全方位深刻变革的技术。正像所有的技术一样，它服务于特定的人类目的。但机器学习（尤其是无监督学习）结果的不可控性又使人工智能不同于以往的技术，其中蕴含着更大的风险和不确定性。法律应当如何规制人工智能，从而在鼓励创新的同时保护人类社会的基本价值并将风险保持在可控范围之内？这是一个已经引起广泛讨论和立法回应的问题。

（一）创设新的法律人格

人工智能从某种意义上讲是一种能够学习、判断和决策的算法，它模仿和替代人类智能的潜质促使人们重新思考人与机器之间的关系。德国思想家卢曼指出：“电子数据处理技术已经改变了人与机器之间的关系。这种技术不能再被认为是对体力劳动的辅助，因此要求我们重新界定人与机器的关系。‘人工智能’研究体现了这种变化——甚至开始质疑将问题表述成人机关系就认知科学的目的而言是否妥当。”⑪

对“人机关系”新形态最先作出立法回应的是欧盟。2016年，欧洲议会提出了“机器人法”立法建议报告⑫。鉴于人工智能可能在无人监管的情况下做出“决策”并自主执行这样的“决策”，该报告在第50(f)项建议：“从长远来看要创设机器人的特殊法律地位，以确保至少最复杂的自动化机器人可以被确认为享有电子人（electronic persons）的法律地位，有责任弥补自己所造成的任何损害，并且可能在机器人作出自主决策或以其他方式与第三人独立交往的案件中适用电子人格（electronic personality）。”韩国国会正在讨论的《机器人基本法案》以欧盟的这份报告为范本，也提出要“赋予机器人以享有权利并承担义务的电子人格”。⑬ 沙特阿拉伯则在没有相关立法的情况下在2017年授予一家香港公司生产的机器人索菲亚以公民身份并向“她”发放了护照，其主要目的是给沙特的人工智能发展战略做宣传。

---

⑩ ［法］雷吉斯·德布雷、赵汀阳：《两面之词：关于革命问题的通信》，张万申译，中信出版社2015年版，第23页。

⑪ See Niklas Luhmann, *Theory of Society*, Volume I, trans. by Rhodes Barrett, Stanford University Press, 2012, p. 69.

⑫ See European Parliament, *Report with Recommendations to the Commission on Civil Rules on Robotics*, A8 – 0005/2017, http://www.europarl.europa.eu/sides/getDoc.do?type=REPORT&reference=A8-2017-0005&language=EN.

⑬ https://www.lawmaking.go.kr/lmSts/nsmLmSts/out/2008068/detailRP.

实际上,在如何落实这种"法律人格"所必然带来的民事行为能力和责任能力时,欧洲议会报告并没有提出具体的方案。如果机器人对人造成了损害,无论是适用罗马法中的"缴出赔偿"(*noxoe deditio*)原则(把机器人交给受害者或其家属处置),还是让机器人支付赔偿金或坐牢,最终承担责任的始终是机器人的"主人"。因为,机器人不可能有独立的收入,限制它的"自由"则等于剥夺了其"主人"的财产权。由此可见,机器人无论以何种方式承担责任,最终的责任承担者都是人,这使它的"法律人格"显得多余和毫无必要,经不住"奥康剃刀"(如无必要,勿增实体)的检验。实际上,这份报告在具体的规则设计部分也自动放弃了适用机器人"法律人格"的努力。比如,它提议制造商为他们的机器人购买强制性保险。此外,还要设立专门的基金来补充保险机制,主要的出资人也是制造商、经销商和其他利益相关者。

赋予具有自动化决策(ADM)能力的人工智能体以法律人格并不是一种完全不可行的模式,不可行的是目前这种缺乏相应法律能力和法律责任分配机制的简单拟人化模式。出于解决问题的需要,法律当中充满着各种拟制(fictions),"法人"这种"不可见、不可触、只存在于法律的凝思之中"⑭的主体就是其中的一种,它导致了独立于自然人的行为能力和责任能力规则。要使"电子人"这一新的法律拟制有意义,就必须对智能算法的设计原理、它与人(设计者和使用者)之间的互动模式以及它做出决策的自主程度进行详细的研究、分类和基于应用场景的规则设计⑮,从而使它能够带来现行自然人和法人概念所无法得出的权责规则。

(二)矫正正义模式

法律,尤其是私法,所体现的核心价值是交换正义和矫正正义。对于自愿的交易,法律旨在确保承诺的履行,合同法便是为了实现这一功能而出现的。对于非自愿发生的初始状态改变,对损害给予救济的侵权法原则和对不当得利予以返还的民法原则(restitution)是主要的法律介入形式。将矫正正义的形式法则应用于各种事实场景的技艺被认为是法律的独特技艺所在,体

---

⑭ See Dartmouth College v. Woodward, 4 *Wheaton* 518, 627(1819).

⑮ See Argyro P. Karanasiou and Dimitris A. Pinotsis, "A Study into the Layers of Automated Decision-making: Emergent Normative and Legal Aspects of Deep Learning", *International Review of Law, Computers & Technology* 31:2, 2017, pp. 170 – 187.

现了柯克所说的“人造理性”。[16] 影响甚大的多伦多大学新形式主义法律学派将矫正正义的概念化、类型化和系统化处理视为法学维持自身独立品格、避免受法律和社会科学交叉学科侵蚀的关键所在。[17] 这种思路明显体现在人工智能若干应用场景的法律回应之中，自动驾驶就是一个例子。在特斯拉 Model S 自动驾驶汽车造成人员死亡的中美两个案例中，争议的焦点都在于发生事故时车上的自动驾驶系统是否处于启动状态，其中所体现的侵权法原则是：在事故责任不在于别的车辆的情况下，如果汽车处在自动驾驶状态，责任应当由汽车制造商承担；如果汽车处在人为操作状态，责任则在于司机。虽然中美两国都还没有专门针对自动驾驶汽车的交通事故责任进行立法，但这样的基本原则却已经包含在现有的法律体系和法律人的“默会知识”之中。实际上，这一原则源远流长，可以追溯到马车、骡车时代的古罗马。

《学说汇纂》中有一项基本的法律原则：如果人为原因造成了损害，就需要从结果回溯到原因，法律存在于因果关系之中（in causa ius esse positum）。同时，法律只惩罚有过错的行为，在确定法律上的请求权基础的时候，我们不仅需要找到因果关系（causa），还需要发现过错（culpa），因为“恶意和过失才是应受惩罚的”（dolus et culpa punitur）。[18]《学说汇纂》第 9 卷第 1 章讲述了四脚动物导致无意损害的请求权问题。一般原则是：动物的主人要么将其交给受害人一方自由处置，要么作出经济赔偿。用今天的话来说，这是一种严格责任。在法学家阿非努斯与一名奴隶主之间的对话中，奴隶主问法学家：有两辆骡车在卡皮托尔山的上坡路上行进，第一辆车的车夫在后面推骡车，以便协助骡子上坡，但不知何故这辆骡车突然后退，车夫为了自身安全闪开了，以致这辆车撞上了后面一辆车的骡子，导致第二辆车撞上了一名奴隶男孩。我应当向谁提起诉讼？法学家答曰：法律要到因果关系中去寻找。如果是车夫主动改变原来的行为方式导致骡子后退，那么就应当向车夫提起诉讼。因为放开某物令其对他人造成伤害就跟主动拿出武器伤害他人一样。

---

[16] Charles Fried, “Artificial Reason of the Law or: What Lawyers Know”, 60 *Texas Law Review* 35, 1981.

[17] See Ernest J. Weinrib, *The Idea of Private Law*, Oxford University Press, 1995; Ernest J. Weinrib, *Corrective Justice*, Oxford University Press, 2012; Stephen Waddams, *Dimensions of Private Law*, Cambridge University Press, 2003.

[18] Iustinian, *Digesta Iustiniani Augusti*, Vol. I, ed. and trans. by Theodor Mommsen, Berolini, Apud Weidmannos 9.2.30.3, 1870.

如果骡子后退是因为受到惊吓,车夫退让是为了自保,那么,更合理的方式是向骡子的主人提起诉讼。如果是因为骡子无力负重或车夫无力继续推车,那么奴隶主对骡子主人和车夫都没有请求权。今天的自动驾驶法仍体现了这个古老的法律规则,只要我们把骡子换成自动驾驶系统。

2017 年 5 月,德国联邦议会和参议院通过了一部法案,对《道路交通法》进行了修改,允许高度自动化和完全自动化的汽车作为交通工具上路。但为了符合 1968 年《维也纳道路交通公约》第 8 条"每一部车辆在行驶时都必须有驾驶员在位"的规定,该法没有允许自动驾驶汽车变成"无人驾驶"汽车。它规定当自动驾驶系统启动之后,司机可以转移注意力,比如去读书或上网,但她必须保持足够的警觉,以便在系统发出请求时恢复人工控制。它还要求高度或完全自动化汽车安装记录驾驶过程的黑匣子,且在没有卷入交通事故的情况下,黑匣子信息必须保存半年。如果自动驾驶模式在运行过程中发生了事故,责任在于汽车制造商。但如果自动驾驶系统已经发出了请求人工控制的信号,责任便转移到了汽车上的驾驶人员身上。

德国的这部法律受到了业界的猛烈批评。有人指出,在新法下,司机不知道该怎样做才能避免法律责任,自动驾驶汽车无法实现真正的"无人驾驶"。也就是说,车上不能只有乘客而没有驾驶员,这阻碍了自动驾驶汽车的商业化发展。试想,如果花比传统汽车贵得多的价钱购买了自动驾驶汽车,却必须时刻保持警觉,而且要在自动驾驶系统控制汽车操作一段时间后瞬间介入,应付紧急情况,这实际上对驾驶员提出了更高的要求。新法把自动驾驶汽车造成人身伤亡的最高赔偿额度提高到 1000 万欧元,比原来的最高赔偿额度增加了 1 倍。虽然这笔赔偿在多数情况下将由保险公司支付,但保险公司无疑会提高保费,这也增加了自动驾驶汽车车主的负担。

(三)风险控制模式

对于一种深刻改变着社会而其中包含的风险尚无法确知的技术,损害发生之后的司法救济显然无法确保社会的公共利益。因此,许多国家都试图设立专门的规制机构来负责人工智能研发和产品化过程中的风险评估、风险沟通和风险管理。比如,签署欧洲议会报告中便提议设立一个"欧洲机器人和人工智能局"来统筹该领域的风险规制工作。2017 年 12 月,美国众议院讨论了由议员约翰 · 德莱尼提出的《人工智能的未来法案》,其中的主要内容也是要求在商务部内设立一个"联邦人工智能发展与应用顾问委员会",就人工智能涉及的技术、商业、国家安全等问题进行综合研判并向政府提供立法和规制建议。该法案特别强调了促进人工智能发展与防止其负面影响之间的平衡问题，指出人工智能技术的持续发展对于美国的经济繁荣、社会稳定和国家安全具有至关重要(critical)的意义，不能因为担忧其不可控的风险就采取过多的抑制措施。此外，日本经济产业省已经于2015年7月1日在产业机械科内成立了“机器人政策室”[19]，前述韩国《机器人基本法案》当中也提出要建立直接对总理负责的“国家机器人伦理、政策委员会”。

2017年9月在美国众议院通过的《自动驾驶法》(Self Drive Act)也采取了这种以风险规制为侧重点的公法模式。该法没有改变现有的道路交通规则和与事故责任相关的侵权法规则，而是用宪法和行政法的思维方式划分了联邦与各州之间在规制自动驾驶汽车方面的责任，明确了交通部在确立自动驾驶汽车硬件安全标准、网络安全标准、公众知情标准等方面的具体义务和履行时间表。其中，第12条强化了隐私权保护，要求制造商和经销商只有在提出了满足一系列具体要求的“隐私权保障计划”的前提下才可以供应、销售或进口自动驾驶汽车。这些要求旨在确保自动驾驶汽车的车主和使用者对自己的个人数据和隐私有充分的控制能力，不至于在自己不知情的情况下任由制造商或程序设计者使用自己的个人数据。风险规制模式下的隐私权保障计划是由大数据使用者自己提出的，政府在其中充当把关者的角色，规制部门是厂商与消费者之间的中立第三方，这一点与下述预防模式下政府积极控制技术发展方向的做法不同。

(四)预防模式

当一种新技术对社会的影响在科学上尚无定论的时候，如果这种影响有可能是负面的、巨大的和不可逆转的，决策者就应当假定它会造成这种影响，并据此来制定相关的政策和法律。这就是“风险预防原则”(Precautionary Principle)。对该原则的最广为人知的表述出现在1992年的《里约宣言》中，该宣言的第15条原则指出：“在严重的或不可逆转的损害威胁存在的领域，缺乏充分的科学确定性不应成为暂缓采取有成本效益的措施来防止环境恶

---

⑲ 《日本经产省成立机器人政策室》，载 http://finance.sina.com.cn/world/20150701/122322562315.shtml。

化的理由。”[20]这一原则现在也正在被适用到人工智能领域。

机器学习以大数据为素材,采取预防模式的欧盟选取了数据这个源头作为切入点来杜绝可能带来权利侵害的算法。2018年生效的《一般数据保护条例》一体适用于对个人数据的自动化(算法处理)和非自动化处理(第2条),其目的在于保护数据流动和数据处理过程中自然人所享有的数据权利(第1条)。而个人数据的定义十分宽泛,包括与已被识别出(identified)或可被识别出(identifiable)的自然人相关的任何信息。其中对“可被识别出的”个人数据的保护对算法设计者提出了很高的要求,包括采取匿名化等一系列使数据无法被关联到具体个人的技术手段(第4条)。对个人数据的处理要符合合法、公平、透明、目的具体且有限、准确、安全等原则(第5条)。除非是在法律明确规定的条件(比如数据主体明确同意)下,处理数据的方式不得显示出个人的种族、民族、政治观点、宗教或哲学信仰、工会成员身份等,处理的对象不得包括基因数据、使某个人被识别出来的生物计量学数据、健康数据以及性生活或性取向数据(第9条)。[21] 该条例明确列举了数据主体的若干具体权利,包括充分知情权、要求更正权、要求删除权(被遗忘权)和限制处理权(第15~18条),旨在强化数据主体对涉及自身的所有数据的控制能力。在鼓励创新和保护权利之间,欧盟立法者选择了后者,预先给智能算法的发展划定了界限。[22]

不仅如此,控制机器学习可用的数据来源的做法基本无视了智能算法的现有技术状态。对个人身份的已识别或可识别状态往往是数据分析的结果而不是起点,现有的智能算法已经能够对海量的无结构数据(包括百度搜索记录、淘宝购物记录、手机GPS信息等各种电子痕迹)进行分析和处理,最终实现“完美个人化”,即准确识别出某一特定个人的身份、社会属性和偏好。从数据是否已包含个人身份信息入手来规制算法无法达到保护个人权益的目的。

(五)算法规则和算法伦理模式

上述各种模式都没有超出传统的公法和私法概念框架,试图用既有的权

---

[20] United Nations Environment Programme (UNEP), *Rio Declaration on Environment and Development*, Principle 15, Rio de Janeiro, Brazil, June 14, 1992.

[21] 该条例全文见:http://gdpr-info.eu.。

[22] 参见郑戈:《在鼓励创新与保护人权之间:法律如何回应大数据技术革新的挑战》,载《探索与争鸣》2016年第7期。

利保护—司法救济方式来间接影响算法的设计。但也有一些国家已经开始尝试直接规制算法设计本身,试图让法律和伦理规范进入算法。其中比较典型的是,德国交通部长任命的伦理委员会最近提出的一个报告,展现了一种完全不同的思路:要求算法编写者遵守一系列伦理法则。其中提出了20条伦理指导意见,核心是把人的生命放在首位。比如,其中第7条要求,在被证明尽管采取了各种可能的预防措施仍然不可避免的危险情况下,保护人的生命在各种受法律保护的权益中享有最高的优先性。因此,在技术上可行的范围内,系统必须被编程为在权益冲突时可以接受对动物和财产的损害,如果这样可以防止人身伤害的话。第8条规定,诸如伤害一个人以避免对更多人的伤害这样的伦理难题不能通过事先编程来处理,系统必须被设定为出现这种情况下请求人工处理。[23]

但这种将规则写入算法的做法只有在特定的算法设计模式中才有可行性,而很难被适用到像人造神经网络算法(ANN)这样的模式中,因为这类算法的特点和优势就是人类无法控制机器学习的结果。从机器学习模式的角度来看,只有监督学习状态下的算法才在设计者的掌控之下,对于无监督学习和强化学习而言,结果是无法预测的。法社会学家托伊布纳曾以侵权法中的过失责任原则为例来说明这个问题:在现有的侵权法结构内,过错是指行为主体未能尽到注意义务。算法设计者的直接责任只能适用于监督学习,在此情景中人类行动者能够控制算法的输入和输出。而对于无监督学习和强化学习,唯一可以借用的是主人对宠物、监护人对被监护人或者雇主对雇员的看管责任(*respondeat superior* 或 *Erfüllungsgehilfe*),但确立这种责任要求被看管者的行为有一定的可预见性,即"对计算机行为之技术能力的常规化预期"。[24] 这种预期对于如今的智能算法而言是很难获得的。实际上,人们之所以对人工智能如此热衷,恰是因为它能带来超出人们预期的惊喜。但同时人们也担心它带来的是惊吓。因此,有学者建议,如果人类无法控制某种算法的结果,那就不能将它应用到影响人类生活和人际互动的场景中,而只能用

㉓ Maßnahmenplan der Bundesregierung zum Bericht der Ethik-Kommission Automatisiertes und Vernetztes Fahren(Ethik-Regeln für Fahrcomputer). https://www.bundesregierung.de/Content/DE/Artikel/2017/08/2017-08-23-ethik-kommission-regeln fahrcomputer.html.

㉔ Gunther Teubner,"Rights of Non Humans? Electronic Agents and Animals as New Actors in Politics and Law",33 *Journal of Law and Society* 497,2006,p.509.

于科学研究和游戏(如下围棋)。法律可以通过相应的责任设计,比如让算法设计者或其雇主对算法造成的损害承担严格责任,从而引导他们选择更有可预见性、更可控的算法。[25] 但这种建议的提出者所考虑的是自动驾驶汽车和机器人这种能够同人类接触并造成身体伤害的智能产品,而没有考虑到无形的算法评分、算法排序和算法决策对人造成的影响。在这些场景中,算法往往是无形的,人们无法判断损害是否由它造成,更不清楚算法本身是如何编写的。算法往往属于企业的"商业秘密",是受法律保护的名正言顺的"黑箱"。

(六)算法可解释性问题

在美国,已经有案例涉及"算法黑箱"问题。2013年年初,威斯康星州指控艾瑞克·鲁米斯(Eric Loomis)的5项刑事罪行,都和一起驾车枪击事件有关。鲁米斯否认自己参与了枪击,但承认自己在案发当晚驾驶过那辆车。在辩诉交易中,他承认了两项较轻的罪名:企图逃避交警以及未经车主同意擅自驾车。在量刑阶段,法院收到州政府罪犯改造部门提交的一份量刑前调查报告(PSI),其中包含再犯风险评估内容(COMPAS)。在初审判决中,法院在量刑部分援引了COMPAS评估的内容,并且部分基于这一评估判处鲁米斯6年监禁外加5年监外管制。在申请定罪后救济动议(motion for post-conviction relief)被拒后,威斯康星州上诉法院批准了向州最高法院上诉。鲁米斯的上诉理由是法院对COMPAS评估的依赖侵犯了他的正当程序权利。正当程序权利包括获得个别化量刑考量的权利(the right to an individualized sentence)以及基于准确信息而受量刑的权利(the right to be sentenced on accurate information)。由于COMPAS评估报告提供的数据是类型化的,未能充分体现个人特殊性,同时由于作出评估的方法是COMPAS算法的提供者Northpointe公司的商业秘密,其可靠性无从判断,鲁米斯主张自己上诉的两项权利受到了侵犯。此外,他还声称该算法评估将他的性别作为一个因素加以考量,侵犯了他的平等权。[26]

威斯康星州最高法院支持了初审法院的判决。在安·布拉德利(Ann Walsh Bradley)大法官撰写的多数派意见中,鲁米斯的正当程序权和平等权

---

[25] Trevor N. White and Seth D. Baum, "Liability for Present and Robotics Technology", in Patrick Lin, Ryan Jenkins and Keith Abney (eds.), *Robotics Ethics 2.0: From Autonomous Cars to Artificial Intelligence*, Oxford University Press, 2017, pp. 66 – 79.

[26] *State v. Loomis*, 881 N. W. 2d 749 (Wisconsin, 2016).

主张被一一否定。首先，法院认为性别因素是作为提升评估准确性的目的而非作为歧视目的进入算法参数的，而且鲁米斯无法证明法院在量刑时的确考量了性别因素，因此他的平等权并未受到侵犯。其次，因为 COMPAS 所分析的数据是记录在案的公共数据（犯罪记录）和被告自己提供的数据（他对 137 个问题的回答），被告在算法评估结果出来之前本来就有机会否认或解释相关信息，也有机会验证相关信息的准确性，故而质疑信息准确性的主张站不住脚。最后，关于量刑个别化问题，法院承认 COMPAS 算法评估的结论揭示的是与鲁米斯相似的一类人的再犯风险，但指出该评估结论不是法院作出量刑判决的唯一依据，由于法院拥有在其认为适当的情况下不同意评估结论的裁量权和相关证据，因此该量刑判决是充分个别化的。[27]

从这个案例可以看出，当算法涉嫌针对个人作出了歧视性的或错误的评估或决策的时候，至少在美国，法院倾向于保护算法产品厂商的商业秘密。这种权益被视为没有争议的前提，法院不会要求厂商公开算法代码，也没有要求厂商用自然语言解释算法的设计原理、功能和目的。但算法可解释性是“算法的法律”可以成立的前提。人不可能控制或约束自己不懂的东西。之所以说人工智能算法进行深入学习的过程是个黑盒子，主要的原因除了它的保密性外，更重要的是即使公开了法官和律师也看不懂。算法可解释性乃至可视化是一个可以用技术解决的问题，一旦法律提出了相关要求，技术界便会想方设法使算法成为可解释的。比如，在 2018 年 3 月 7 日，谷歌大脑团队的克里斯·欧拉（Chris Olah）公布了一项题为“可解释性的基础构件”的研究成果[28]，该成果解决了神经网络这种最令人难以捉摸的算法的可视化问题，被谷歌比喻为人工神经网络的核磁共振成像（MRI）。如果说神经网络算法所处理的海量数据极其复杂运算过程会使人脑“超载”的话，这种可视化解释技术简化了相关信息，使算法的工作状态回到了“人类尺度”，能够被普通人看懂和理解。谷歌还对这种“解释算法的算法”做了开源化处理，使其他技术人员能够在此基础上编写适用于不同算法和场景的解释性算法。

---

[27] *State v. Loomis*, 881 N. W. 2d 749 (Wisconsin, 2016). See Jason Tashea, “Calculating Crime: Attorneys Are Challenging the Use of Algorithms to Help Determine Bail, Sentencing and Parole Decisions”, 103 *A. B. A Journal* 54, March, 2017, pp. 54 – 60. 该文提到了若干与 Loomis 案类似的涉及“算法量刑”的案例。

[28] Chris Olah, “The Building Blocks of Interpretability”, https://distill.pub/2018/building-blocks/.

由此可见，法律进入算法不能靠立法者和规制者的单方面努力，而需要法律人与技术人员的合作。正如李彦宏等人在《算法革命》中所指出的那样："……也许真要靠算法的顶层设计来防止消极后果。人工智能技术可能不只是理工科专业人士的领域，法律人士以及其他治理者也需要学习人工智能知识，这对法律人士和其他治理者提出了技术要求。法治管理需要嵌入生产环节，比如对算法处理的数据或生产性资源进行管理，防止造成消极后果。"[29]法律人可以向技术人员解释法律规则的要求，而技术人员可以设计出符合法律要求的算法。法律和技术都是非自然的"人工"造物，两者都服务于使人类生活更加美好的目的。在人工智能时代，一种新的职业——法律知识工程师——正在诞生，这种职业是由能够用技术解决法律问题的人士和能够用法律服务技术发展并将技术套上法律缰绳的人士共同组成的。人工智能是能够在给定问题的前提下通过深度学习和强化学习寻求最优解的智能算法，它需要人类提出正确的问题，对错误问题的正确解答可能带来灾难性的后果。法律就是用来划定问题域边界的，它不能确保最佳问题的出现，但可以防止最邪恶问题的提出。

三、法律的算法

如何用算法来强化法律取决于人们对法律、法律推理和法律判断本身性质的认识，而统一的认识并不存在。因此，关于人工智能在法律领域之应用的讨论迫使人们回到基础性的法理学问题。从世界上第一份专业的人工智能与法律期刊 *Artificial Intelligence and Law* 上所发表的论文来看，绝大多数是基于分析主义法学对法律的理解来讨论如何建模的文章。这一现象是由人工智能本身的认识论基础决定的，但它也使丰富的法理学讨论贫弱化。当我们用技术来解决人类问题的时候，意味着人类问题本身的复杂性和丰富性被简化了。这是一个普遍的问题。

人工智能的认识论基础是"认知可计算化"。在人工智能技术的几大流

---

[29] 李彦宏等：《智能革命：迎接人工智能时代的社会、经济与文化变革》，中信出版集团2017年版，第312页。

派中,符号主义试图用符号—逻辑演算来模拟人类大脑的认知和决策过程;连接主义(又称神经网络学派)试图通过人造神经网络的并行计算来建构大脑;而行为主义者则试图通过遗传算法进化出人工大脑。它们的基础假设都包括:(1)大脑是人类认知和智能活动的载体;(2)认知和智能活动是一个物理－化学过程,其机理主要是神经元之间通过分泌化学递质和释放电子来完成的信息交流;(3)图灵机可以模拟任何物理—化学过程;(4)通过分析和处理真实人类世界的行为数据可以用机器来模拟人类的认知和决策,反过来,通过研究虚拟世界各种人工智能的详情可以把握真实世界人类认知和智能活动的基本结构和过程;(5)一切认知和智能活动的复杂系统都可以通过各个组成部分的动态行为和整体交互作用来解释(整体主义的还原主义假设)。[30]

认知可计算化,人脑功能最终可以用计算机模拟。这一认识论不仅被许多计算机专家接受,而且得到来自脑科学家的佐证。主流的脑科学家相信,人脑是由一千亿个神经元构成的,神经元之间的连接方式决定了我们的所思所想,除了神经元之间的物理通信机制(放电)和化学通讯机制(分泌递质)外,我们找不到任何自我意识或灵魂存在的依据。既然如此,人类思考的过程最终可以用算力越来越强大的计算机来模拟和取代就不是天方夜谭,而是技术发展的必然结果。比如,目前任教于普林斯顿大学的韩裔科学家承现峻在他影响甚大的《连接组》一书中写道:“据我所知,没有任何客观的科学证据来证明灵魂的存在。人们为什么相信灵魂的存在?我怀疑宗教是唯一的原因”,[31]“你的身体和大脑与人造的机器并没有本质的区别”。[32] 脑科学和计算机科学的结合一方面会使用机器/算法取代人脑的技术(人工智能)得到快速发展,另一方面也会使借助算法来影响和控制人类行为的技术侵蚀法律的领地。最近曝光的大数据分析公司“剑桥分析”利用5000万Facebook用户的账户信息帮助特朗普竞选团队量身定制地投放政治广告从而帮助特朗普在

---

[30] 刘晓力:《认知科学研究纲领的困境与方向》,载《中国社会科学》2003年第1期。

[31] Sabastian Seung, *Connectome: How the Brain Wiring Makes Us Who We Are*, Houghton Mifflin Harcourt, 2012, kindle version, loc 1006/7864. 类似的观点参见 Wolf Singer, *Vom Gehirn zum Bewußtsein*, Suhrkamp Verlag, 2016。

[32] Ibid., loc 3953/7864.

2016年美国总统大选中获胜的新闻,便是一个"算法统治"的鲜活例子。[33]

法律是一个相对封闭的自我指涉系统,其本身的形成经过了法律人的分析和加工,并在一定的权威结构内形成规则。因此,将法律编写成代码的过程不是一个对未经选择的大数据进行学习的过程,而是一个有赖于前期加工的过程。大陆法系的《学说汇纂》和法律评注传统,英美法系的布拉克顿、布莱克斯通、肯特所做的判例整理和评注工作,都是前信息技术时代筚路蓝缕手工整理法律数据的典范。法律的算法化有赖于法律人将法律知识转化为"可计算化"模块的前期努力。"授计算机以数据,够它用一毫秒;授计算机以搜索,够它用一辈子"的机器学习法则显然不能适用于法律人工智能产品的开发。"有多少人工就有多少智能"的法则在这个领域体现得十分明显。这其实是法律人的幸运:我们不用担心自己被人工智能取代。但是,法律系统的封闭性和算法在其中得到应用的有限性也使法律面对算法在影响人类行为方面的竞争时显得捉襟见肘,难以应对。

(一)法律算法化的前提条件

计算机可以处理的问题必须满足三个条件:(1)这个问题必须可以用形式语言(理想状态是数学)来表述;(2)针对这个问题必须存在一个算法,即程序化的指令集;(3)这个算法必须是可编程的。当我们用计算机来处理"数值计算"的问题时,原问题和数值化后的问题是一致的,其间没有转义映射,也就不存在意义/信息流失。而当我们用计算机来进行知识处理(比如将法律编写成算法)的时候,由于面对的问题非常复杂,就需要对知识进行符号化处理,然后用指称和解释的方法来保持和恢复计算结果的语义。[34] 知识本身便已经不是经验本身,而知识的符号化表示是对表示的表示,对符号的再符号化,其间流失的意义很难被完全恢复过来。但是,不经过这样的处理,法律推理和法律决策的过程就无法实现自动化/人工智能化。

在前面提到的1991年创刊的世界上第一份人工智能与法律专业期刊的创刊词中,该刊的编辑们指出了在用人工智能来处理法律问题之前需要法律

[33] Carole Cadwalladr and Emma Gaham-Harrison, "Revealed: 50 Million Facebook Profiles Harvested for Cambridge Analytica in Major Data Breach", *Guardian*, 17 March 2018, https://www.theguardian.com/news/2018/mar/17/cambridge-analytica-facebook-influence-us-election.

[34] 危辉、潘云鹤:《从知识表示到表示:人工智能认识论上的进步》,载《计算机研究与发展》2000年第7期。

人做出贡献的若干方向，其中包括：(1)对规范性概念及其与行动、意图和因果关系等常识性概念之间的相互关系进行符号化的表述；(2)需要通过例子和/或样本来界定开放结构（有多种解释可能性的）的概念，并且用如此界定的知识来推理；(3)用模型来表示对抗式的论辩过程以及这一过程支持决策的方式。[35] 在此基础上，技术人员才能着手开展法律的算法化工作。

随着自然语言处理(NLP)技术的迅猛发展，如今的机器学习已经不需要人们先把知识重新表述为高度形式化的符号以供机器学习，但法律知识的模型化和标准化工作仍是开发法律人工智能产品的前提。在理想状态下，法律是用经验浸润过的逻辑，也是用逻辑规整过的经验。但现实的法律世界存在大量未经逻辑规整的经验，也存在许多未经经验浸润的逻辑。法律的算法化其实是在倒逼法律人更加精准和体系化地表述法律知识，否则机器学习的结果可能是杂乱无章、任意武断乃至充满偏见的。

（二）法律算法的应用场景

现代法治社会，法律的应用场景遍及社会的各个方面，从国家治理到日常纠纷解决，从立法到交通处罚，从学校到监狱。算法是被设计来完成特定任务的。其表现可以通过一定的指标来衡量，这些指标体现了人类在不同场景中的语境化价值选择。比如，有些场景要求精确性：哪种算法能够更准确地识别出垃圾邮件，是朴素贝叶斯分类器还是支持向量机？有些场景更重视速度：哪种算法能够更快完成案件分类、排序，是插入排序法还是冒泡排序法？有些场景更强调节约资源：哪种算法能够用最小的资源投入（人力、带宽）完成同样的任务？[36] 算法旨在优化完成特定任务的绩效，这些绩效的标准是由特定场景的目的决定的。算法和程序技术的先驱者高德纳（David E. Knuth）教授曾经说过："不成熟的优化是所有罪恶（或至少是大部分罪恶）的根源。"[37]所谓的不成熟，是指算法与目的不匹配。人工智能算法至少目前还不能自己生成目的（如果出现了有自我意识的追求自己目标的强人工智能，人类就更应当担心了），而必须服务于人类设定的目的，寻求给定目的情况下

---

[35] "From the Editors", *Artificial Intelligence and Law* 1, 1992, pp. 1 - 2.

[36] Eric PS Baumer, "Toward Human-Centered Algorithm Design", *Big Data and Society*, July-December 2017, pp. 1 - 12.

[37] David E. Knuth, "Computer Programming as an Art", *Communications of the ACM* 17(12), 1974, pp. 667 - 673.

的手段优化。但在社会功能和制度功能高度分化的现代社会,法律系统中每一个子系统都有其功能决定的特定目的。

比如,美国现实主义法学理论家们主张法学的主要目的在于预测。霍姆斯写道:法学的目的是“预测公共暴力借助法院的工具性(instrumentality)而被触发的可能性”。[38] 卢埃林也告诉法学院学生,学习法律的“关键在于观察法律官员做什么,他们如何处理纠纷或者其他任何事务,以及观察他们的所作所为,从中寻找某种独特的规律性——这种规律性使人们有可能对法律官员及其他官员今后的所作所为作出预测”。[39] 这是因为美国法学院是以培养律师为己任的,大部分法学院毕业生都会当律师。即使有学生想当法官,也要先从律师干起。作为律师,当然需要预测法官会如何判决。但如果说法官工作的目的也是预测自己或别的法官如何判案,则完全不符合现实。法院的判决是权威结构中的规则适用。大法官杰克逊曾言:“我们(的判决)是最终的,并不是因为我们不会犯错误;相反,我们不会犯错误,因为我们是最终的。”[40]如果整个法律职业都去预测,“预测什么”就会成为一个问题。实际上,法律是一个人为建构的决定论系统,法院的判决通过国家强制力的保障变得和自然规律一样不可动摇,既判力(*Res judicata*)就是人为拟制的自然力。霍布斯曾一语道破:“权威,而不是真理,创造了法律。”(*Authoritas non Veritas facit Legem*)[41]正是因为司法判断具有权威性,而权威需要有正当性基础,正当性来自社会共识,直到有一天社会大众接受机器人当法官,认为算法比人类更加“无惧无私”,司法判断的算法化才有意义。

法律职业内部的角色分工也决定着算法在不同法律场景中的应用前景。比如,我国的法律人工智能事业主要是政府推动的,智慧法院、智慧检务、智慧政务都被纳入了国家的整体人工智能发展战略。但人工智能在涉及权威性法律判断的场合只能起辅助作用,不能取代人类做出自动化决策,否则便会产生谁来承担责任的问题。在美国,人工智能在法律职业中的应用主要靠

---

[38] Oliver Wendell Holmes, Jr., “The Path of the Law”, 10 *Harvard Law Review* 61, 1897.

[39] [美]卢埃林:《荆棘丛:关于法律与法学院的经典演讲》,明辉译,北京大学出版社2017年版,第7页。

[40] *Brown v. Allen*, 344 U. S. 443, 540(1953).

[41] Thomas Hobbes, *Leviathan*, Noel Malcolm(ed.), Clarendon Edition, Vol. II, Oxford University Press, 2014, p. 431. 英文版中没有这段话,后出的拉丁文版中才有。后来在《哲学家与普通法学生之对话》中变成:“权威,而不是智慧,创造了法律。”

律师界推动,法院对人工智能的应用保持着审慎的态度。上文中提到的Loomis案就从侧面反映了概率论的预测算法在美国刑事司法中的有限应用及其限度。而这种算法的更广阔应用场景是律师业。

(三)概率论的法律算法:以美国律师职业中的算法产品为例

美国乔治城大学法学院每年都会发布一份《法律服务市场报告》。在2016年的报告[42]中,它以柯达的故事作为开篇。在美国商业史上,没有哪家公司比柯达公司保持成功的历史更长。这家公司由胶卷的发明者乔治·伊斯特曼于1880年创办,在1888年的时候它推出了自己的第一款相机,其广告词是:"你按下快门,我们做剩下的事情。"在此后一个世纪的时间里,柯达主导着美国和世界许多地方的照相机和胶卷市场。它使任何没有经过专业训练的人都可以成为摄影师。在1988年时候,柯达仍然处在巅峰状态,在全世界有将近15万员工。它的年收入在1996年达到历史最高点,将近160亿美元,而它的纯利润在1999年达到25亿美元。

然而,今天的许多年轻人恐怕已经没有听说过柯达。柯达公司仍然存在,市场上仍然可以买到柯达数码相机和柯达智能手机。但它是很晚才进入数码产品市场的,打败它的正是数码相机。柯达的故事最有警示性的部分不是它的兴衰史,每个企业都有这样的历史。有趣的是,柯达正是数码相机最早出现的地方。早在1975年,柯达的年轻工程师史蒂文·萨森(Steven Sasson)就发明了数码相机,并且在当年12月与该公司的首席技术官吉姆·舒克勒(Jim Schueckler)一起在柯达的实验室里成功测试了这款数码相机。但柯达的主要盈利模式不是靠出售相机,而是靠出售作为耗材的胶卷。柯达管理层担心数码相机的市场化会损害自己所主导的胶卷市场,因此压制了这项技术的产品化。如今,萨森制作的第一部数码相机静静地躺在美国历史博物馆里,奥巴马总统在2009年授予萨森国家技术创新奖章,但柯达却早已风光不再。

这份报告用柯达的故事来警示法律职业者和法律教育机构:法律市场正在发生根本性的变革,故步自封或墨守成规会使现有的既得利益者遭受柯达那样的命运,无论其现有地位是多么牢固。这些变化的主要驱动力量是技术

[42] Thomson Reuters Peer Monitor, The Center for the Study of the Legal Profession, Georgetown University Law Center, 2016 *Report on the State of the Legal Market*, 2016, pp. 1 – 2.

革新以及由此带来的生产方式和商业模式的变化,这些变化使客户对法律服务产生了新的期待,提出了新的要求,比如降低成本、提高效率、分解任务等。

实际上,一些有远见的法律人和法律职业机构早已行动起来。比如,全世界最大的律师事务所大成—德同在 2016 年创建了自己的人工智能实验室 Nextlaw Labs㊸,与 IBM 公司的认知技术平台沃森(Watson)合作开发法律人工智能产品 ROSS,这款产品目前已在数十家国际律师事务所测试使用。此外,包括达维律师事务所(Davis, Polk & Wardwell)在内的许多大型律师事务所已经设置了一种新的职位:首席知识官(Chief Knowledge Officer, CKO)或首席技术官,带领一个团队专门从事本所的数据库建设和人工智能产品投资、开发和调配。这表明这种新的法律职业——法律知识工程师——正在兴起。从我国的情况来看,许多资深法律职业人士(包括辞职的法官和检察官)都选择投身于法律大数据和人工智能行业,而不是像以前那样首选从事传统律师职业。

戴维律师事务所首席知识官迈克尔 · 米尔斯指出,人工智能目前已被应用于法律职业中的五个重要工作领域:法律研究、电子取证、结果预测、自助式合规审查以及合同分析。这五项工作目前占到法律职业者总工作时间的 50% 以上。这里举三个例子。第一个是电子取证(E-discovery),它是指广义取证,而不是狭义的诉讼过程中的取证,包括交易环节——现在大量的律师从事非诉业务,非诉业务当中也要保存大量的事实,以帮助完成报税、合规审查、上市准备、商业谈判、交易等工作。即使不是专门的互联网企业,也会搜集和产生大量的数据。2012 年,美国计算机科学公司预测,到 2020 年,年度数据生成量会增加 4300%。海量数据的处理既是一种宝贵的资源,也是一种负担,只有借助人工智能才能把这种负担变成资源。有许多公司专门开发电子取证人工智能产品,比如 Brainspace 公司的最新产品 Discovery 5^4 增加了中文等多种东方语言阅读功能,从而大大提高了跨国法律业务中的取证能力。随着自然语言处理(NLP)技术的发展,这个领域的产品可以覆盖的语言会越来越多。

第二个是诉讼管理。美国 Casetext 公司开发的案件分析研究助理(CARA)可以帮助律师和企业法律顾问完成从判例、法规分析到陪审员选择

㊸ 网址:www. nextlawlabs. com。

直到法庭辩论文书生成的一系列任务。也就是说，最终出来的结果可能直接是一个法律文书，人类律师或者公司法人代表拿到这样的文书就可以直接出庭诉讼或者完成一项交易。这样的产品在美国越来越多。

此外更加著名的是 IBM Watson。Watson 是 IBM 公司的认知技术平台，它与 Nextlaw Labs 合作开发的 ROSS 系统已经可以代替律师从事法律研究。法律研究(Legal Research)并不是指学术研究，而是指所有律师都必须做的法条、司法解释和判例搜寻和研读工作。无论是从事诉讼业务还是非诉业务都需要花费大量时间研究法条和判例，从而形成诉讼策略或交易策略。法律研究是传统律师业务中最耗费工时的工作。ROSS 系统据说有潜力替代目前美国律师 70% 的法律研究工作，而且准确率高达 90% 以上，远远高于顶尖法学院毕业生从事同类工作的准确率。当然，目前主要由律所合伙人从事的人际沟通工作和法官的判断工作无法被机器取代。但“无法”很可能不是技术上不可能，而是人类基于责任承担和判断权归属等考量而不会把司法判断交给机器人去完成。其实如果把这种判断交给人工智能系统，在技术上也是可以实现的。ROSS 系统不光可以做法律研究，还可以把研究结果生成简报或备忘录，出庭律师或从事非诉业务的律师只要拿到这些以前完全靠人手写成的文件就可以去干剩下的少量据说更有创造性的工作了。虽然听起来很高大上，但这是法律人最担心的事情：显而易见，人工智能可能会取代很多法律人的工作。美国法学院毕业生通过律师执业资格考试后一般都会从初级律师(associates)做起，经过 7 ~ 10 年不等的时间才能成为合伙人。这个阶段的主要工作就是法律研究。以前这种工作需要大量的律师花费大量的时间去完成，但随着越来越多的美国律所购入人工智能系统，它们对从事案头工作和法律研究工作的律师的需求会越来越小。根据美国律师协会的数据，2005 ~ 2015 年，申请法学院的人数在美国减少了 40% 。

第三个是合同起草和合同审核。合同是企业法律顾问面对的主要工作之一，现代商务世界的复杂使这项工作十分耗费时间和经历。美国 LawGeex 公司专门开发了有深度学习能力的人工智能，通过对海量真实合同的学习而掌握了生成高度精细复杂并适合具体情境的合同的能力。它起草的合同不仅远远好于照搬合同范本的结果，甚至好于许多有经验的公司法律顾问的作品。

上述几个领域的法律工作都不需要法律人在封闭的概念和规则框架内

作出决定性的判断,而是需要面对复杂世界给出可选方案的经验。贝叶斯算法、类推算法和神经网络算法等从体现人类经验的大数据中学习、提炼和优化法律方案的经验主义或概率论算法在这些领域大有用武之地。当我们谈到法律职业的时候,容易陷入将其视为一个统一的“共同体”的误区,而实际上律师与法官、检察官和法学家的工作场景、目标函数和效用函数都大不相同。诉讼只是律师工作中的很少一部分,大部分律师所从事的都是交易环节的法律服务工作以及法庭外的纠纷解决工作。因此,从确定的法律概念和规则出发根据严格的形式逻辑来得出确定法律结论的思维方式(体现的是符号主义的决定论算法)并不适用大部分律师。律师工作面对的开放的商业场景和生活场景,不需要、也没有权力做出权威性的法律决断,而只需要提出给定规则前提下的优化法律方案。因此,基于大数据的智能算法在律师工作中的应用前景比在司法工作中的应用前景更为广阔。

(四)决定论的法律算法

哥德尔指出,一个系统不可能同时是内部逻辑一致的和完整的。法教义学和社科法学之间的争论也可以被视为追求系统内部融贯性与追求系统与外部环境/社会环境契合性的两种努力方向之间的竞争。符号主义的算法设计与法教义学的思维方式有着最明显的表面相似性,两者都试图在封闭的自我指涉内实现融贯性与确定性。法律规则就是一个符号系统。它将规则和事实用文字/符号加以表述,并以一定的方法对符号进行处理,将事实区分为相关与无关,并进一步将相关事实进行合法/非法的编码处理。早在机器学习出现之前,符号主义的编程方法就被用来开发法律专家系统,由法律专家提供法律概念、分类和推理方面的知识,由程序员将这些知识编写成计算机代码,供人们搜索法律知识,寻找法律问题的答案。[44] 早期的法律人工智能产品主要是在成文法和判例数据库的基础上根据术语使用频率等显著指标制作索引方便查询的系统。[45] 有学者提醒我们注意不要夸大“人工智能”在法律领域的应用现状,指出:“直到今天,信息技术在法律工作中的应用已经发生了很大变化。这些变化主要来自于通常的信息技术应用,比如数据处理、

---

[44] See Richard Susskind, *Expert Systems in Law: A Jurisprudential Inquiry*, Oxford University Press, 1987.

[45] Bruce G. Buchanan and Thomas E. Headrick, “Some Speculation about Artificial Intelligence and Legal Reasoning”, 23 *Stanford Law Review* 40, 1970.

数据储存、检索和管理,再加上信息丰富、流动迅速和全球化的互联网通讯和联网能力。”[46]也就是说,目前在司法领域领域应用的人工智能产品大多只是封闭的“专家系统”,而不是有自主学习能力的“人工智能”。

符号主义的核心理念就是“所有和智力相关的工作都可以归结为对符号的操纵”。[47] 既然所有的知识都可以用符号表示,而符号可以脱离它的基质,就可以让计算机学习各种符号,采用逆向演绎(归纳)的方法来总结规则,然后再把规则正向适用于各种用符号表示的事实情境的可能性用决策树表示出来。但符号主义的算法以对原始数据的符号化处理为前提,是一个封闭系统,并不能节省多少人力。实际上,多数法律人(包括法理学家)都没有受过将法律推理过程用符号逻辑表述出来的训练,更习惯于用含糊的、道德化的或有歧义的语词来表述法律概念和法律论证,而且将这视为法律有人性、有温度的体现。在符号主义的框架里面,我们无法教机器学会我们自己不会的东西。[48]

但符号主义的算法可以帮助概念法学和分析法学的追随者们实现“耶林之梦”。耶林曾经做过一个梦,梦境中自己进入了专为造诣精深的法学家准备的天堂,在那里他看到了完美的、不沾人间烟火气的概念体系,每个概念都分离出若干子概念,如此层层递进,涵盖着所有可以想象的法律关系。[49] 马克斯·韦伯也把这种基于《学说汇纂》(潘德克顿)理论体系而发展出的自恰法律系统视为形式理性法的理想状态,在其中,(1)每一项具体的法律决定都是某一抽象的法律命题向某一具体“事实情境”的“适用”;(2)在每一具体案件中,都必定有可能通过法律逻辑的方法从抽象的法律命题导出裁决;(3)法律必须实际上是一个由法律命题构成的“没有漏洞”(gapless)的体系,或者,至少必须被认为是这样一个没有空隙的体系;(4)所有不能用法律术语合理地“分析”的东西也就是法律上无关的;以及(5)人类的每一项社会行动都必须

---

[46] Abdul Paliwala, “Rediscovering Artificial Intelligence and Law: An Inadequate Jurisprudence?”, *International Review of Law, Computers & Technology* 30:3, 2016, pp. 107 – 114.

[47] [美]佩德罗·多明戈斯:《终极算法:机器学习和人工智能如何重塑世界》,黄芳萍译,中信出版集团2017年版,第113页。

[48] See Richard Susskind, “Expert Systems in Law: A Jurisprudential Approach to Artificial Intelligence and Legal Reasoning”, 49 *Modern Law Review* 168, 1986.

[49] Rudolf Von Jhering, *Scherz und Ernst in der Jurisprudenz*, 11th ed., Leipzig, Breitkopf u. Härtel 1912 1912, 245.

总是被型构为或是一种对法律命题的“适用”或“执行”,或是对它们的“违反”,因为法律体系的“没有漏洞”性(gaplessness)必定导致对所有社会行为的没有漏洞的“法律排序”(legal ordering)。[50] 借助符号主义的算法,这样一个封闭的决定论系统可以变得越来越概念精细、逻辑融贯。在印刷术时代孤军奋战的布莱克斯通将法律问题分成110个类型,而万律(Westlaw)在互联网技术的帮助下雇用了数以百计的“抄写员”,将法律问题分成了数以万计的类型,编写成了Westlaw Digests。进一步的细分在人工智能时代变得越来越容易。

类比推理是另一种得出法律判断的重要推理方式。有法学家写道:“如果说比喻是语言的点睛之笔,类比就是法学语言中的头脑风暴(brainstorm)。”[51] 在上面提到的《学术汇纂》中的问答中,法学家将“放开某物令其对他人造成伤害”类比于“主动拿出武器伤害他人”,从而将同样的规则适用于这两种不同的事实情境。普通法的遵循先例(*stare decisis*)原则的核心就是类比推理,要求找到正在审理的案件与先例之间的事实相似性,从而确定是否适用先例中的规则。法律推理和医学推理都可以被看成是一种为了解决实际问题而展开的决疑术推理。这种推理实现并不给定大前提,而是从小前提(对问题事实的观察和描述)中寻找蛛丝马迹,然后关联到类型化的知识图谱之中,从而给出一个并不保证绝对正确却有助于解决问题的方案。决疑术体现着“通过从一套核心的典型案例分类体系中获取知识来解决实际问题,借助范式和类推来组织论证”的思维方式。[52] 而类比推理正是智能算法的核心理念之一,类推主义是《终极算法》一书所总结出的五大算法流派之一。[53] 在给定案例数据库的基础上,算法很容易找出类似的事实情境并将其关联于相应的规则。“相似案件相似判决”是借助算法比较容易实现的目标。

符号主义和类推主义的算法都可以得出确定的决策,可以变成自主决策

---

[50] Max Weber, *Economy and Society: An Outline of Interpretive Sociology*, Guenther Roth & Claus Wittich ed., 2nd edition, University of California Press, 1978 (second printing), V. II, pp. 657 - 658.

[51] Scott Brewer, "Exemplary Reasoning: Semantics, Pragmatics. and the Rational Force of Legal Argument by Analogy", 109 *Harvard Law Review* 923, 1996.

[52] AR Jonsen and S Toulmin, *The Abuse of Casuistry: A History of Moral Reasoning*, Berkeley, CA, University of California Press, 1988, p. 42.

[53] [美]佩德罗·多明戈斯:《终极算法:机器学习和人工智能如何重塑世界》,黄芳萍译,中信出版集团2017年版,第七章。

系统。但我们可以把这种机器决策作为参照，在此基础上由人类决策者作出可执行的决策。只要没有把机器的自主决策设定为自动执行，就不会取消人类决策者的判断权和相应的责任。

（五）遗传算法与政策/法律的虚拟试错

萨维尼指出：法律固然是一种"形式"（*Gestalt*），"但法律存在于人民（Volk）的意识之中的那种形式不是抽象规则的形式，而是一种活的直观洞见（Anschauung）。这种洞见揭示出存在于生活的有机整体中的法律构造。因此，当我们需要知道以逻辑形式表达的抽象规则的时候，便需要通过一个人工的过程把它从那种整体洞见中抽离出来，然后加以表述"。[54] 这个"人工的过程"如今也可以用人工智能来实现。

进化是生物物种在应对纷繁复杂且不断变化的外部环境时通过自然选择并借助基因传递而优化自身结构的过程。生物进化是一种学习，不过是在漫长的时间和无数世代的生存考验中实现的学习。计算机可以模拟生物进化，在较短的时间内实现生物在漫长时间里的"学习"。

解决人类问题的难点在于我们不能拿人来做试验。或者说，虽然拿人做试验的事情在人类社会屡见不鲜，但人类不会认为这样做是正当的。但历史是一个已完成试验的资料库，其中有些试验是人类付出了数以千万计的生命作为惨痛代价的。除了发思古之幽情或恨古之怨忿外，我们应当能够从历史中学到些什么，方不枉昔人之牺牲。马克·吐温说过一句十分机智的话："历史不会重复，它只押韵。"正是因为历史不仅事件繁多，而且因果关系复杂，类似事件放在不同的外部环境中会产生迥然相异的结果，所以简单的线性思维以及同因必然同果的决定论思维不仅无法给我们正确的引导，反而会让我们误入歧途。此外，往事已矣，留给我们的只是具体的人的记录。这些记录本身就是不完整的，越是同时代人的记录，越体现着记录者的恩怨情仇乃至政治图谋，因此会出现完全不同的事件描述和因果叙事。我们缺乏在人类事务领域理性地处理复杂性问题的能力，这主要不是因为人文学者缺乏科学训练，而是因为人类事务本身无法被化约为几个变量或几个参数。但人工智能的出现使我们看到了新的希望，至少数字化时代之后的人类经验不再依靠少数几个同时代人的记录，而体现在海量的大数据中。全数据分析将取代抽样

---

[54] Savigny, *System des Heutigen Römischen Rechts*, band. 1, 1840, De Gruyter, 2012, S. 16.

分析,强大的计算能力能够处理无限量的变量。

同时,人类往往面对多个目标之间的冲突,实现一个目标的优化方案往往会损害乃至阻碍另一个目标的实现。以环境保护为例,单纯的环保主义者往往忽视了经济因素,未能充分理解经济发展必然需要对自然资源的耗费性利用,而试图在环境和经济之间达致某种平衡的人可能又忽视了环境成本或经济发展利益的不公平分配问题。可持续发展需要综合考虑环境(Environment)、经济(Economy)和公平(Equality)这三个目标(3E)。面对这种多目标决策所蕴含的复杂性,人类决策者往往因为计算能力有限或认知偏差而无法找出最优解。演进算法善于处理复杂性问题,如今已有将其用于在复杂情境中生成并测试规则设计的尝试。[55]

四、未来法治

2016年12月,一件涉及亚马逊的人工智能家务助手Echo的新闻引起了广泛关注。在侦查一起谋杀案的过程中,阿肯色州本顿维尔(Bentonville)警方要求调取犯罪嫌疑人詹姆斯·贝茨(James Andrew Bates)家里的Echo在案发当晚录下的声音。这些音频资料储存在亚马逊的云端服务器里。亚马逊以涉及用户隐私为由拒绝提供音频资料,但提供了贝茨的账户信息和购买记录。警方声称根据获得信息已经从Echo装置里提取了当晚的信息,但拒绝透露这些信息的内容。此外,贝茨家里还有其他的智能电子设备,比如智能水表,该水表记录着案发时段(凌晨1~3点)贝茨家里一共用了140加仑的水,可以佐证他可能用水冲洗掉了犯罪痕迹。这个事件是我们身处的"物联网+人工智能"时代的典型事件,我们周围的各种智能产品可能随时"偷听"或"偷看"着我们的一举一动。它们记录下来的信息不仅存储在设备本身当中,而且还上传到了"云端"。仅仅删除设备中的信息并不能抹掉全部的痕迹。这些信息可以帮助警方破案,帮助司法部门掌握事实真相,但也可能被滥用。即使这些信息是被执法和司法部门用来维持法律秩序的,这种使用也

---

[55] J. B. Ruhl, "Sustainable Development: A Five-Dimensional Algorithm for Environmental Law", 18 *Stanford Environmental Law Journal* 31, 1999.

会与个人的隐私权发生冲突。安全、秩序与隐私、个人权利之间的永恒冲突在这种技术碾压隐私的大背景中显得无比尖锐。这也迫使我们思考法治在人工智能时代的未来走向。

首先,主流的法治理论认为法治与法制的主要区别在于:后者是工具主义的,法律被当成统治的工具,但无法约束统治者本身;前者是权利本位的,法律不仅约束公民,更约束公权力。在这种法治框架下,政府成为法律(尤其是公法)的监控对象。但大数据分析技术和人工智能正在改变社会的治理结构和秩序生成机制,谁掌握了数据和分析数据的技术,谁就能影响和控制人的行为。大到总统选举,小到日常购物,智能化的数据分析和行为诱导机制在其中发挥着越来越大的作用,而背后的操纵者往往不再是政府。新技术的发明者、投资者和鼓吹者们往往会夸大技术带来的"解放"效应,宣称人工智能和区块链等技术将使一切中心和中介变得没有必要,从而瓦解人类社会的金字塔结构,使有序的人际关系变得越来越呈网状分布,每个人都是中心,每个人也都不可能控制整个网络。但实际结果却是,金字塔依然存在,基底依然是芸芸众生,但塔尖却分裂成了政府、资本力量和技术力量。这三种力量有时会合并起来,有时又会相互对峙,但它们之间的关系并不受基座的影响。藐视政治权威的技术达人(黑客)并不会解放全人类,而只会破坏既定的法律秩序。与政府讨价还价的商业力量也不会"制衡"公权力,而只是追逐利润。上文中提到的"剑桥分析"公司助力特朗普赢得美国总统大选的例子表明,大数据掌控者已经不只是通过数据分析来进行预测,还有能力将某些预测变成自我实现的寓言。同时,法律所建构起来的公与私、政治权力与商业力量之间的区隔已经变得弱不禁风。

今天的互联网和智能产品企业就像是一个世纪前的铁路公司和电报电话公司,它们"创造和统治着我们的交流空间,并因此控制着我们的生活,这种控制程度远远超过其他任何私人群体"。[56] 它们被称为"监控中介"(surveillance intermediaries),挑战着国家对安全和秩序事务的垄断,但并没有带来更多的安全和秩序。苹果公司曾经因拒绝政府要求披露用户信息而获得自由主义者们的普遍赞誉。2015 年 12 月 2 日,美国加州圣贝纳迪诺发生了美国本土自"9·11"之后最严重的恐怖袭击,宣誓效忠"伊斯兰国"的赛义

---

[56] Alan Z. Rozenshtein, "Surveillance Intermediaries", 70 *Stanford Law Review* 99, 2018, p. 188.

德·法鲁克(Syed Rizwan Farook)和塔什芬·马利克(Tashfeen Malik)在开枪射杀14人、射伤20多人后被警察击毙。联邦调查局查获了法鲁克的iPhone手机,为了获得犯罪调查和反恐所需要的信息,它在获得法院授权的情况下向苹果公司发出了解锁该手机的要求,但苹果公司拒绝合作。公司总裁蒂姆·库克还在公司网站上发布了一封公开信,谴责联邦调查局的要求"破坏了我们的政府旨在保护的那种权利和自由"。[57] 对苹果公司而言,这是一次成功的公众形象宣传。在对于美国的国家安全和公众的生命安全而言,这不见得是件好事。

基本公共服务(包括国防和治安)领域的公、私权力关系是未来法治需要解决的首要问题。以政府为主要规制和防范对象的现有公法体系需要考虑技术革新和权力结构变化所带来的新问题,一方面将透明、公开、程序合法、说明理由等对公权力行使者的要求延伸到实际上行使着"准公权力"的私人(包括企业和个人),使算法等技术化的监控和决策手段不再是无法被问责的"黑箱";另一方面延伸和调整传统的公法概念体系(包括"公共服务")和规制手段,以应对现时代公私合作、公私共治的普遍现象。

其次,在技术日益智能化的时候,法律的日益技术化会使它很容易被技术所取代,而如果两者都趋向于只讲手段不问目的的工具理性,则人类会被引向不可知的未来,而这个未来很可能是万劫不复的深渊。工具理性取代价值理性的趋势在现代化的早期便已经暴露无疑了。现代政治思想的奠基者霍布斯系统打造了人类无中生有地创造和管理世界的理论。法律和工程技术都是这种"创世"工作的工具。奥克肖特敏锐地指出了"意志与人造物"在霍布斯思想中的核心地位。他发现霍布斯"通常不会提及理性,这一将人与上帝联系的人类心智的神性光亮。他提及的是推理(reasoning)"。[58] 霍布斯十分明确地写道:"旧道德哲学家所说的那种极终的目的和最高的善根本不存在。欲望终止的人,和感觉与映像停顿的人同样无法生活下去。幸福就是欲望从一个目标到另一个目标不断地发展,达到前一个目标不过是为后一个目标铺平道路。所以如此的原因在于,人类欲望的目的不是在一顷间享受一

---

[57] Tim Cook,"A Message to Our Customers", Accessed Feb 16,2016, https://www.apple.com/customer-letter/.

[58] Michael Oakeshott, *Hobbes on Civil Association*, Indianapolis, IN., Liberty Fund, 1975, p. 27.

次就完了,而是要永远确保达到未来欲望的道路。”[59]从某种意义上,人类的欲望种类从未改变,只是满足欲望的技术手段越来越先进。没有方向和目标地追求欲望的满足在以人工智能作为技术手段的时代比任何时候都更加危险。

卢曼敏锐地指出:“人工智能研究关心的是如何操纵‘符号’,而不是如何形成意义。”[60]技术是在给定目的的前提下追求最优解决方案的活动,技术本身不是目的,也无法自动形成自己的目的。作为一种技术,人工智能也是服务于特定的人类目的的,我们应当追问:我们到底想用人工智能来干什么?

当然,认为人类总是很清楚自己的目的是人文学者一厢情愿的幻想。在许多时候,人并不清楚自己想干什么。霍姆斯曾经指出:“我心目中一直认为一切都要靠科学,因为最终只有科学能够在其已经发展到的水平限度内确定我们的不同社会目标的相对价值。正如我曾经暗示的那样,正是因为我们对这些目标的权重往往只有盲目和无意识的估算,才导致我们坚持并扩大某一原则的适用范围,而让其他(或许同样重要甚至更加重要的)原则逐渐零落成泥。”[61]包括人工智能在内的科学技术可以打开我们的视野,帮我们看到人类可以走多远,并澄清我们可以选择的目的的疆界。但最终需要人类自己来做出选择。法律无法确定人类社会发展的终极目的,但必须体现一些基础性的底线价值(比如人的尊严和平等)以及程序性的要求(比如决策的公开性、透明性、公正性)。体现人类价值的法律框架不可能限定技术可以到达的目标,但却可以引导它的发展方向。

最后,人工智能所体现的技术理性有明显的化约主义倾向,我们可以借助它来提高效率,取代一部分无须创造性和价值判断的工作,但不能由它来做出事关人类福祉的最终决策。法律所调整的是人与人之间的关系,因此法律不必去直接规制技术,而应当规制使用技术的人。从更深的层面上讲,法律应当去规制被技术改变后的社会中的人,从而使技术对人类社会的影响能够朝着善和正义的方向去发展。人不应当允许自己的自我认识被技术所左右,而应当像反抗任何导致主体性丧失的支配关系一样去反抗对技术的依

---

[59] [英]霍布斯:《利维坦》,黎思复、黎廷弼译,商务印书馆1985年版,第72页。

[60] Niklas Luhmann, *Theory of Society*, Volume I, trans. by Rhodes Barrett, Stanford University Press, 2012, p. 315.

[61] Oliver Wendell Holmes, “Law in Science and Science in Law”, 12 *Harvard Law Review* 443, 1898 – 1899, p. 462.

赖。如果他想要拯救自己的人性和自主性,他就应该把自己从技术和支配所导致的异化中拯救出来。

法律和技术都是人造物,越“先进”的法律和技术越是经过无数层人为设计之递进后远离自然的人造物。自然的人的因素很容易在这层层递进中消失。如果我们最终用算法化的法律来制定和实施算法的法律,人最终就会成为可有可无的存在。人必须是算法的立法者和控制者,但法律的算法与算法的法律不应成为一个闭环,它们中间必须有人作为起点和终点。要将社会生活的复杂事实带入一定的法秩序,规范塑造者需要在相关事实和基于规范文本的秩序标准之间保持“目光之往返流转”。能够做到这一点的只有训练有素的法律人。

青年论坛

基于犯罪大数据的社会治安精准防控

单　勇*

内容摘要：数据之中蕴藏着社会发展与犯罪治理的规律，犯罪治理如何适应大数据浪潮成为在立体化治安防控中开展循数管理的关键。对此，我国应重视"犯罪大数据"问题，从把握大数据与小数据、理论与数据、相关与因果、工具理性与价值理性的关系出发解读犯罪大数据，并据此研判数据驱动下的治安防控精细化发展趋势，提出犯罪的精准防控范畴，为大数据时代犯罪治理模式的升级开辟进化之路。作为日常性治理战略的战术延伸，精准防控是为解决犯罪治理的"短板问题"而提出的，在"人力＋科技""传统＋现代"治理技术的有机融合下，具有系统性、多层次、全方位、前瞻性、整合式的应用表现。

关键词：犯罪大数据　循数管理　社会治安防控　精准防控　犯罪治理模式

一、问题：犯罪治理如何适应大数据浪潮

"数据表示的是过去，关注、表达的却是未来。数据

---

* 单勇，同济大学法学院副教授。本文原发表于《中国特色社会主义研究》2016 年第 6 期。本文系 2014 年度国家社科基金青年项目"基于犯罪热点制图的城市防卫空间研究"（项目编号：14CFX016）的阶段性成果，并受同济大学中央高校基本科研业务费资助。

之中蕴藏着社会发展的规律”。[①] 随着《促进大数据发展的行动纲要》的发布,大数据上升为国家核心战略,“数据治国”成为推进国家治理能力现代化的重要着力点。在治安防控领域,如何以数据文化推进犯罪治理,如何解读“以信息化为引领”[②]方略,怎样借力“互联网+”的增量效应和“大数据×”的乘数效应提升立体化社会治安防控的科学性,成为亟待深入探究的问题。

如同“黄河之水天上来”,“大数据是人类认识世界、改造世界能力的一次飞跃,不仅深刻影响着科学技术发展,也解构和重塑着国家治理的生态环境”。[③] 大数据浪潮孕育了尊重事实、推崇理性、强调精确的数据文化,数据文化推动了社会治理模式的转变,也催生了社会科学研究范式的转换,社会科学与计算科学、网络科学相结合,向着“计算社会科学”和“网络社会科学”转变。[④] 大数据分析挑战着传统的科学研究方法论。图灵奖得主詹姆斯·格雷认为大数据时代将形成数据密集型科学研究的“第四范式”。[⑤] 在社会治理研究如沐大数据春风的同时,社会科学界出现了“大数据有限论”“数字利维坦”等颇值得关注的反思观点。

关于“大数据有限论”。有学者强调,“之所以出现‘大数据崇拜’,不是数据拥有者有什么高明之处,而是人类监测手段出现了爆炸式增长”。[⑥] “大数据不能质疑,更不能取代各种非量化的人文社会研究”。[⑦] 有学者认为,“无论如何精巧的大数据分析工具的使用,都不能代替生产工具的人的理性

---

① 涂子沛:《大数据》(3.0升级版),广西师范大学出版社2015年版,新版自序第1页。

② 2015年4月,中共中央办公厅、国务院办公厅印发了的《关于加强社会治安防控体系建设的意见》将“以信息化为引领”作为加强社会治安防控工作的指导思想。

③ 徐琳:《机遇和挑战:大数据时代中国国家治理的双面境遇》,载《社会科学家》2015年第5期。

④ Chang R M, Kauffman R J, Kwon Y O, *Understanding the Paradigm Shift to Computational Social Science in the Presence of Big Data*, Decision Support Systems, 2014, 63:67-80.

⑤ J Gray, Tony Hey, “*The Fourth Paradigm-Data-In-tensive Scientific Discovery*”, *E-Science and Informa-tion Management*, 2012, p. 1. 有学者指出,学术史上先后有四个范式。第一范式出现于文艺复兴以前,特征是崇尚经验主义,通过观察描述自然现象;第二范式出现于文艺复兴以后,关注理论,注重建造模型和“概括”;第三范式是计算科学,主要方法是通过计算机模拟复杂现象;第四范式的特征是数据探索,强调海量数据、数据挖掘和统计分析。参见 Hey T, Tansley S, Tolle K, *The Fourth Paradigm: Data-intensive Scientific Discovery*, Redmond, WA: Microsoft research, 2009。

⑥ 潘绥铭:《批判“大数据崇拜”》,载爱思想:http://www.aisixiang.com/data/93017.html,最后访问日期:2016年6月1日。

⑦ 潘绥铭:《生活是如何被篡改为数据的?——大数据套用到研究人类的“原罪”》,载《新视野》2016年第3期。

思考。'武器的批判'并不能取代'批判的武器'"。[8] 有学者指出大数据重相关关系而轻因果关系,"在大数据库中,由于数据量庞大,通常很容易得出统计意义上显著的回归系数,但这并不意味着两个变量之间存在因果关系"。[9] "大数据检测到的网络联系是一种弱联系,不足以预测高风险的社会行为"。[10]

关于"数字利维坦",有学者指出,"信息技术不仅孕育着走向数字民主的巨大机会,而且潜伏着滑向'数字利维坦'的现实风险"。[11] "数字利维坦"的风险在于,国家依靠信息技术的全面装备,将公民置于彻底而富有成效的监控体系之下,而公民却难以有效地运用信息技术来维护其公民权利,即无法通过数字民主来制衡国家的监控体系。[12]

大数据浪潮与"大数据有限论""数字利维坦"形成了观念上的冲突与对立,争议的焦点是在社会治理中如何正确理解及科学运用大数据。面对观念对冲、思潮起伏,犯罪治理如何适应大数据浪潮且不至于陷入盲目滥用、误读误解、动辄泛化的数据陷阱,成为在"创新立体化社会治安防控体系"[13]中开展循数管理的关键。对此,我国应正视、重视"犯罪大数据"问题,针对上述争议观点,从把握大数据与小数据、理论与数据、相关与因果、工具理性与价值理性的关系出发解读犯罪大数据,据此研判数据驱动下的治安防控发展趋势,并思考犯罪治理模式的进化之路。

二、基点:正解犯罪大数据

IBM 和 IDC(国际数据公司)将大数据的特点归纳为"4V",即海量性

---

⑧ 梁玉成:《大数据不能替代理性思考》,载《社会科学报》2015 年 2 月 12 日,第 4 版。

⑨ Marcus G, Davis E, *Eight(No, Nine!) Problems With Big Data*, The New York times, April 7, 2014.

⑩ Gladwell M, *Small Change: Why the Revolution Will Not be Tweeted*, The New Yorker, October 4, 2010.

⑪ [美]阿尔弗雷德·D. 钱德勒、詹姆斯·W. 科塔达:《信息改变了美国:驱动国家转型的力量》,万岩等译,上海远东出版社 2011 年版,第 2 页。

⑫ 肖滨:《信息技术在国家治理中的双面性与非均衡性》,载《学术研究》2009 年第 11 期。

⑬ 这是近年来党中央深化"平安建设"的重大战略部署。参见《创新立体化社会治安防控体系》,载《法制日报》2014 年 11 月 6 日,第 2 版。

(Volume)、多样性(Variety)、快速性(Velocity)、真实性(Veracity,IBM的界定)或价值性(Value,IDC的界定)。在此基础上,涂子沛先生提出数据有测量、计算、记录三种来源,大数据可理解为传统的小数据(源自测量)加上现代的大记录所产生的数据。"大数据是指人类有前所未有的能力来使用海量的数据,在其中发现新知识、创造新价值,从而为社会带来'大知识'、'大科技'、'大利润'和'大智能'等发展机遇"。⑭ 因此,大数据之大,不仅在于大容量,更在于大价值。大数据被称为"'第三次工业革命'的新石油"⑮和"人类的眼睛"⑯。

作为大数据在治安防控领域的分支,"犯罪大数据是指能全面反映犯罪相关人、事、物的数量特征、时空分布特征,以及变化过程的海量、多源、异构数据。犯罪大数据具有多源异构、高维度、长时序的特征"。⑰ 犯罪大数据同样具有"4V"特性,在思维、方法、类型、价值上与大数据一脉相承,但它是以犯罪及其防控为核心的数据,是犯罪及其防控信息的载体。经过数据整理与加工后,犯罪大数据能够呈现出具有规律性的犯罪防控知识。

犯罪大数据的大价值主要体现于犯罪防控的创新实践中。在国外,美国圣克鲁斯警局较早运用大数据分析历史案件,发现、推测犯罪趋势和犯罪模式;美国马里兰州运用软件预测罪犯假释或缓刑期间的再犯可能性,这种预测成为了法庭假释审查的参考;孟菲斯市警局启用"Blue CRUSH"预测型分析系统后,过去五年暴力犯罪率大幅下降;南卡罗来纳州警察运用IBM的数据分析工具探察犯罪模式,发现犯罪热点,优化警力部署;洛杉矶警局与科研机构合作,基于过去80年的130万个犯罪记录开发出预测犯罪高发地点的软件;纽约警局在梅普尔的领导下启用CompStar系统,以犯罪地图为工具预测犯罪高发时空热点,开展地点警务;美国Palantir公司为洛杉矶警局设计了一套犯罪防控语义知识搜索挖掘平台,用于日常的警方业务工作中。在国内,信息警务异军突起,犯罪大数据分析逐渐成为治安防控的重要支撑。山东省

---

⑭ 涂子沛:《数据之巅:大数据革命,历史、现实与未来》,中信出版社2014年版,第258~259页。

⑮ 徐继华等:《智慧政府——大数据时代的来临》,中信出版社2014年版,第43页。

⑯ Smolan R and Erwitt J, *The Human Face of Big Data*, Against All Odds Productions., 2012, p. 1.

⑰ 李代超、吴升:《面向不同主题的犯罪大数据可视化分析》,载《地球信息科学学报》2014年第5期。

公安机关“警务云平台”建设取得重大进展，截至2016年已收集460类369亿条数据，存储总量达到10P，每日处理数据达千亿条；2013年北京市公安局怀柔分局与天津工业大学合作，研发出“犯罪数据分析和趋势预测系统”，取得了良好的防控效果；台湾新北市警局以犯罪大数据分析构筑“科技防卫城”。

相对于犯罪大数据的丰富实践，我国犯罪大数据的理论研究甚为滞后，这在客观上制约了犯罪大数据在治安防控中的应用。为此，在全面体察上述实践的基础上，本文尝试从以下五个方面解读犯罪大数据：

1. 犯罪大数据不能简单等同于公安大数据

公安机关与海量的线索、情报、信息打交道，并拥有人、车、案件、证据、户籍管理、警力部署、警用地理信息等犯罪数据库，因此有学者直接提出“公安大数据”[⑱]范畴。虽然公安机关是打击和预防犯罪的重要力量，但犯罪治理的主体不限于公安机关。从全局层面、系统角度来理解，法院掌握的已判决刑事案件数据、检察机关掌握的提起公诉刑事案件数据、国家安全机关掌握的国家安全数据、司法部门掌握的罪犯矫治数据、政法委掌握的维稳及综合治理数据、纪委掌握的反贪及廉政建设数据、政府其他机构掌握的城市公共安全数据、社会其他团体及公民个人（现代社会每个人都是人联网数据记录与传输的终端）掌握的与治安防控有关的数据均与公安大数据一样，属于犯罪大数据的范围。可见，“犯罪大数据”比“公安大数据”涵盖范围更广、视野更加开阔、内容更为丰富，因此“犯罪大数据”应成为研究大数据浪潮对犯罪防控影响的基石范畴。

2. 犯罪大数据包括犯罪小数据

从类型上看，犯罪小数据亦是犯罪大数据的有机组成部分，源自测量的小数据与现代大记录形成的数据共同组成了犯罪大数据。“大数据从类型上可分为结构化数据、半结构化数据和非结构化数据”。[⑲] 结构化数据是防控机关内部系统中的信息，如Excel表格中案件情况的统计数据。从容量及数据来源上看，结构化数据属于典型的犯罪小数据。半结构化数据包括Word文档中的文字、网页中的新闻、电邮等；非结构化数据是基于物联网、手机等移

---

⑱ 张华平：《从Palantir看公安大数据应用》，载搜狐网：http://mt.sohu.com/20160523/n450910580.shtml，最后访问日期：2016年6月6日。

⑲ 王岑：《大数据时代下的政府管理创新》，载《中共福建省委党校学报》2014年第10期。

动智能终端、车联网等的传感器所形成的视频、图片、地理位置、活动轨迹、网络日志等数据。

从数据可用性上看,大数据的价值主要体现在传统的小数据或结构化数据上。当前人类的数据约75%是非结构化数据和半结构化数据,这也是大记录的表现形式。非结构化数据和半结构化数据要想体现出数据治理的价值,当前主要的处理方法还是把它们转化为严整结构的小数据。[20] 以往传统的区域犯罪风险评估、基于犯罪地图的热点探测、实验性防控项目跟踪等量化研究很多都属于小数据分析。“大数据无法取代以抽样调查和实验研究为代表的传统的‘小数据’研究,抽样调查的样本在特定情况下比某些‘大数据’更具有代表性。从长远来看,大数据不仅不会取代小数据,而且必须依靠小数据才能得到发展”。[21] 因此,犯罪大数据并不排斥传统的小数据分析,犯罪小数据与大数据是一种共生相依的关系。

3.“理论+数据”结合下的数据相对论

犯罪大数据分析以对犯罪规律的精准把握为目标,但这种分析并不是单纯的客观性分析,仍离不开主观假设、理论思辨、经验和偏好、既有知识积累、价值评判的影响。有了犯罪大数据也不意味着就能为决策者、研究者提供一个绝对真实的“镜像世界”。我们有时必须无奈地承认犯罪大数据并非是包治百病的神药。大数据分析的推崇者以往每每列举洛杉矶警局运用大数据预测犯罪的例子,但2015年洛杉矶犯罪率却出现了13年以来各类犯罪齐升高的现象。[22] 这是否意味着犯罪大数据分析失灵或大数据泡沫破裂呢?

实际上,数据越多,分歧也可能越多,因为每一个不同的观点,都能找到相应的数据来支持。“要将千变万化的人类行为提炼归纳进一套相关性分析模型和数学公式里面,几乎是不可能的。这就是大数据不可能宣告理论终结的原因所在”。[23] “所有的研究者都在解释数据,当研究者试图理解其发现的

---

⑳ 涂子沛:《数据之巅:大数据革命,历史、现实与未来》,中信出版社2014年版,第270页。

㉑ 唐文方:《大数据与小数据:社会科学研究方法的探讨》,载《中山大学学报》(社会科学版)2015年第6期。

㉒ Ben Poston,“Crime in Los Angeles Rose in all Categories in 2015, LAPD Says”, Accessed June 1,2016. http://www.latimes.com/local/crime/la-me-crime-stats-20151230-story.html.

㉓ [美]冯启思:《对“伪大数据”说不:走出大数据分析与解读的误区》,曲玉彬译,中国人民大学出版社2015年版,第136页。

意义时,解释就开始了"。[24] 数据是不能单靠自己"说话"的,还有赖于研究者的数据清理、分析、解释工作。"不对原始数据进行调整就等于故意公布错误的信息"。[25] 因此,犯罪大数据分析必须扎根在犯罪学基础理论之上,并接受理论的指导,任何分析都是一半数据、一半理论。理论驱动与数据驱动之间是一种"海上明月共潮生"的珠联璧合关系。

根据数据相对论的理解,数据永远在追赶事实。数据仅记录事实的一个侧面。数据再大都不是事实,但它逼近事实。事实确实只有一个,但有千万个棱面,任何一组数据,可能都只描绘了一个"面"。[26] 研究者用数据描述事物不同棱面的过程就是解释数据。可见,犯罪大数据分析是否科学有效不仅取决于犯罪数据的质量,更取决于研究者如何将犯罪学理论与犯罪数据有机结合,以既有理论、知识设计算法和程序,以量化分析探究犯罪规律、检验和修正犯罪学理论,从而改进犯罪治理模式。此外,有效的犯罪大数据分析能够提升犯罪防控决策和实施活动的科学性,但并不意味着能直接带来犯罪率的降低。毕竟,影响特定区域犯罪率的因素很多,即使犯罪大数据分析应用甚多,有时也无法对冲人口、城市化、经济、社会结构等深层次原因的影响。

4. 从相关到因果的犯罪规律探究

在大数据时代,"相关比因果更重要"[27]的观点甚为流行。针对相关关系的实证研究大行其道,基于相关关系的预测分析成为大数据的基本应用。犯罪原因一直是传统犯罪学的核心议题。随着大数据分析的流行,相关关系能够取代因果关系,犯罪预测会架空犯罪原因研究吗?

一般来说,大数据思维强调归纳,注重分析事物之间的相关关系,而传统犯罪学研究强调演绎思维,以解释因果关系为目标。"大数据分析可以阐述关联和概率,但归纳法具有无法确定因果关系的天然缺陷。科学的最终目的

---

[24] Boyd D. and Crawford K., *Critical Questions for Big Data: Provocations for a Cultural, Technological, and Scholarly Phenomenon*, Information, Communication & Society, 2012, 15(5): 662–679.

[25] [美]冯启思:《对"伪大数据"说不:走出大数据分析与解读的误区》,曲玉彬译,中国人民大学出版社2015年版,第156页。

[26] 涂子沛:《大数据时代,一个新的相对论时代》,载新华网:http://www.zj.xinhuanet.com/kfkt/2016-04/01/c_1118506954.htm,最后访问日期:2016年6月1日。

[27] [美]冯启思:《数据统治世界》,曲玉彬译,中国人民大学出版社2013年版,第35页。

显然不只是陈述概率或可能性,而是解释因果关系和给出答案。”[28]在概率分析中,有时两个风马牛不相及的因素之间会存在显著的回归系数,但这并不意味着变量之间有真实的因果关系。

概率分析的上述局限也无法否定相关分析在犯罪原因研究中的独特价值。尽管相关并非完全等同因果,但“相关性观察是绝大多数犯罪原因研究的前期研究”。[29]“犯罪原因的等级取决于同结果发生之间的联系概率。概率越大,原因等级便越高”。[30]“研究者运用基于概率论的数理统计方法可从众多因素中筛选出与犯罪存在较大概率的相关因素、排除无关因素,并精准把握特定变量影响犯罪发生的数量关系”。[31] 在分析过程中,归纳和演绎思维往往难以分割,“‘数据驱动科学’必须把归纳和演绎结合起来。通过归纳性的大数据分析洞察情况,然后依据数据分析的结果提出假设,最后再用演绎法与数据分析相结合去验证假设”。[32] 可见,相关关系不仅没有取代因果关系,而且从相关性角度探究犯罪的因果关系构成了量化犯罪原因的可行进路。

从相关到因果的研究进路不仅能够预测犯罪、量化犯罪原因,还有助于揭示犯罪规律。“犯罪规律是指犯罪现象中客观存在的本质联系。犯罪规律首先是指犯罪的因果关系,又包括重复出现的各种犯罪相关性。在因果中心说和概率中心说的互补下,犯罪规律的范畴得以完善。”[33]因此,犯罪规律研究包括相关分析和因果分析。犯罪大数据分析不仅没有架空犯罪原因研究,相反还从犯罪规律的层面为犯罪防控提供了坚实的理论支持。

5. 工具理性与价值理性的交相辉映

大数据对人类生活的意义堪比互联网,正如麻省理工学院教授尼古拉斯·葛洛庞帝所说:“计算不再只和计算机有关,它决定我们的生存。”[34]从数

---

[28] 郑一卉:《范式与方法:对大数据环境中社会科学研究的反思》,载《新闻知识》2016年第1期。

[29] 白建军:《关系犯罪学》,中国人民大学出版社2005年版,第357页。

[30] 许章润主编:《犯罪学》(第3版),法律出版社2007年版,第172页。

[31] 单勇:《犯罪热点成因:基于空间相关性的解释》,载《中国法学》2016年第2期。

[32] Kitchin R.,“Big Data,New Epistemologies and Paradigm Shifts”,*Big Data &Society*,2014,1(1):1-12.

[33] 白建军:《关系犯罪学》,中国人民大学出版社2005年版,第359页。

[34] [美]尼古拉斯·葛洛庞帝:《数字化生存》,胡泳等译,海南出版社1997年版,第15页。

据文化上看，犯罪大数据不能止步于工具理性，不能片面主张大数据分析对社会的精准控制，也不能仅强调“用数据决策、用数据管理、用数据创新”；更应彰显价值理性，在法治框架下开展犯罪大数据分析，防范“数字利维坦”的出现，尤其是在牵涉公民权利时价值理性不能“失语”。

“数字信息技术进步使‘虚拟社会’向‘镜像世界’转变；人们对数字技术的价值诉求减弱而工具诉求增强”。[35] 安东尼·吉登斯指出，“我们生活在一个福柯称之为国家‘监控’变得越来越广泛和越来越明显的社会。通过计算机和芯片技术的使用，对所属人口信息的储存和控制已成为国家权力的主要媒介。在国家监控活动得到极大发展的条件下，公民权利的维护很大程度上受到了限制”。[36] 因此，犯罪大数据分析不仅要求防控机构必须依法开展（如防止出现公民宾馆登记记录泄露等数据泄密事件），还要求在数据开放理念下进行犯罪数据的开放（如刑事案件裁判文书的网上公开）、鼓励“数据平民”的崛起。在英、美等国，犯罪数据开放最典型的表现就是犯罪地图的网上公开。通过犯罪地图公开，为民众安全生活提供行动参考、实现警察执法效果的可视化监督、以信息化助力警民互动。

三、趋势：数据驱动的治安防控精细化转向

我国在“十三五”规划中首次提出“社会治理精细化”[37]的新思路。在理论脉络上，“精细化管理”源自企业管理的“劳动分工理论”[38]，后被引入社会管理领域。“无论是传统的官僚制阶段，还是新公共管理阶段，为了保证社会管理的高效率，实现政府的管理目的，必须要保证政府工作的精细化”。[39]

当前，我国治安防控的精细化程度有待加强。2015 年 9 月，在全国社会

---

[35] 郧彦辉：《数字利维坦：信息社会的新型危机》，载《中共中央党校学报》2015 年第 3 期。

[36] ［英］安东尼·吉登斯：《阶级分化、阶级冲突与公民身份权利》，熊美娟译，载《公共行政评论》2008 年第 6 期。

[37] 《中共中央关于制定国民经济和社会发展第十三个五年规划的建议》，载新华网：http://www.sh.xinhuanet.com/2016－03/18/c_135200400_3.htm，最后访问日期：2016 年 1 月 5 日。

[38] ［英］亚当·斯密：《国富论》，文熙等译，武汉大学出版社 2010 年版，第 5 页。

[39] 王阳、叶敏：《从“精细化管理”到“精准化治理”：社会治理的理念变革与政府实践》，载《新常态与大战略——上海市社会科学界第十三届学术年会文集（2015 年度）》。

治安防控体系建设工作会议上,中央政法委书记孟建柱指出:“我们的传统文化中,推崇直觉、感性思维,习惯于对事物进行模糊的归类,缺乏严谨、理性、体系化的实证研究。这种思维方式在公共安全工作中容易导致简单化,日常管理粗枝大叶、大而化之,形成一笔‘糊涂账’。”[40]对此,作为“数据治国”文化的实践探索,犯罪大数据分析不是传统意义上的“数目字管理”[41],而是基于“互联网+”增量效应和“大数据×”乘数效应的犯罪的数据治理。这种数据治理从防控理念、数据基础及技术条件上推动了治安防控的精细化转向。

一方面,犯罪大数据应用倡导尊重事实、推崇理性、强调精确的精准防控理念。

“互联网时代也是一个数据技术时代。互联网与大数据结合到一起,将产生功能强大、影响持久的‘聚变效应’。这种‘聚变效应’波及国家治理活动”。[42]“公安机关掌握的犯罪数据一般在局域网内运行,从低安全性网络向高安全性网络单向流动,最后在公安的核心网络中汇集所有数据”。[43]目前,相关数据只有进入公安的局域网后才能进行犯罪数据的关联分析、碰撞对比、研判应用,从而在海量、多源、分散的犯罪大数据中找到犯罪规律。因此,犯罪大数据应用能够“把数据优势转化为社会治理优势,变经验驱动的决策为数据驱动的决策,提高决策的预见性、精准性”。[44]当前,大数据分析逐渐从案件侦破环节扩展到犯罪风险动态监测及分析、治安专项行动评估、警力部署、智能安防、犯罪预测预警、防控决策等多个领域,“用数据说话、用数据决策、用数据创新”的犯罪精准防控理念影响甚广、渐入人心。“文化是制度之母”[45],“数据治国”文化强调的精准防控理念构成了“完善社会治安综合治理

---

[40] 参见《全国政法系统大连会议的12个金句》,载央广网:http://news.cnr.cn/native/gd/20150928/t20150928_519992588.shtml,最后访问日期:2015年10月1日。

[41] 黄仁宇:《万历十五年》,生活·读书·新知三联书店1997年版,第232页。

[42] 陈潭、杨孟:《“互联网+”与“大数据×”驱动下国家治理的权力嬗变》,载《新疆师范大学学报》(哲学社会科学版)2016年第5期。

[43] 参见《深度解析大数据在公安领域的应用》,载http://developer.51cto.com/art/201505/477710.htm,最后访问日期:2016年7月8日。

[44] 参见《第三届中新社会治理高层论坛举行》,载凤凰财经网:http://finance.ifeng.com/a/20160518/14393263_0.shtml,最后访问日期:2016年6月1日。

[45] [美]塞缪尔·亨廷顿、劳伦斯·哈里森主编:《文化的重要作用——价值观如何影响人类进步》,程克雄译,新华出版社2002年版,序言第2页。

体制机制”[46]的重要价值目标。

另一方面,犯罪大数据为治安防控精细化转向提供了数据基础和技术条件。

“数据是科学的度量、知识的来源。没有数据,无论是学术的研究抑或是政策的制定,都将举步维艰”。[47] “数据和信息是执法工作当中制定战略和决策的基础”。[48] 犯罪大数据首先是容量大,互联网、物联网、移动互联网均是犯罪大数据产生的基础。犯罪大数据不仅包括公安机关所掌握的各类案件信息、人口户籍信息、指纹信息、警用地理信息、视频监控信息数据库,还包括防控参与主体拥有的数据库,如城市规划、金融机构、网络运营商(包括微信及QQ数据、百度人口密度实时分析数据、网络购物数据、网页浏览记录)、房产部门、快递公司、电信运营商等。

“大数据产业的战略意义不在于掌握庞大的数据信息,而是要提高对数据的‘加工能力’,通过‘加工’实现数据的‘增值’”。[49] 犯罪的相关性分析是犯罪大数据分析的基础技术,通过关联关系挖掘将公安机关与防控参与主体的数据有效整合起来,把人、房产、银行记录、出行轨迹、车辆信息、住宿信息、航班信息、快递信息与犯罪的关系链接起来,建立用于综合研判、量化评估的数学模型,从中挖掘与犯罪有关的人与人、人与事物之间的显性、隐性关系,进而实现犯罪评估与预测。以PGIS(警用地理信息系统)为例,研究者将犯罪的地理信息与城市空间信息联系起来,在可视化探测犯罪热点区域的基础上,运用空间回归模型,计算哪些空间因素对犯罪热点具有显著的影响,从而解释犯罪热点的空间成因,指导防控布局,对城市改造与规划提出防卫空间设计的建议。

随着人工智能的发展,犯罪大数据分析将越来越依赖于以机器学习和人工智能来实时监测、分析数据、推演未来。如人脸识别技术能够在重要卡口进行人脸监测、人脸跟踪及对比,对疑犯进行实时追踪;再如智能视频监控技

---

[46] 《中共中央关于制定国民经济和社会发展第十三个五年规划的建议》,载新华网:http://www. sh. xinhuanet. com/2016 – 03/18/c_135200400_3. htm,最后访问日期:2016 年 1 月 5 日。

[47] 陈潭等:《大数据时代的国家治理》,中国社会科学出版社 2015 年版,第 10 页。

[48] Reno J,“Report of the Task Force on Crime Mapping and Data-Driven Management”, *U. S. Department of Justice*, July 1999.

[49] 参见《大数据:通过加工实现增值》,载 http://www. d1net. com/bigdata/news/342922. html,最后访问日期:2016 年 6 月 3 日。

术能够在公共场所进行徘徊分析、拥挤预测,以预防突发性公共安全事件。正所谓"满眼生机转化钧、天工人巧日争新",犯罪大数据分析能够以IT和DT系统创造"智慧警察",进而助力"智者见于未萌"愿景的实现。

四、回应:精准防控模式的提出

"任何重大技术革命的背后都有科学、哲学,甚至是世界观的巨大变化。"[50]伴随治安防控的精细化转向,犯罪大数据为精准防控提供了驱动力,精准防控构成了犯罪的日常性治理在大数据时代的延伸与发展,是在创新立体化社会治安防控中开展循数管理的关键。所谓精准防控,"是指在技术治理逻辑下,遵循计量犯罪学的研究模式,根植于犯罪大数据挖掘和分析,注重探测及干预高危地点、把握高发时间、对高危人群进行数据画像、体察罪犯出行特征、设计最佳出警路线、优化防控布局、设定治安缓冲区、分犯罪类型进行专题性风险评估等的日常性治理策略"。[51] 精准防控模式的提出是对犯罪治理如何适应大数据浪潮问题的理论回应。关于精准防控的理解可从以下五个方面展开:

第一,从理论地位上看,精准防控是日常性治理战略的战术延伸。

在综合治理理论构架下,"运动式治罪"式微与"日常性治理"兴起亦是不争的事实。[52] 作为整体意义上的防控理论,日常性治理倾向于针对结构性的犯罪原因,开展系统性、全局性、综合性的防控战略,如犯罪的社会治理、被害治理、刑事治理等;但结构性的犯罪原因往往无法在短期内根治或改变(如外来人口的城市融入、青年群体的就业、底层群体的社会失范、流动未成年人辍学等问题),这种宏观层面的防控应用往往缺乏针对性与可操作性。因此,日常性治理战略亟待向着更具可操作性、更易开展评估分析、应用价值更大的防控战术延伸,而根植于犯罪大数据土壤的精准防控则为这种转向指明了

---

[50] 阿里研究院:《互联网+:从IT到DT》,机械工业出版社2015年版,序2。

[51] 单勇:《基于热点稳定性的犯罪空间分布规律再认识》,载《法制与社会发展》2016年第5期。

[52] 单勇、侯银萍:《中国犯罪治理模式的文化研究——运动式治罪的式微与日常性治理的兴起》,载《吉林大学社会科学学报》2009年第2期。

方向。

精准防控往往针对非结构性的犯罪条件，以犯罪数据为基础，从海量、模糊数据中的细微信息和蛛丝马迹中分析犯罪规律，开展犯罪风险量化评估，直接采取有针对性的预警预测及防控部署。以针对犯罪热点的精准防控为例，精准防控以犯罪时空信息及城市相关因素信息为基础，运用制图技术探测犯罪热点，以空间统计量化哪些因素影响犯罪热点的形成，针对犯罪时空热点及其影响因素开展地点警务。可见，精准防控是日常性治理向着循数治理的具体转向，也是提升防控科学性和可操作性的理性延伸，还是改善防控绩效的战术选择。

第二，从治理目标上看，精准防控是为应对我国现阶段犯罪治理的"短板问题"而提出的，不是对全能管控型治理模式的回归，更不是要打造"数字利维坦"。

2016 年 3 月，中央政法委书记孟建柱同志指出，"提高社会治理整体水平，关键要补齐短板。当前，要尽快补齐基层基础、社会共治、科技运用、法治保障四个方面存在的短板，把社会治理提高到新水平"。[53] 犯罪治理适应大数据浪潮就属于上述社会治理在科技运用上的短板问题，而精准防控通过犯罪大数据分析能够提升犯罪治理的科学性，从而"补齐短板"。尽管每年公安机关刑事案件的立案总量仍处于上升通道，但公安机关的犯罪打击力度不断增强，犯罪黑数如同海绵一样，从中挤出水分的力度日趋增大。基于大数据分析的精准防控就是减少犯罪黑数、改善犯罪预防能力的有效举措。

精准防控所强调的精细化更多是指防控应对的精细化，而非仅是防控机构自身的精细化；精准防控不仅强调犯罪防控顶层设计的精细化，更关注基层基础环节犯罪防控的精细化。在基层，过于精细的组织机构分工容易"导致组织流程破碎、管理思维弱化政府服务职能、条线过多降低基层整体效率、复杂系统削弱居民参与意愿"，[54]从而陷入社会治理的"碎片化"危机。正所谓"基础不牢、地动山摇"，基层是立体化治安防控的基础环节，也是精准防控的重中之重。犯罪大数据分析中的数据开放策略为基层开放性政府的建设

---

[53] 孟建柱：《防控风险补齐短板 为全面建成小康社会创造良好环境——学习贯彻习近平总书记关于政法工作指示重要》，载《求是》2016 年第 6 期。

[54] 王阳、叶敏：《从"精细化管理"到"精准化治理"：社会治理的理念变革与政府实践》，载《新常态与大战略——上海市社会科学界第十三届学术年会文集(2015 年度)》。

提供了基本前提,以满足公共安全服务的有效供给;犯罪制图、统计分析、预测建模、视频监控等技术的集成运用为犯罪在基层的整体性治理提供了技术支持;犯罪大数据分析促进了"传统+现代"治理技术的有机融合,为犯罪在基层的柔性治理和非正式控制提供了科技保障。

此外,精准防控虽然是一种技术治理,但离不开人文关怀和法治精神的指引。精准防控不是国家对社会的单向管控,而是国家和社会的双向互动。精准防控不应仅是国家机器精密运作的体现,并非一味以效率为导向,而更注重公平和民众满意度,建立自下而上的治安议程产生机制,注重民众的参与,不断提升民众的主体地位及满足不同人群在治安防控中的差异化需求。

第三,从表现形式上看,得益于犯罪大数据分析的强悍功能,精准防控具有系统性、多层次、全方位、前瞻性的应用表现。

在犯罪侦破领域,基于视频监控搜索、数据交叉比对、罪犯出行轨迹分析等技术,精准防控为抓捕罪犯插上智慧的翅膀,提高了传统的人力走访、入户排查、案情分析效率。在犯罪空间领域,基于地理信息系统的制图技术,精准防控能够可视化探测犯罪热点区域,找到少数热点网格和热点路段,为地点警务的开展提供依据。在犯罪时间环节,借助时间序列等模型,精准防控能够测量出特定犯罪在某个月、一周中某些天、一天中某些时段的时间规律,把握犯罪的高发时间。在高危人群方面,借助互联网、物联网及监控记录,精准防控可对特定高危人群(如暴恐犯罪高危人群)进行数据画像,以了解该群体的生活特点、人际交往范围、行为方式,把握提前干预与危机处置的关键节点,以实现"挽狂澜于既倒、扶大厦之将倾"的犯罪预测。以反恐为例,通过处理包括银行转账、ATM 的使用、电话通信、购物、就医、保险等海量信息,鉴别出个别人的非正常行为,对预防暴恐犯罪会起到很好的效果。[55] 根据犯罪时空分布特征的量化评估,精准防控倡导设计最佳出警路线、设定治安缓冲区、改进防卫空间方案等优化防控布局的具体举措。可见,精准防控是一种能够回溯过去、评估现实、吸收外来、预见未来的犯罪的数据治理策略。

第四,从技术方法上看,精准防控是"人力+科技""传统+现代"等治理技术的有机融合,推崇大数据分析并不意味着忽视、摒弃传统中行之有效的

---

[55] Akhgar B., Saathoff G. B., Arabnia H. R., et al., *Application of Big Data for National Security: A Practitioner's Guide to Emerging Technologies*, Butterworth-Heinemann, 2015.

犯罪治理手段。

“时移而治、不易者乱”,精准防控战术的提出是对大数据浪潮的适应。虽然精准防控集成了基于地理信息系统的可视化分析、基于数学建模的犯罪风险评估及预测、犯罪数据的相关性分析、视频监控及人脸识别技术、基于物联网的智能安防等现代技术手段,但精准防控在基层或一线的执行仍取决于具体的人所实施的具体防控活动。传统意义上的治安巡逻、入户走访、抽检临检、人力盯防、隐患排查等防控手段仍不可或缺,不过基于大数据的现代技术手段大大提高了传统防控方式的效率。以犯罪制图为例,制图分析能够精确探测犯罪热点,在犯罪热点地图的指引下,使警务巡逻更具针对性和有效性。因此,精准防控在方法上需集成运用“人力 + 科技”“传统 + 现代”等治理技术。

第五,从实施条件上看,精准防控以信息整合、资源整合、决策机制整合为基础。

“非知之艰、行之惟艰。”精准防控的有效开展亟待实现信息、资源、机制的大整合,从大整合中产生大价值。信息整合是通过数据分析技术打通数据壁垒、联通各种数据库,将分散在社会各领域的犯罪及治安信息收集、整理、挖掘、清洗、利用起来,为精准防控的实施提供坚实的数据基础和分析依据。资源整合是向社会延伸精准防控的触角,与网络运营商、软件运营商等数据拥有者无缝对接。以信息化技术动员、吸纳、聚合、组织社会力量,通过犯罪地图公开等数据开放形式助力精准被害预防,实现“互联网 + ”与“大数据 × ”下的高维度公共参与。决策机制整合是在精准防控中强调治安防控的“数据化决策”,以信息采集、风险评估、决策制定、政策仿真模拟、日常防控任务的信息化传递与反馈、专项行动治理效果的量化评价辅助防控决策,但同时不忽视防控经验、犯罪学理论在决策中的价值,从而在数据驱动、经验驱动、理论驱动的整合下不断提高防控决策的科学性。

总之,精准防控的提出是将犯罪大数据与犯罪治理关联起来的产物,是立体化治安防控适应大数据浪潮的有益探索,也推动了犯罪治理模式的改进,更为犯罪治理的理论研究走向深入开放出新的重要议题。

促进人工智能良性创新发展的法制构建思考

张吉豫*

内容摘要：人工智能技术既是当前各国科技研发与应用推广的重点，也对伦理、安全和隐私等方面带来了诸多挑战。如何更好地促进其良性创新发展，是当前法治建设面对的重要命题和挑战。一方面，人工智能技术正处于高速发展时期，缺少确定性，需要一定发展空间来逐步完善；另一方面，当前人工智能技术在很多领域取得突出进展的同时，在安全性、可解释性等方面的发展却相对滞后。应从专利制度、侵权责任制度和政府机构管制三个方面结合考虑，构建可以更好地促进可信人工智能创新发展的法制环境。

关键词：人工智能　创新　伦理　风险　专利　法律规制

一、引言

"科学进展是一种悲喜交集的福音。"①这在人工智能

* 张吉豫，中国人民大学法学院副教授，未来法治研究院研究员。

① ［英］卡尔·雷门德·波普尔：《科学革命的合理性》，纪树立译，载《世界科学译刊》1979 年第 8 期。该文摘译自 *Problems of Scientific Revolution*：*Problems and Obstacles to Progress in the Science*，Rom Harré 编，牛津大学出版社 1975 年版。该语句是波普尔教授引用了 W. F. Bodmer 教授的观点并表示赞同。

领域的体现尤为突出。

自第一次工业革命以来，世界各国逐渐形成共识：科技创新对于社会进步、经济增长、人类福祉的提高和国家安全与竞争力的提升有着重要意义。这尤其体现在各国政府重视和鼓励创新的政策上。特别是21世纪以来，每一次科技界提出一个新的发展方向，很快就可以看到多国政府纷纷研究并发布促进政策。②

在2016年AlphaGo战胜人类顶尖围棋手之后，人工智能这一概念成为社会各界关注的焦点。尽管“人工智能”并不是一个新的概念，在1956年美国达特茅斯人工智能暑期研究计划会议上就已将人工智能这个名词固定下来；但近十年来以深度神经网络为代表的人工智能算法在图像识别、语音识别等领域取得的突破性进展，再结合超级计算机和云计算平台提供的强大计算能力，以及传统互联网、移动互联网和正在发展的物联网所带来的日益丰富多样的数据资源，为人工智能的发展绘制了一幅可信的光明图景，引起了美国、欧洲、中国等多国政府的高度重视。③ 2017年7月，我国国务院在《新一代人工智能发展规划》中提出“人工智能成为国际竞争的新焦点。人工智能是引领未来的战略性技术，世界主要发达国家把发展人工智能作为提升国家竞争力、维护国家安全的重大战略”，我国要“抢抓人工智能发展的重大战略机遇，构筑我国人工智能发展的先发优势，加快建设创新型国家和世界科技强国”。④ 习近平总书记在中国共产党十九大报告中指出，要“推动互联网、大

---

② 例如，云计算这一概念被提出后，2010年8月，日本经济省发布《云计算与日本竞争力研究》，指出政府、用户和云服务提供商应构建一个云计算产业发展的良好环境；2011年2月，美国发布《联邦云计算战略》；2011年9月，韩国政府制定了《云计算全面振兴计划》；2012年，欧盟委员会启动“释放欧洲云计算潜力”战略计划；2010年10月，中国国务院发布《国务院关于加快培育和发展战略性新兴产业的决定》，将云计算列为战略性新兴产业之一；2012年7月，国务院发布《“十二五”国家战略性新兴产业发展规划》，亦将云计算作为重点工程之一；等等。参见新浪科技：http://tech.sina.com.cn/it/2013-12-09/13538988745.shtml，最后访问日期：2018年2月2日。

③ 例如，美国国会发布了《为人工智能的未来做好准备》报告、《国家人工智能研究与发展战略规划》，美国国家科学基金会等赞助了《2016美国机器人发展路线图——从互联网到机器人》报告，苹果公司发布了自己的人工智能发展报告，斯坦福大学发布了人工智能发展报告，2016年10月英国下议院的科学和技术委员会发布了《机器人和人工智能》报告，等等。

④ 国务院《新一代人工智能发展规划》，载中华人民共和国中央人民政府网：http://www.gov.cn/zhengce/content/2017-07/20/content_5211996.htm，最后访问日期：2018年2月2日。

数据、人工智能和实体经济深度融合”。[⑤] 李克强总理在第十三届全国人民代表大会第一次会议上作政府工作报告时,在2018年政府工作建议部分提出,要“加强新一代人工智能研发应用,在医疗、养老、教育、文化、体育等多领域推进‘互联网+’。发展智能产业,拓展智能生活”。[⑥]

由此可见,发展人工智能科技和产业应用是当前阶段党和国家一项重要的方针政策,是在目前各国大力发展人工智能的国际环境下,提升我国国家安全和全球竞争力、增进社会福祉的重要路径,有必要创建能够保障和促进人工智能技术创新发展的良好制度和政策环境。有利于人工智能产业创新发展的法律制度则是其中一个非常重要的方面。

然而,在各国发布政策推进人工智能发展的同时,许多政府及民间组织也意识到人工智能在伦理、安全、隐私等诸多方面为人类社会带来的重大挑战,纷纷提出对人工智能技术加强管制的要求和建议。实际上,呼吁政府对新技术进行监管并不罕见,新技术的发展也需要建立比较明确的法律规范,使产业界和消费者均对技术应用的法律有明确的预期。但此次引人注目的是,很多科技界、产业界的领军人士都开始表达对于人工智能技术的担忧,[⑦]一些行业协会、产业组织也早早对伦理和安全高度重视。例如,国际标准化组织IEEE设立了自主与智能系统伦理全球倡议项目,连续两年发布了《人工智能设计的伦理准则》白皮书;[⑧]美国计算机协会美国公共政策委员会也在2017年年初发布了《算法透明性和可问责性声明》,提出了七项基本原则;[⑨]等等。在上文所述我国国务院《新一代人工智能发展规划》中提出要“加强人工智能相关法律、伦理和社会问题研究,建立保障人工智能健康发展的法律法规和伦理道德框架”,包括:(1)制定相关安全管理法规,为新技术的快速应

⑤ 习近平:《决胜全面建成小康社会,夺取新时代中国特色社会主义伟大胜利——在中国共产党第十九次全国代表大会上的报告》,载中华人民共和国中央人民政府网:http://www.gov.cn/zhuanti/2017-10/27/content_5234876.htm,最后访问日期:2018年2月2日。

⑥ 李克强:《政府工作报告——2018年3月5日在第十三届全国人民代表大会第一次会议上》,载中华人民共和国中央人民政府网:http://www.gov.cn/premier/2018-03/05/content_5271083.htm,最后访问日期:2018年3月6日。

⑦ See Matthew U. Scherer, "Regulating Artificial Intelligence Systems: Risks, Challenges, Competencies, and Strategies", *Harvard Journal of Law & Technology* 29, 2016, pp. 353-355.

⑧ https://ethicsinaction.ieee.org/, March 1, 2018.

⑨ https://www.acm.org/binaries/content/assets/public-policy/2017_usacm_statement_algorithms.pdf, March 1, 2018.

用奠定法律基础;(2)民事与刑事责任确认;(3)建立追溯和问责制度;(4)加强对人工智能潜在危害与收益的评估;等等。⑩ 中国电子标准化研究院在国家标准化管理委员会工业二部的指导下,组织编写并发布了中国《人工智能标准化白皮书》(2018 年版),⑪其中包含了“人工智能的安全、伦理和隐私问题”这一部分,体现了关于人工智能的伦理和法律规制的考虑。

尽管已产生诸多倡议,但在相关政策法规还不明晰的同时,人工智能技术在社会中已逐渐开始得到应用,对人们的生活产生着日益明晰的影响。一方面,人工智能算法日益广泛地渗透在用户画像、事件抓取与画像、信息精准推送、征信、数字化文学艺术作品产生等日益广泛的应用领域,直接影响着人们在线上网络空间的生活,并间接与线下物理世界的我们发生联系;另一方面,与机械装置的控制相结合、直接作用于物理世界的人工智能的应用也已展开。例如,在自动驾驶领域,我国北京、上海、重庆等城市已经出台试行政策,支持自动驾驶汽车测试。⑫ 据诸多机构预测,在不久的将来,医疗、交通、金融服务、媒体、广告、零售、制造、教育等领域,人工智能的应用将日益普及。⑬ 而当前也已经出现了自动驾驶汽车的交通事故、司法定罪量刑中的算法歧视与不透明性、电子商务中“算法杀熟”、人脸识别与隐私忧患等一系列

---

⑩ 《规划》中指出,要“加强人工智能相关法律、伦理和社会问题研究,建立保障人工智能健康发展的法律法规和伦理道德框架。开展与人工智能应用相关的民事与刑事责任确认、隐私和产权保护、信息安全利用等法律问题研究,建立追溯和问责制度,明确人工智能法律主体以及相关权利、义务和责任等。重点围绕自动驾驶、服务机器人等应用基础较好的细分领域,加快研究制定相关安全管理法规,为新技术的快速应用奠定法律基础。开展人工智能行为科学和伦理等问题研究,建立伦理道德多层次判断结构及人机协作的伦理框架。制定人工智能产品研发设计人员的道德规范和行为守则,加强对人工智能潜在危害与收益的评估,构建人工智能复杂场景下突发事件的解决方案。积极参与人工智能全球治理,加强机器人异化和安全监管等人工智能重大国际共性问题研究,深化在人工智能法律法规、国际规则等方面的国际合作,共同应对全球性挑战”。

⑪ 《人工智能标准化白皮书》(2018 年版),载中国电子技术标准化研究院:http://www.cesi.ac.cn/201801/3545.html,最后访问日期:2018 年 3 月 1 日。

⑫ 例如,2017 年 12 月,北京市交通委员会、北京市公安局公安交通管理局和北京市经济和信息化委员会发布了《北京市关于加快推进自动驾驶车辆道路测试有关工作的指导意见(试行)》和《北京市自动驾驶车辆道路测试管理实施细则(试行)》,载 http://www.bjjtw.gov.cn/xxgk/dtxx/201712/t20171218_189567.html,最后访问日期:2018 年 2 月 2 日。

⑬ See Mckinsey Global Institute,“Artificial Intelligence: the Next Digital Frontier?”,https://www.mckinsey.com/~/media/McKinsey/Industries/Advanced%20Electronics/Our%20Insights/How%20artificial%20intelligence%20can%20deliver%20real%20value%20to%20companies/MGI-Artificial-Intelligence-Discussion-paper.ashx,June 2017. PWC,“2018 AI Predictions”,https://www.pwc.com/us/en/advisory-services/publications/artificial-intelligence-predictions.html,March 8,2018.

具体问题。人工智能的法律规制需求已近在眼前。

当前我国法律制度的发展完善面临着一项急迫的任务:面对人工智能这样一项正处在飞速发展阶段的复杂技术,如何更好地构建法律制度,以在推动人工智能技术创新发展的同时,能够良好应对人工智能技术可能带来的伦理挑战和社会风险问题。技术创新一方面充满着不确定性,可能给社会带来新的风险;另一方面技术创新又为社会发展、人类福祉的提升带来新的机遇,并且需要一定发展空间以使其逐步完善。然而,目前支撑这一领域法治建设的法学理论和实践经验都并不充分,有待法律界积极探索。正如 Manne 等所指出的,"关于创新、竞争和监管政策之间的关系,已知与未知之间的比例惊人地低"。[14] 本文旨在在研究如何为安全可信的人工智能技术创新构建良好的法律环境这一目标的驱动下,分析典型法律制度对科技创新的激励与规制特点,探讨当前人工智能技术发展特点与法律规制,为相关法律制度构建的基本框架提出一些初步建议。

二、法律制度对科技创新的激励与规制

科技界时常有一些"颠覆性创新"。然而对于法律这项人类的古老发明,基于对法的稳定性的追求,人们在面对新问题构建法律时,往往更多地倾向于在已有的概念、原则、制度的基础上进行发展,以满足对体系稳定性的需要。因此,在具体探讨激励和规制人工智能创新发展的法律制度之前,本文首先对法律对科技创新的激励与规制进行简要回顾,以期为后续的讨论提供参考。

(一)法律制度对技术创新的激励

在整个人类历史长河中,人类科技的创新发展曾经非常缓慢,直到近几百年才发展日益迅速,而在近几十年中则以指数级增长的速度发展。一种得到众多支持的假说认为,如果某一领域发明非常缓慢,最有可能的原因是支撑相应研究的社会制度匮乏。有研究指出,在公元前 2600 多年的古埃及时

---

[14] Geoffrey A. Manne and Joshua D. Wright, eds., *Regulating Innovation: Competition Policy and Patent Law under Uncertainty*, Cambridge U. Press, 2009, p. 4. Accessed March 8, 2018. https://papers.ssrn.com/sol3/papers.cfm?abstract_id=1462489.

代，伊姆贺特普（Imhotep）等一些“政府雇员”们解决了金字塔建造中遇到的很多技术难题。用现在的术语讲，这些成就归功于政府在研发领域里的直接采购。而在更广阔的民用领域则缺少“政府采购”，也鲜有如此令人瞩目的发明。在公元前600～公元前300年的古希腊时代，除政府在研发领域的直接采购外，促进研究和探索的制度还包括了给予研究者高度的尊敬和声望，以教师为中心来组织学校等。这种制度对发明的激励来源于政府的需要和研究者的兴趣。⑮ 实际上，在人类社会发展的相当长的时间中，法律并不主动地深度介入技术创新领域。直到1474年威尼斯元老院专利法案的诞生，⑯以促进技术创新和应用为宗旨的现代专利制度才初步形成。专利、奖赏、赞助等制度成为了现代欧洲社会激励科学发展和技术创新的重要工具，互相配合，互为补充。与政府采购、奖赏等制度不同，现代专利制度实际是由市场决定一项技术能够给发明人带来的经济回报，而并非依赖少数主体来决定资金的分配。因而专利制度为真正满足市场中人们需求的那些发明创造提供了激励。

现代专利法在激励技术创新方面具有如下几方面的特点：

1. 总体而言，专利制度一般并不主动限制技术创新发展方向，对于不能获得专利保护的技术领域仅有非常有限的限制。⑰

2. 专利制度不主动引导技术创新发展的具体方向；但由于专利制度并不直接奖励创新，而是通过市场产生作用，因此，专利制度所真正激励的创新，

---

⑮ 参见［美］苏珊娜·斯科奇姆：《创新与激励》，刘勇译，上海人民出版社2010年版，第4～27页。

⑯ 欧洲最早的“专利制度”与现代专利法在目的和具体制度上均有很大差异。在早期欧洲，采矿、伐木、河运等行业常由政府直接控制，政府则许可某些商人在一定时期或区域独占经营的权利，从而限制竞争，实现商人和政府的“双赢”。1474年威尼斯元老院专利法案则不同，该法案规定：“吾人中有禀赋卓群者，擅长发明或发现各种精巧装置；同时，本市乃礼仪富贵之邦，世界各地的才人智士也争相而至。若法律规定知悉此种装置者不得为模仿制造而损及发明人的声誉，则将有更多人等积极发挥聪明才智，发现并制造各种实用器物，从而增进公共福祉。因此经议会决定，本法作出如下规定：任何人在本城制造本城邦内先前未曾有人制造的、新颖且精巧的、经改进完善即可使用和操作的机械装置，应向本城行政部门登记，以使该发明得以应用。未经发明人同意，本城其他人在10年内不得制造与该装置相同或者相似的产品；若有仿造者，发明人可向本城执行官告发，执行官可令侵权者赔偿100枚金币，并处销毁侵权装置。”

⑰ 我国现行《专利法》第5条规定，对违反法律、社会公德或者妨害公共利益的发明创造，不授予专利权。第25条规定了对科学发现、智力活动的规则和方法、疾病的诊断和治疗方法、动物和植物品种、用原子核变换方法获得的物质和对平面印刷品的图案、色彩或者二者的结合作出的主要起标识作用的设计不授予专利权。

是有望在市场上获得广泛应用的技术。

不同于奖赏、赞助等直接提供经济回报或支持的促进技术创新的方式，专利制度不但没有机制来直接给予发明人经济收益，还要求发明人在申请时缴纳申请费，并在授权后希望保持专利有效的时间内缴纳年费，且专利年费一般具有随着时间的推移而阶梯性升高的趋势，以此来敦促那些已经基本明确无法给权利人带来收益的专利技术尽快进入公有领域。因此，在单纯的专利制度下，如果一项专利技术完全没有市场应用需求和前景，拥有该专利并不能给专利权人带来实际的经济收益，相反，还由于需要交纳年费而徒增成本。当然，有的时期会存在特定的一些政策，给单纯的专利制度加上一些市场之外的激励。例如，个人可能凭借专利获得某类评价上的优势，企业可能享受地方政府的专利申请费补贴或凭借专利享有减免税收等优惠，但这些并非专利制度本身之意，关于这些政策对于专利制度的利弊也有很多讨论。因此，在不考虑其他特殊政策的单纯专利制度下，只有对于在市场上能够被使用的发明创造，⑱企业获得相关专利权才对企业在市场竞争中获得更加优势的地位有积极意义。这种制度设计实际上使专利与市场需求建立起了密切联系。在一定意义上而言，专利制度建立了一种由市场需求引导技术创新发展方向的法律支持。这一方面有利于使技术创新更切合市场需求，另一方面实际上也对专利制度能够激励的技术创新领域产生了限制。

3. 专利制度与促进技术创新发展的关系仍有许多质疑。例如，1958年，美国经济学者Fritz Machlup在向美国国会提交的一份关于专利的研究报告中提出："如果我们没有专利制度，在对专利制度经济后果现有了解的基础上，建议建立专利制度将是不负责任的。但是，我们既然已经在很长时间内实施了专利制度，在先有了解的基础上建议废除专利制度也是不负责任的。"⑲

4. 专利制度在软件和商业方法的授权条件方面仍有较大的争议。对于人工智能技术而言，很多创新将涉及软件和商业方法。如何设置授权条件以

---

⑱ 这里所说的使用未必是企业自身真正使用了该技术。企业对于一项在市场中可能应用的技术申请专利可能有多种目的，例如，可能用于提高他人进入市场的成本，或是用于防御，保障自己能够进入相应领域市场，等等。

⑲ Fritz Machlup, "An Economic Review of the Patent System", Study of the Subcommittee on Patents, Trademarks, and Copyrights of the Committee on the Judiciary, 85th Congress, 2nd Session, Government Priting Office, 1958, p. 80.

符合人工智能的创新激励需求,仍值得进一步观察和论证。

除专利法外,我国《科学技术进步法》从其他一些方面原则性地规定了一些科技创新激励制度,主要包括:国家建立科学技术奖励制度,对在科学技术进步活动中做出重要贡献的组织和个人给予奖励;设立自然科学基金等基金,资助科研;税收优惠政策;鼓励和引导金融机构在信贷等方面支持科学技术应用和高新技术产业发展,鼓励保险机构根据高新技术产业发展的需要开发保险品种;政府采购的优先考虑;鼓励企业设置内部科学技术研究开发机构和依法设置博士后流动站;明确关于国家资助科研项目的知识产权归属;等等。

(二)科技伦理、风险与法律规制

自19世纪末20世纪初开始,人们发现一些新兴科学技术的发展可能挑战人类的伦理道德,或可能带来公共风险,因而开始比较积极地通过法律对特定一些领域的科技研发和应用进行规制。

在对人类传统伦理道德的挑战方面,人类胚胎干细胞的研究是一个典型实例。胚胎干细胞是指一类起源于胚胎,处于未分化状态,可以长期自我分化和自我更新,具有在一定条件下分化形成各种组织细胞潜能的细胞。[20] 胚胎干细胞可能发育成人类的各种组织或器官,可能用于攻克很多原本难以医治的疾病,具有非常重要的科研和医学应用价值。然而,人类胚胎干细胞的研究涉及比较激烈的伦理争议。一方面,在提取人类胚胎干细胞时很有可能会使胚胎受到破坏甚至摧毁,而该胚胎是本可能发育成人的,因此涉嫌杀害人类生命;另一方面,很多人士担心人类胚胎干细胞的研究可能会导致完整的克隆人,即实质进行不同于"治疗性克隆"的"生殖性克隆",这对人类尊严和伦理维系带来了挑战。因此,英国、美国、澳大利亚等许多国家都出台了法律,对人类胚胎干细胞的研究予以管制。我国科学技术部、卫生部也联合下发了《人胚胎干细胞研究伦理指导原则》,[21]并在卫生部发布的《医疗技术临

[20] 参见陆士新主编:《干细胞与肿瘤》,中国协和医科大学出版社2009年版,第3页。

[21] 参见《科学技术部、卫生部关于印发〈人胚胎干细胞研究伦理指导原则〉的通知》,载中华人民共和国科学技术部网:http://www.most.gov.cn/fggw/zfwj/zfwj2003/200512/t20051214_54948.htm,最后访问日期:2018年2月2日。一些学者认为,该规范缺少对进一步操作的规范细则,参见杜珍媛:《人类胚胎干细胞研究的伦理准则与法律监管政策研究》,载《科技管理研究》2011年第17期。

床应用管理办法》《人类辅助生殖技术规范》中也进行了一些相关规制。[22] 同时,许多国家还进一步规定不对胚胎干细胞相关的一些技术方案授予专利。例如,我国现行《专利法》第5条中规定,对违反法律、社会公德或者妨害公共利益的发明创造,不授予专利权。在国家知识产权局发布的《专利审查指南》中规定,人类胚胎干细胞及其制备方法,均属于专利法第5条第1款规定的不能被授予专利权的发明。由此可见,整体上而言,对于人类胚胎干细胞研究这类引起了重大伦理争议的技术,法律中倾向于采取比较严格的管制,并且拒绝予以激励。

在风险方面,自工业化以来,现代科技和大规模生产所带来的风险与日俱增。正如德国学者乌尔里希·贝克(Ulrich Beck)所述,现代社会中的公众可以切实感受到人类社会已经进入"风险社会"阶段。[23] 美国学者Peter Huber则进一步将风险区分为"私人风险"(private risk)和"公共风险"(public risk)。公共风险这一概念用来指代那些集中或大规模生产的、广泛传播的、且在很大程度上超出了个体风险承担者的直接理解和控制的对于人的健康或安全的威胁。[24] 一般认为,绝大部分的公共风险具有两面性。例如,疫苗往往不会是100%的灭活,总会让一些人患病;但整体而言,却增进了公共健康。再如,可以想见,自动驾驶技术并不能完全避免交通事故的发生,总难免会有人因自动驾驶而遭受损伤;但也有许多人士预测,发展成熟后自动驾驶的普及除了可以为人们增加便利之外,也将可能从整体上大大降低交通事故的概率。

在风险治理方面,一般存在市场和政府两种手段,对应到法律制度层面,则主要有侵权法和政府规制两种进路。[25] 侵权法是一种间接的规制模式,主要通过承担侵权责任的威慑来影响未来的行为,促使相应的主体提高注意程度,进而减少风险。政府规制则是政府通过设定相关行为的准入门槛、行为

---

[22] 卫生部《医疗技术临床应用管理办法》第58条规定,异种干细胞治疗技术、异种基因治疗技术、人类体细胞克隆技术等医疗技术暂不得应用于临床。卫生部《人类辅助生殖技术规范》第三部分"实施技术人员的行为准则"第15项规定:禁止克隆人。

[23] 参见[德]乌尔里希·贝克:《风险社会》,何博闻译,译林出版社2004年版。

[24] Peter Huber, "Safety and the Second Best: The Hazards of Public Risk Management in the Courts", 85 *Colum. L. Rev.* 1985, p. 277.

[25] 参见傅蔚冈:《对公共风险的政府规制——阐释与评述》,载《环球法律评论》2012年第2期。

标准、要求强制披露风险活动的信息等方式来达到减少风险的目的。从这两项路径比较而言,侵权法依赖于事先固定的法律以及在事后对引起损害的事实的认定,更多地关注于个案,能够通过双方当事人及律师的对抗获得个案更全面的信息,其实际对人们行为的影响力依赖于被侵权者对于他人过错或产品缺陷责任等的证明能力。㉖ 政府机构则更便利组织跨学科专家团队,对一个领域进行长期跟踪和定期考察,满足监管所需的技术性、事实性判断,通过设置产业标准等途径影响科技企业的行为和技术产品的特性,并通过发布标准、进行公共宣传,收集和传播风险信息等途径,也使公众更容易推断一类产品的相对安全性。

(三)小结

对于很多新兴技术的创新发展,专利制度针对市场竞争环境提供了本身不加过多选择的“中立的”研发激励。市场需求实际在很大程度上决定了技术创新发展方向,而针对伦理道德和风险治理需求的法律规制则对市场和行为进行了干预,引导技术创新向更加符合人类福祉的方向发展。由于规制在很大程度上影响了市场,在一定意义上,规制的导向也间接指导了专利制度能够激励的创新方向。在针对新技术发展构建创新友好型法律环境时,应该结合专利激励与法律规制来综合分析考量。

三、当前人工智能发展特点与法律规制要求

尽管人工智能的法律规制还是一个相对较新的话题,已有许多学者和实务界人士从法律规制的视角下从许多不同方面分析总结了人工智能的主要特点。例如,Matthew U. Scherer 提出了人工智能在如下方面的特征使其在法律规制上较为困难:(1)自主性、预见性和因果关系方面。(2)控制方面。(3)研究和开发方面:谨慎程度低、分散开发、应用大量构架组装和不透明性。再如,美国学者 Ryan Calo 在对人工智能的一个领域——机器人法——进行研究时指出,机器人与互联网相比具有不同的基本特质,因此会引发不同的

㉖ 参见司晓、曹建峰:《论人工智能的民事责任:以自动驾驶汽车和智能机器人为切入点》,载《法律科学》2017 年第 5 期。

法律问题。这些特质包括:机器人第一次将基于多维多来源数据的算法与对人身造成伤害的能力结合起来;机器人系统以不可预知的方式完成任务;机器人越来越模糊人与工具之间的界限;等等。[27] 而 Jack M. Balkin 教授则认为由于技术在社会生活中的应用不断发展,而且人们不断寻找新的方式来善用或不善用技术,所以在特定的时刻冻结某些使用特征并将其标记为“必要的”可能是无益的。[28]

上述总结都是从侵权法和政府规制角度减少和合理分配人工智能技术风险的重要视角。本文在此无意再从上述角度进行全面分析,而是希望从对传统工程技术和信息技术产业实践的观察出发,说明即使是存在专利制度激励、国家奖励的前提下,产业界仍然缺少足够的动力来加强在产品安全性、正确性方面的创新技术的研发和应用。然而,对于以深度学习为代表的新一代人工智能技术而言,其安全性、可解释性方面的技术创新发展还远远不够,而其应用的普及性、传播的迅速性、更加突出的不可解释性和不可控性等,都使得我们有必要通过更多的途径来促进人工智能安全性、可解释性方面的研发。

在2017年的人工智能重量级会议 NIPS 上,阿里·拉希米(Ali Rahimi)将人工智能中的机器学习技术比作炼金术。[29] 他指出,人工智能技术就好像当年的炼金术一样“管用”。炼金术带来了冶金、纺织、玻璃、医疗等领域的大量发明和技术进展,但同时炼金术也有一些谬误存在,如相信可以点石成金。从过去的炼金术到现代物理和化学,科学家们花费了2000年的时间。对于某些并不是那么关键的领域,采用单纯的技术可以解决问题,例如使用炼金术来提炼纯度更好的物质,或者使用机器学习来识别车牌号码。但如果是关键场景,则需要我们更加谨慎,如期望使用炼金术来进行治疗,或者用机器学

---

[27] Ryan Calo,“Robotics and the Lessons of Cyberlaw”, accessed Feb. 2, 2018. http://www.californialawreview.org/wp-content/uploads/2015/07/Calo_Robots-Cyberlaw.pdf.

[28] Jack M. Balkin,“The Path of Robotics Law”, accessed Feb. 2, 2018. http://scholarship.law.berkeley.edu/cgi/viewcontent.cgi?article=1071&context=clrcircuit.

[29] 演讲视频参见 https://www.youtube.com/watch?v=Qi1Yry33TQE。著名深度学习专家 Yann LeCun 在此后做出迅速回应,表示我们需要更好地理解我们所用的方法。但正确的态度应该是尝试去解决问题。参见 https://www.facebook.com/yann.lecun/posts/10154938130592143。后续相关文献参见 Ali Rahimi and Ben Recht,“An Addendum to Alchemy”, accessed March 1, 2018. http://www.argmin.net/2017/12/11/alchemy-addendum/.

习来影响判决、选举等。

在工程领域,产业界常常并没有强烈的直接动力在系统安全性和正确性方面做出更多投入,更常见的应对是来源于问题发生之后的补救和分析。1849 年,列队士兵齐步通过法国曼恩河上大桥时,由于共振导致桥身断裂,但桥梁载荷远未超过许可范畴。塔科马海峡大桥坍塌也是未考虑风载荷的共振而导致稳定性不足的一个著名案例。正是这样的类似事件,推动了相关理论的研究发展,并最终导致了相关的强制性标准的出台。例如,美国的 AISC 360 - 10 钢结构建筑规范和我国的工程建设强制性标准,都指出设计师们在结构设计时,应根据情况对主要结构进行动力分析,并对照动荷载频率的统计进行调整来避免共振的影响。即便如此,如果要防止共振,必须要改变外部激励频率或者结构固有频率。由于外部振动激励并不确定,而结构的固有频率调整也是很困难的,因此在设计中也只能有减轻振动的大体设计原则,而无法完全规避。再如,在工程领域,目前关于疲劳的计算大都是基于统计数据,疲劳寿命以及各种导致疲劳出现的因素表现为方差极大的概率分布,这是建立有效疲劳理论的瓶颈。在工程实践中即使结构应力远低于疲劳极限也存在失效的可能,只是概率比较低。但即便如此,在机械和材料相关的诸多领域,也都确定了和疲劳测试相关的行业强制性标准。

在计算机领域,自从计算机问世以来,计算机系统的不确定性问题就一直伴随计算机的发展而存在。计算机软硬件安全漏洞产生的根源在于系统惊人的复杂性,如 Linux 操作系统内核的规模在过去呈指数级增长,[30]2015 年 6 月发布的 4.1 版本 Linux 内核代码库的代码量已超过 1950 万行。[31] 流行的 Windows 系统则超过 5000 万行代码,集成了数万个驱动程序。[32] 主流的商业操作系统或大型应用系统都由上千万行甚至上亿行代码构成。在计算机的核心硬件部件处理器设计中,几十亿个晶体管构成的超大规模集成电路已经非常常见。1994 年英特尔公司的奔腾系列处理器曾被发现了一个浮点除法部件的错误,该错误仅会在极端的大量数学工程计算中导致错误结果,但英

㉚ The Increasing Size of the Linux Kernel, accessed March 1, 2018. https://www.phoronix.com/scan.php? page = news_item&px = MTAxNDg.

㉛ GitStats-linux, accessed March 1, 2018. https://www.phoronix.com/misc/linuxstat-june-2015/index.html.

㉜ Codebases. Millions of lines of code, accessed March 1, 2018. https://informationisbeautiful.net/visualizations/million-lines-of-code/.

特尔公司最终为此遭受了近5亿美元的损失。[33] 正是在此之后,英特尔公司引进了剑桥大学开发的基于高阶逻辑的定理证明器HOL系统[34]并开发了商业化的形式化验证系统FORTE,将形式化方法引入验证流程从而改善系统设计的可靠性。[35] 2018年1月报道的英特尔等公司的处理器中的“熔断”和“幽灵”设计漏洞,对数十亿颗处理器芯片造成难以消除的影响,经济损失难以估计。[36] 而在之前很长的一段时间内,关心系统安全和正确性的首先以及主要的还是学术机构的研究人员。过去的大量实践情况显示,产业界在系统行为的风险控制和产品性能、研发成本等方面进行权衡时,更多地选择性忽视了前者。以“熔断”和“幽灵”设计漏洞为例,所有应用了分支预测和高速缓存技术的现代乱序超标量商业处理器几乎都存在这两个漏洞。即使在1995年就有研究人员对英特尔的处理器提出了风险质疑,[37]即使专业人员几乎都知道被使用的计算机缓存原则上应该被清除,[38]该漏洞一直到2018年才被公之于世,并存在于包括英特尔、IBM、ARM等重量级公司的芯片产品中。

也许是由于计算机软件系统能够通过在线更新或者补丁的方式修正错误,软件厂商们甚至可能对设计本身的安全性和正确性关注得更少。例如,早期的Windows操作系统并不提供数据执行保护,使内存数据可以当作代码

---

[33] Pentium FDIV bug, accessed March 1, 2018. https://en.wikipedia.org/wiki/Pentium_FDIV_bug.

[34] Interactive Theorem Prover, accessed March 1, 2018. https://hol-theorem-prover.org/.

[35] Roope Kaivola and Katherine R Kohatsu, "Proof engineering in the large: formal verification of Pentium4 floating-point divider", *International Journal on Software Tools for Technology Transfer*. Vol 4, May 2003, pp. 323 – 334. Accessed March 1, 2018. https://doi.org/10.1007/s10009-002-0081-6.

[36] Gibbs, Samuel, "Meltdown and Spectre: 'worst ever' CPU bugs affect virtually all computers", accessed March 1, 2018. The Guardian. https://www.theguardian.com/technology/2018/jan/04/meltdown-spectre-worst-cpu-bugs-ever-found-affect-computers-intel-processors-security-flaw.

[37] O. Sibert, P. A. Porras and R. Lindell, The Intel 80x86 Processor Architecture: Pitfalls for Secure Systems. In Proceedings of the 1995 IEEE Symposium on Security and Privacy (SP 95). IEEE Computer Society, Washington, DC, USA.

[38] 这两个漏洞都是为了提高CPU性能而引入乱序执行和预测执行而产生的,这都可能导致预执行的代码被放入缓存,这些被使用的缓存原则上是应该被清除,但也许是缓存策略设计上出现了错误,也许是处理器设计者在权衡缓存信息安全和性能、功耗等因素上出现了失误,最终处理器缓存中的信息并没有被及时正确地清除,这使旁路攻击可以读取缓存,导致关键信息泄露。

来执行。2003 年,一款名为“冲击波”的病毒[39]扫荡全球之后,微软将其 Windows XP 升级为第二版服务包(SP2)时,才加入了数据执行保护,避免在数据区域执行代码。由于软件在系统的重要性越来越重要,其可信性问题也日益突出。这里所说的可信性,通常指的是在特定环境下其运行行为及其结果符合人们预期,并在受到干扰时仍能提供连续有效服务的软件。[40] 在过去的研究中,为获得令人满意的软件可信性,形式化方法和工程化方法虽然取得了很大的进展,但在实际应用中,相关的可信软件构造、评测和确保等技术工作仍然严重滞后。此外,软件的运行环境和开发环境已经从传统的封闭静态环境延伸到了开放动态的分布式与网络环境。其中,计算实体的行为存在不可控性和不确定性,既对传统的软件开发方法和技术提出了挑战,更对运行时刻的可信保障提出了严峻的挑战。[41]

实际上,如何保证系统的可信性并给予恰当的评价也是非常困难的。2005 年,美国科学院组织了专家小组对此进行了研究,咨询报告建议用更好的证据来评估改进可信性的方法,软件可信性问题的关键是证据的构造与评价等,可通过收集足够的证据来支持软件的可信性认证。[42] 这些结论和建议可能也适用于人工智能系统。我们可能需要围绕可信性目标,建立证据以及论证证据说明目标是否符合预期。

从系统复杂性来看,人工智能特别是深度学习技术的处境可能会和建筑、机械等工程领域的发展存在相似之处。目前的人工智能,特别是其中有关深度学习技术的理论亟待突破。但实际上由于复杂系统中高维度、非线性、随机性以及大量反馈环节的存在,使理解和解释复杂系统从来都是极其困难的。在具体的应用场景上,由于梯度下降方向的选择等问题,以机器学习为代表的人工智能技术并不稳定,因为很多时候我们会把脆弱的技术用在

---

[39] Blaster(computer worm). Accessed March 1,2018. https://en. wikipedia. org/wiki/Blaster_(computer_worm). 冲击波病毒利用了 2003 年 7 月 21 日公布的一个 Windows 远程过程调用(RPC)漏洞进行传播,造成了数十亿美元的经济损失。

[40] 刘克、单志广、王戟等:《“可信软件基础研究”重大研究计划综述》,载《中国科学基金学科进展与展望》2008 年第 3 卷。

[41] 沈昌祥、张焕国、王怀民等:《可信计算的研究与发展》,载《中国科学:信息科学》2010 年第 2 期。

[42] National Research Council. 2007. Software for Dependable Systems: Sufficient Evidence?. Washington,DC:The National Academies Press. Accessed March 1,2018. https://doi. org/10. 17226/11923.

了我们并未完全理解的场景上,而深度学习则为复杂系统的神秘性增加了更多的不可知因素。

人工智能技术领域的应用范围相比传统工程技术可能更为广泛,在广度和深度上都可能更具影响力。对共振的不理解可能导致桥梁坍塌,对疲劳理论的不理解可能导致飞机坠毁,这些事件的发生固然重大,但就事件本身而言不具有传播性,在概率上也不具普遍性。但广泛基于计算机技术的人工智能系统,一旦在关键应用场景出现严重错误,则有可能在极短时间内在极广泛范围内造成灾难性影响。此外,人工智能技术的发展速度明显更快,随着计算能力和数据规模的大幅度增强,深度学习技术近十年来获得了令人难以置信的发展。指数级的发展速度使未来难以预测,这也使我们有必要以更加审慎的态度对待人工智能相关技术的发展。

由前述分析可见,尽管有国家奖励、专利制度等激励,但信息行业在安全性、正确性方面的创新投入远远不足。这在一定意义上提示我们,如果想更大力度地促进安全性方面的研究投入,可能有必要结合侵权责任制度和政府监管来进行探索。在当前全球范围内人工智能发展应用势不可挡的前提下,应该看到当前人工智能技术迅猛发展的趋势和潜在的社会影响,同时看到人工智能技术当前安全性、可解释性等方面技术创新的相对滞后,吸取之前软件产业正确性验证等方面发展相对落后的经验教训,构建可以更好地促进可信人工智能创新发展的法制环境。

四、推进可信人工智能创新发展的法律制度

由前文可见,一方面,人工智能技术正处于高速发展时期,缺少确定性,也需要一定发展空间来逐步完善;另一方面,当前人工智能技术在很多领域取得突出进展的同时,在安全性、可解释性等方面的发展却相对滞后。这些都是人工智能技术发展的特点,在法律制度构建中需要予以考察。专利制度、侵权责任制度和政府机构管制均对技术创新有一定的影响,而不同法律制度具有不同的特点和具体目的。可以从专利制度、侵权责任制度和政府机构管制三个方面的结合来考虑,如何在保有一定人工智能技术创新发展空间的同时,通过法律制度保障其合伦理性、控制和减少风险,并促进对人工智能

安全性、可解释性领域的研发投入。

正如本文第二部分中所述，那些不会在产业上加以利用的专利技术，无法从市场上给发明人带来收益，由此专利制度将难以激励人们加大对这类技术创新的研发。而产业上是否会采用某些技术，与法律对相关风险承担的分配有密切关系。目前主流人工智能技术在安全性、可解释性方面还没有得到充分发展和广泛的研发投入。此时，如果法律简单地规定人工智能产品提供者在产品致人损害时的归责原则为严格责任原则，或者在政府监管时忽视了相关技术尚不成熟且正飞速发展的实际情况，创设过高或者过于单一的准入门槛，则有可能导致人工智能企业的大幅度减少，进而亦不能保障足够的主体参与安全、可解释人工智能技术的创新。然而，如果法律一直设置较低的准入门槛，也不规定相关责任，则可能致使企业没有动力去应用新的安全和可解释性方面的技术。而这其中的界限应划分在哪里，需要跨领域专家针对具体的典型应用开展密切合作和深入考察。相关法律制度的构建可以从以下几方面开展：

1. 制定法律，设置人工智能产业发展与安全委员会，由其组织论证，将人工智能的主要应用加以区分和考察，进行风险预评估，确定需进行特别规制考察的人工智能产品或服务，并组建相应的专家委员会进行标准制定或审查、认证规则制定及法律规制构建。

并非所有的人工智能应用均需要特别规制。例如，有一款移动智能终端上运行的应用程序“微软识花”，可以请用户拍摄希望识别的花朵，并根据自动分析输出其判断的结果——哪种花和正确概率如何。这也是一款结合了智能图像识别的人工智能产品，但可能这类程序在合理提示了自身判断局限性的情况下，并不会不合理地致人损害或带来公共风险。

在设置具体法律规制方面，本文认为当前重点在于建立一套结合不同法律规制及其特点的理论框架，使前述委员会可以相对容易地在进行了调研的基础上构建具体的规则。例如，可在一定程度上参考 Matthew U. Scherer 等提出的双分支侵权体系（a bifurcated tort system），[43]并在其基础上进行扩展：对于获得委员会认证或符合推荐性标准的产品，则在判断产品提供者是否侵

---

[43] Matthew U. Scherer, “Regulating Artificial Intelligence Systems: Risks, Challenges, Competencies, and Strategies”, *Harvard Journal of Law & Technology* 29, 2016, p. 353, p. 394.

权时适用过错责任原则;对于未获得认证或不符合推荐性标准的产品,则在判断产品提供者是否侵权时,适用严格责任原则。

2. 考察强制保险制度和赔偿金制度的适用性;引导和鼓励在人工智能领域的商业保险,增强社会抵御风险的能力,使其在现代社会风险防范体系中更好地发挥作用。

3. 关注专利制度与标准必要专利。密切关注专利制度中软件和商业方法相关发明创造可专利性的判断标准,在可能影响到人工智能安全、可解释性创新发展时组织论证。并且,在产业标准制定过程中,应注重加强对促进安全、可解释等方面的先进技术的引入。一方面,将先进技术引入标准,促进相关技术的推广应用;另一方面,通过标准必要专利的公平、合理、无歧视许可原则或其他机制,保障相应专利的公平合理许可。

五、结语

人工智能技术的发展和应用为法学研究和法治建设提出了新的问题。对于快速发展的人工智能技术,侵权责任分配以及监管规则将对相关市场产生重要影响,并通过与专利制度的结合,间接引导着技术创新的发展方向。从一定意义上来看,责任分配和法律监管对此类创新的影响比专利制度更为重要也更为基础,需要进行审慎论证。应人工智能产业发展与安全委员会,针对重点应用领域进行调研,并重视对于正在快速发展的人工智能技术对发展空间的需求,以及人工智能技术中安全性、可解释性等方面发展相对滞后的现实,从专利制度、侵权责任制度和政府机构管制三个方面的综合考虑出发,构建可以更好地促进可信人工智能创新发展的法制环境。

司法大数据与人工智能开发的技术障碍

王禄生*

内容摘要：类案推荐、量刑辅助、偏离预警是当前司法大数据与人工智能开发最为典型的应用模块。它们的功能实现遵循图谱构建、情节提取、类案识别、模型训练、量刑预测和偏离度测算的技术路径。尽管上述应用在实践中取得了一定的成效，但"弱人工智能时代"的大前提使司法大数据与人工智能开发还普遍面临图谱构建过度依赖人工干预、情节提取的自然语义识别技术准确度不足、类案识别的准确率偏低、模型训练的样本瑕疵、量刑算法的非可视化、偏离度预警的颗粒度悖论等技术"瓶颈"。因此，在承认司法大数据与人工智能给传统司法工作带来突破的同时，也必须客观分析技术面临的障碍，尤其要打破片面技术理性的误区。

关键词：司法大数据　司法人工智能　技术障碍

从2013年开始，我国法院进入了以智能化为核心的"智慧法院"建设时期。这实际上就是在传统司法信息化建设的基础之上，进一步利用大数据与人工智能等前沿技术，

---

* 王禄生，东南大学法学院副教授，江苏高校区域法治发展协同创新中心研究员，法学博士。本文系国家社科重大项目"大数据与审判体系和审判能力现代化研究"（项目批准号：17ZDA131）与最高人民检察院检察理论研究课题"大数据视角下'智慧检务'建设基本理论与实施规划研究"（项目批准号：GJ2017C09）的阶段成果。本文原发于《中国法律评论》2018年第2期。本文资料收集与写作过程得到了东南大学法学院硕士研究生龚善要与沈亮的协助，特此致谢。

在人民法院全业务、全方位和全流程实现网络化、阳光化和智能化。此后,“智慧法院”建设的司法现代化规划逐步被国家战略所认可。2016 年 7 月,中共中央办公厅、国务院办公厅印发《国家信息化发展战略纲要》和《“十三五”国家信息化规划》,将建设“智慧法院”列入国家信息化发展战略。2017 年 7 月出台的《新一代人工智能发展规划》中则明确将“智慧法庭”列入规划,其地位与“智慧政务”“智慧城市”“智能交通”“智能环保”并列。可以预见,在未来一段时间内,大数据与人工智能驱动的“智慧法院”建设将会成为法院系统的工作重心之一。值得注意的是,在司法大数据与人工智能开发的过程中出现了片面技术理性的论调,这突出表现在认为技术能够解决一切问题。从科技哲学的视角来看,科学技术在特定都必然面临一定的限度。因此,要更好地推动大数据与人工智能的司法应用,首先必须明晰它们的技术障碍所在。本文试对本问题谈一浅见。

一、司法大数据与人工智能开发的典型功能

在“智慧法院”的整体架构下,大数据与人工智能技术被整合到四大应用场景之内——服务社会公众、服务案件审判、服务判决执行、服务司法管理。其中,为法官办案提供智能辅助是“智慧法院”建设的核心目标之一。从目前全国各地的实践来看,类案推荐、量刑辅助与偏离预警是大数据与人工智能技术在辅助法官办案/“审判智能化”领域最为典型的应用。[①] 在最高法院出台的《关于加快建设智慧法院的意见》中,上述三大功能就被放置在“运用大数据和人工智能技术,按需提供精准智能服务”的标题之下。

(一)“类案推荐”的功能概述

类案推荐,顾名思义,即推荐与在办案件最为相似的案件。判断是否类似的标准主要是案件情节、适用法条与争议焦点。该功能是目前全国各地智能法院办案系统几乎必备的模块,主要包含类案的快速查询、智能推送等功能,并可以进一步衍生出类似案件适用法条推荐、争议焦点推荐、主要证据推荐等功能。日常生活中,我们的手机 APP 会收到各种推送,这些推送通过提

① 参见李林、田禾、吕艳滨:《中国法院信息化发展报告 No. 1(2017)》,社会科学文献出版社 2017 年版,第 9 ~ 10 页。

取用户喜爱的产品的特性,在数据库中寻找相关的类别,再推送给用户。类案推荐也是通过提取案件情节,在数据库中寻找与情节最为类似的案件,推荐给法官。当然,对案件情节结构化工作(也称“案件画像”)的精细程度在很大程度上影响到类案推荐的准确度。这一点将在后文的技术路径中展开。

类案推送在司法辅助中将占据重要地位。此前,江苏、北京、上海等地法院的智能辅助办案系统中均嵌入了类案推送的模块。② 2018 年 1 月 5 日,最高人民法院推出的“类案智能推送系统”也正式上线运行,具备类案快速查询和智能推送等功能。③

(二)“量刑辅助”的功能概述

量刑规范化改革是法治进步和时代发展的客观需要。“规范裁量权,将量刑纳入法庭审理程序”是中央确定的重大司法改革项目。④ 在此背景下,法官量刑辅助系统应运而生。应当明确的是,该系统只是为法官提供参考的工具,直接让人工智能作出裁判并不符合司法的基本伦理。从技术路径来看,量刑辅助系统就像天气预报系统,运用函数对各种变量(案件情节)运算推测结果。具体而言,该功能模块是采用正则表达式、上下文无关文法、命名实体识别等方式提取法律文书的情节信息,之后对提取的信息进行结构化,用数学模型来描述数据的特点和规律,算出与其最相符的数学模型或算法,人工智能通过模拟算法,根据情节推导量刑结果。⑤ 从目前的开发来看,部分系统可以根据司法办案系统内部的文书(如起诉书、庭审笔录)自动提取情节,从而匹配案件并进行量刑的推荐;部分系统则可以基于法官勾选情节的方式实现量刑推荐;也有部分系统两种功能实现方式兼而有之。量刑推荐是司法大数据与人工智能开发的核心模块之一,贵州的“法镜系统”、⑥上海“206 工程”

---

② 参见《江苏“智慧法院”信息化建设升级 为司法能力现代化注入新动力》,载《法制日报》2017 年 3 月 20 日,第 1 版;《北京“睿法官”推进同案同判》,载《北京晨报》2017 年 2 月 24 日,第 A11 版;《上海应用“人工智能”办案防范冤假错案 全国首个“智能辅助办案系统”问世》,载《法制日报》2017 年 7 月 11 日,第 1 版。

③ 参见《周强在“智慧法院导航系统”“类案智能推送系统”上线活动上强调加快推进新时代智慧法院建设》,载《法制日报》2018 年 1 月 5 日,第 1 版。

④ 参见《最高人民法院关于深化司法公开、促进司法公正情况的报告》,载《人民法院报》2016 年 11 月 9 日,第 2 版。

⑤ 参见张德:《自然语言处理技术在司法过程中的应用研究》,载《信息与电脑》2017 年第 17 期。

⑥ 参见《贵州政法机关扎实推进科技创新与司法体制改革深度融合——大数据办案 精准又公正》,载《人民日报》2017 年 7 月 10 日,第 6 版。

开发的“智能辅助办案系统”⑦都具有量刑辅助的功能模块,海南高院则专门开发了“量刑规范化智能辅助系统”为法官办案提供决策参考。⑧

(三)“偏离预警”的功能概述

如果说“量刑推荐”是针对法官未决案件的智能辅助的话,“偏离预警”则更大程度上定位在对已决案件的质量控制。它是指人工智能依据算法推测的量刑幅度与法官裁判的量刑幅度进行比较,计算二者的偏离程度,针对偏离程度的高低给予不同等级的预警。它就像电梯的超重警报,对法官的裁判具有防控风险的功能。以刑事案件为例,在类案推送与量刑辅助系统的支撑下,系统通过运算能获得关于本案的量刑区间,这个量刑区间的准确性也依赖于系统的成熟度与数据的完整度,数据越完整,量刑区间就越准确。系统把法官审理案件的裁判情况与人工智能的量刑区间进行对比,偏离特别高的话,意味着裁判结果可能存在合法性、合理性问题。当然,偏离预警是一个涵盖面很广的功能模块,用类似的思路不仅可以解决判决结果的偏离预警,同样可以通过对案件处理全流程的偏离情况进行预警,如某个案件的办理时间明显超过其他类似的办理时间。前者是实体偏离预警,后者则是程序偏离预警。据不完全统计,上海、江苏、浙江、贵州、云南等省已经上线了包含“偏离预警”功能模块的审判辅助系统。以江苏为例,该省拥有最高人民法院在全国范围内设立的首家“人民法院司法大数据研究基地”(江苏省高院与东南大学共建)。依托科研优势,基地开发的“同案不同判预警系统”通过对海量刑事文书的深度学习,形成量刑算法,对高偏离度的案件进行自动预警,从而为统一裁判尺度提供技术支撑。⑨

---

⑦ 参见《上海应用“人工智能”办案防范冤假错案 全国首个“智能辅助办案系统”问世》,载《法制日报》2017年7月11日,第1版。

⑧ 参见《让现代科技更好助力司法改革——海南智能量刑系统运行“多快好省”》,载《人民法院报》2017年12月9日,第1版。

⑨ 参见《贵州探索司法体制改革与科技创新深度融合谱写“数字政法”“智慧司法”新篇章》,载《法制日报》2017年7月10日,第1版;《大数据服务司法创新云平台助推司法公正——浙江高院联手阿里巴巴打造“智慧法院”》,载《人民法院报》2015年11月25日,第1版;《大数据统一裁判尺度 直播提高司法公信力》,载《南方日报》2017年9月14日,第A07版;参见《司法信息网络化运行 大数据助力执法办案——云南探索智慧法院建设新模式》,载《人民法院报》2018年1月5日,第1版;《江苏“智慧法院”信息化建设升级 为司法能力现代化注入新动力》,载《法制日报》2017年3月20日,第1版。

二、司法大数据与人工智能开发的基本思路

从技术路径来看,类案推送、量刑辅助与偏离预警三大典型应用模块在依照一条依次推进的技术路线展开,三者之间有很大的技术逻辑关联,同时也代表着司法大数据与人工智能应用数据源—数据整合—知识构建的一般思路。

(一)图谱构建

知识图谱是结构化的语义知识库,用于以符号形式描述物理世界中的概念及其相互关系。知识图谱的架构,包括知识图谱自身的逻辑结构以及构建知识图谱所采用的技术(体系)架构。[⑩] 从这个角度出发,案件知识图谱就是用符号形式描述的法律案件要素相互关系的,在类案推荐与偏离预警的应用场景下,主要是案件情节与裁判结果之间关系的结构。以刑事案件为例,包括犯罪构成要件、量刑情节、法律规范、形势政策等方面。知识图谱有自顶向下和自底向上两种构建方式。自顶向下指借助百科类网站等结构化数据源,从高质量数据中提取本体和模式信息,加入知识库中;而自底向上构建,则是借助一定的技术手段,从公开采集的数据中提取出资源模式,选择其中置信度较高的新模式,经人工审核之后,加入知识库中。[⑪]案件知识图谱的构建在实践中也存在两种模式。一是自顶而下,即事先人为地设定好案件图谱的相关结构,如主体、客体、客观方面、主观方面,以法律逻辑展开,形成系统的图谱结构。其后,从海量的裁判文书、法律、司法解释中提取相应的情节来充实形成完整的图谱。比如,在“盗窃金额”方面就可以细分为“数额较大”“数额巨大”“数额特别巨大”,并与具体金额挂钩。二是自底而上,即事先不设定案件知识结构,而是通过对海量裁判文书的深度学习,自动地搭建出案件知识图谱。可以发现,无论采用哪种模式,都离不开海量案件文书的支撑。因此,目前百花齐放的司法大数据与人工智能应用某种程度上与中国裁判文书网

---

⑩ 参见刘峤、李杨、段宏等:《知识图谱构建技术综述》,载《计算机研究与发展》2016 年第 3 期。

⑪ 参见朱木易洁、鲍秉坤、徐常胜:《知识图谱发展与构建的研究进展》,载《南京信息工程学报》(自然科学版)2017 年第 6 期。

的司法公开红利息息相关。

(二)情节提取

案件知识图谱构建完成后,司法人工智能就可以尝试依照知识图谱确定的框架体系来识别每个案件。情节提取实际上就是将裁判文书中半结构化、非结构化的数据进行提取整合,形成结构化的标签。当然,仅有知识图谱还不能直接提取案件情节,还需要一道桥梁,就是“自然语义识别技术”。在大数据时代,对海量文本信息进行有效的语义分析已经是自然语言处理、信息检索、信息分类、信息过滤、语义挖掘、文本的机器学习等诸多应用领域基础且关键的研究问题,它影响着上层信息服务与信息共享的质量和水平。⑫ 自然语义识别技术是处理自然语言的前提条件,自然语言一般是指人类社会中逐渐发明和演变的用于沟通交流的语言,表现为语音、手势语、书面语言等。通过自然语义识别技术的框架,就可以自动实时、明确的从海量司法文书中提取知识图谱构建所需的情节。这是一个非常关键的环节。

(三)类案识别

完成情节的提取,第三步就可以做类案识别。它的基本思路是依据已经构建好的案件知识图谱,通过自然语义识别技术从海量文书中提取情节,将每个案件全方位地结构化与标签化。然后,将具备相似情节的案件进行整合分类,形成不同维度之下的“类案”。目前许多类案推荐的基本原理就是在识别目标案件情节的基础之上(也可以通过用户勾选情节选择),从已经标签化的案件大数据库中匹配符合情节的案例。用技术语言来表述就是系统构建案件画像,基于案情画像知识库,构建案例知识索引,便于加速检索匹配过程。利用案情语义匹配功能,与案例知识库进行案情相似性匹配和裁判结果相似性匹配,综合两者匹配度获得初步的类案。⑬ 这很像图书馆把图书依据性质分类,读者再依据图书种类查询类似图书的过程。

(四)模型训练

实现类案识别后,就要对人工智能进行模型训练。这是最为关键的一步,也是体现各个研发单位核心竞争力的步骤。当人工智能学习法律文书达

---

⑫ 参见秦春秀、祝婷、赵捧未等:《自然语言语义分析研究进展》,载《图书情报工作》2014年第22期。

⑬ 参见张德:《自然语言处理技术在司法过程中的应用研究》,载《信息与电脑》2017年第17期。

到一定数量之后,就能够让人工智能模拟算法或者函数,根据录入文书提取的各种案件情节,通过深度学习,得出应当得到什么样的函数结果(通常是判决结果)。模型训练的基本原理是人工智能通过对大规模裁判文书分析建模,寻找案件要素特征到裁判罪名和量刑之间的高置信度的关联规则,实现案件要素有机重构。关联规则是如同 X→Y 的蕴涵式,表示通过 X 应当可以推导"得到"Y,其中 X 和 Y 分别称为关联规则的先导和后继。通过关联规则挖掘能够发现案件要素特征以及裁判罪名量刑之间的关联,分析案件判决逻辑过程与依据。这种能够表征实际判案过程中的高置信度规则需要人工智能模拟训练,[14]其过程是一种从具体到抽象总结、升华的过程,如同推导数学公因式一样,人工智能通过对海量学习案例库、知识库的内容,寻找情节与量刑间的关联规则,得出 X→Y 的蕴涵式或算法。系统根据不同的情节模拟出了相关算法之后,实际上是训练了不同的模型。

(五)量刑预测

模型训练的结果是形成量刑的算法,而算法的实质就是根据海量案件情节的组合拟合出符合量刑结果的函数。海量精准算法的积累使得量刑预测成为可能:当一个案件传入法官的裁判系统之后,就算仅有公诉文书,人工智能也可以通过自然语义识别技术,提取案件情节,根据先前形成的算法推导量刑结果。公诉文书提供的情节一般比较少,细节也不清晰,所以可能预测结果不准确,但是随着案件诉讼程序向前推进,相关的信息就会越来越多,系统作出的量刑预测就会更准确。量刑预测就像是预测天气情况一样,根据条件推出可能的结果,这离不开前面四个环节高效的运转。预测天气是为了未雨绸缪,预测量刑则是为法官尚未裁判的案件提供参考,帮助法官发现、解决问题。这关系着司法辅助系统的第二个模块——量刑辅助。

(六)偏离度测算

量刑预测与偏离预警的功能都是为法官提供参考,不同的是量刑预测是针对未决案件,为法官提供量刑辅助,是判决前的参考,而偏离预警则是在法官裁判后提供参考,针对已决案件。案件偏离度测算实质是对已决案件的情节进行实时自动提取,再按照系统中的算法进行运算,从而计算出案件裁判

---

⑭ 参见张德:《自然语言处理技术在司法过程中的应用研究》,载《信息与电脑》2017 年第 17 期。

的偏离度。按照偏离度的大小划分等级,如果案件裁判偏离度很大,系统就会自动预警。对于偏离度较高的案件,法官可以在界面中看到偏离度偏高的原因,从而帮助法官衡量所作裁判的合理性。同样,借助偏离预警功能模块,法院案件管理部门也可以在判后完成对法官办案质量的全样本筛查。

三、司法大数据与人工智能开发的技术障碍

(一)图谱构建的技术障碍

知识图谱构建是司法大数据与人工智智能引用的关键环节,其中信息抽取(information extraction)又是知识图谱构建的第一步,包括实体抽取、关系抽取、属性抽取。⑮ 现阶段,法律知识图谱的构建尚未达到半自动化的水平,更弗论自动化构建。也就是说,由于法律数据主要以非结构化和半结构化形式存在,对结构化数据有较大依赖度的"自底向上"的自动化、半自动化构建图谱面临极大的困难,人工智能通常无法完成法律知识图谱中的实体抽取、关系抽取与属性抽取等工作。故而,多数研发主体采用"自顶而下"的方式,通过人工构造语法与语义规则推进知识图谱的构建工作。然而,刑事案件的案由有400多种,民事案件的案由更是可以细分为上千种。所以,"自顶而下"法律知识图谱构建过程对人工的过度依赖是现阶段司法大数据人工智能发展面临的最大难题之一。进言之,由于案件知识图谱构建速度与精度不足导致了现有的智能办案辅助系统的案由覆盖十分有限。如2017年7月上线的"上海刑事案件智能辅助办案系统"(简称"206工程")只覆盖了18个罪名;⑯随后,"上海民商事、行政案件智能辅助办案系统"(简称"206"工程民、商事版)第一阶段只覆盖了8个案由。⑰ 贵州法院打造的智慧审判模式在刑

⑮ 参见刘峤、李杨、段宏等:《知识图谱构建技术综述》,载《计算机研究与发展》2016年第3期。

⑯ 参见《上海应用"人工智能"办案防范冤假错案 全国首个"智能辅助办案系统"问世》,载《法制日报》2017年7月11日,第1版。

⑰ 参见《上海智能辅助办案覆盖民商行政全领域"206"工程民商事版试运行上线》,载《人民法院报》2017年12月3日,第1版。

事方面也主要覆盖了故意伤害、抢劫、盗窃等常见案由。[18]

(二)情节提取的技术障碍

众所周知,尽管法律文书大致按照统一的格式展开,但法官和检察官在撰写法律文书时就相同事项却存在多样化表述方式。也就是说,在知识图谱构建之后,无法通过传统的关键词匹配的方式提取情节,而是必须借助成熟的自然语言处理技术。自然语言处理技术的实质是让人工智能能够从法律文书的法律语言中(自然语言的一种状态)准确提取相应情节。举例而言,在法律文书中,被告人自首可能有相当多样的自然语言表述,除了"自首"之外还可能是"自动投案""代为投案""如实供述罪名"等表述。自然语言处理技术的目标是能够把一切实际上"自首"的自然语言表述精准识别,哪怕整个文书中并未出现"自首"二字。此种技术相较于传统关键词严格匹配的提取技术而言无疑有极为显著的优势。现阶段不同的研发主体,在该技术积累方面相差悬殊。实践中,绝大多数研发主体较多地运用了通用的自然语义识别技术,未有针对性地根据司法场景进行迭代开发。这就会让人工智能在基于案件知识图谱提取案件情节时出现错误与遗漏。比如,盗窃罪案件中,法官对盗窃金额的描述可能分布在文书的不同位置,如果一个案件事实是盗窃了5000元,而自然语义识别技术却将金额识别为2000元,那么就会导致后面的环节包括类案识别、量刑的模型训练产生错误,进而造成前序相关工作功亏一篑。正因为普遍存在法律场景中自然语言处理技术的短板,现阶段有相当部分研发主体采用纯人工的方式为每个案件的情节打标签。这无疑极大地限制了情节提取的效率,同时也给后续的类案识别与模型训练制造了障碍。[19]

(三)类案识别的技术障碍

类案识别,其实是司法决策辅助都必然会运用到的,每个研发单位对这方面都非常重视。类案识别面临的问题主要是在具体的识别过程中,准确率偏低。类案识别准确率偏低的原因有两点。一方面,在法律场景这个垂直领域的类案,不管是图谱的构建还是自然语义识别,在技术上遭遇"瓶颈"。如前文所述,由于自然语义识别技术的不成熟,极有可能造成情节提取不完全、

---

[18] 参见《贵州政法机关扎实推进科技创新与司法体制改革深度融合——大数据办案 精准又公正》,载《人民日报》2017年7月10日,第6版。

[19] 模型训练需要海量样本的深度学习,而人工为情节打标签的方法无疑极大限制了学习样本的数量。

不准确,而类案识别建立在对案件情节分析的基础上,情节都没有提取到位,必然会导致类案识别准确率的下降。另一方面,非常重要的原因是,一线开发的技术人员往往未能准确定位一线法官对类案推荐的实际需求。具体而言,一线法官在不同场景对类案推荐的业务需求是差异化的:对于简单案件而言,法官期待的“类案”可能是情节高度匹配;而对于复杂案件,法官对“类案”的期待则可能是法律关系或者争议焦点相同,在这种应用场景中,完全情节匹配反而无法满足法官的也无需求。

解决类案识别准确率低的问题,不仅需要完善图谱构建、自然语义识别技术,还需要设计、开发多种识别类案的方式。目前主要是以加权情节的类案匹配方式,即根据通过海量数据计算出不同情节与裁判结果之间的相关性强弱,从而对情节进行权重排序,在类案推荐时优先匹配高权重情节。这种类案推荐方式的准确度要高于部分情节权重而匹配的推荐方式。当然未来的方向是以法律关系及案件争议焦点为中心作类案识别,但是从现在人工智能还处于弱人工智能时代的背景来看,让人工智能自动识别法律关系以及争议焦点难度很大,是不切实际的,所以这也是类案识别开发过程中的技术障碍之一。

(四)模型训练的技术障碍

模型训练有多种方式,但是不管运用哪种方式,模拟训练都存在一个很大的问题,也就是人工智能的悖论:Garbage in,Garbage out(垃圾进,垃圾出)。意思是说拿不好或不对的数据去做分析,会产生糟糕或是无用的结论。目前,司法人工智能通过模拟训练形成的算法,都是建立在对海量文书学习、训练的基础上的,但是研发人员在现有技术条件下无法保证训练的样本文书全都是绝对正确的。如果文书本身就是错误或者存在瑕疵,基于这些文书训练产生的模型与算法就可能遭遇精确性困境。进而,再遵循这些算法对法官办案进行辅助,可能的结果就是历史的经验错误被不断放大并形成、固化错误的“路径依赖”。

另外,模拟训练还面临“小样本难题”。这就是说,人工智能的量刑模型训练往往需要结合海量文书的深度学习形成,而司法实践中部分案件整体样本较少,在样本不足的情况下,大数据智能将面临困境。从目前的技术方向看,迁移学习是一个潜在的方向。迁移学习是运用已存有的知识对不同但相关领域问题进行求解的一种新的机器学习方法。两个不同的领域共享的因素越多,迁移学习就越容易。[20] 比如,一个会骑自行车的人,往往很容易学会骑电动车。然而,理念与现实之间仍然有很大的差距,迁移学习作为可欲的方向之一至少在司法人工智能的开发领域尚未出现被实践充分认可的成果。一方面,小样本案件能否寻找到“临近”的、有足够相似度的大样本进行迁移学历;另一方面,迁移学习之后的函数与小样本案件之间拟合度是否充分。这都是法律人工智能模型训练技术创新过程中的重要障碍。

(五)量刑预测的技术障碍

量刑预测是通过一套算法作量刑的预测,包括罪名预测、刑期预测和罚金预测。法官们本应会因为有个得力的助手而感到期待,然而事实上,一线法官对这种量刑预测的系统,似乎有些忧虑甚至并不买账。一线法官对这种系统的担忧在于,他们认为这套算法是个“黑盒子”:他们不知道算法是什么,不清楚这种量刑预测是如何计算出来的。这其实也是人工智能的悖论导致的,即人工智能算法的隐蔽性和案件裁判过程透明性间的冲突。这一冲突无法通过简单的“可视化”就有效解决。这是因为,现在的人工智能司法辅助系统,与20世纪90年代出现的量刑机器人不同。20世纪90年代将量刑视为一个线性模型,好比“1+1=2”这种决策方式,认为量刑可以是一些列加重、减轻情节的加减计算。但事实上,大数据的研究已经揭示,法官的裁判过程并非是线性模型,法官要综合考虑犯罪构成要件,加重、减轻、从轻等情节,最终的判决结果往往是一个模糊决策。基于此,许多研发主体在量刑决策的算法形成中也常常得到一个模糊决策函数。在这种情况下,人工智能量刑预测的过程就很难通过可视化的方式呈现即或将算法完全公开,法官与公众也很可能因为技术门槛而无法充分理解。

(六)偏离度测算的技术障碍

偏离预警技术的研发目标实质上在于实现案件的同案同判。而在该技术的开发过程中,面临诸多技术障碍,其中最为明显的是偏离度测算模型的数据本地化问题。以刑事案件为例,不同地区之间的量刑差异是较为显著的。以盗窃罪为例,对于同样的盗窃金额,经济发达地区的量刑很可能系统地低于经济不发达地区。因此,从偏离度预警模型构建的技术来看,势必要考虑到不同地区之间的量刑差异。现阶段,部分研发主体采用分省域构建数

---

[20] 参见庄福振、罗平、何清、史忠植:《迁移学习研究进展》,载《软件学报》2015年第1期。

据本地化模型,也就是对不同省份的数据进行分别训练,从而形成本地化的量刑模型。此种工作虽然有助于提升偏离度预警的准确性,但实际上在省域范围内量刑的差异也是十分显著的(如苏南与苏北,珠三角与粤东、粤西、粤北)。由此,对于技术开发主体而言,预警模型本地化工作的颗粒度就成为一个技术障碍:如果颗粒度过大(如以全国数据构建模型)其偏离度预警准确度将很可能存在系统性偏差;如果颗粒度过小(如以一个县域数据构建模型),不仅会面临样本不足的问题,同样还会使偏离预警追求同案同判的制度目标被消解。

四、结语

本文讨论了在"弱人工智能时代"司法大数据与人工智能研发面临的一些技术障碍,旨在冷静反思当前过热的司法技术主义热潮。当然,这绝非对科技介入司法的全盘否定。实际上,前沿科技与司法领域的融合确实改变了传统司法运作的面相,也实质上为司法效率与司法公正的提升创造了全新可能。从人类社会科技史来看,科学技术呈现出一种加速发展的态势,当前存在的技术障碍也许在不远的将来就可能被突破。尤其值得关注的是,2018年1月9日科技部发布国家重点研发计划(司法专题任务),第一批投入4.5亿元(总投入9亿元)来专门研究司法领域的科技问题,本文提及的技术障碍都在这一专项拟定研究的指南范围之内。随着全国范围内在司法领域科技研究投入的增加,我们有理由期待司法领域的科技应用迎来一个新的高潮。

从法律人工智能走向人工智能法学：目标与路径

程　龙*

内容摘要：人工智能是近年来的热点话题，法律人工智能是人工智能与法学的交叉研究学科。因应强人工智能与弱人工智能的划分，法律人工智能研究也有强弱之分。目前，法律人工智能研究中的科技研究模式、法律研究模式和法理研究模式具有弱法律人工智能研究的特点，难以满足法律人工智能研究的未来所需。为实现具有主体性、整体性、体系性和可对话性的强法律人工智能研究即人工智能法学，需要以研究主体跨界参与、人才培养方式转变、研究方法革新和国际间交流合作等方式达致。

关键词：法律人工智能　人工智能法学　理想型　实现路径

一、引言

2017年法律人工智能议题可谓引爆了整个法学学术

* 程龙，法学博士，云南大学法学院讲师，硕士生导师。本文系2017年度云南省哲学社会科学规划基金项目《宪法治理视角下的审判中心主义诉讼制度研究》（编号：QN2017014）和云南省教育厅科学研究基金项目《医疗纠纷诉调对接机制研究》（编号：2016ZDX078）的阶段性成果。本文同时得到云南大学东陆中青年骨干教师培养计划的支持，在此一并致谢。

圈。随着人工智能的蓬勃发展,法律人和法学研究者紧跟时代发展,争先加入法律与人工智能交叉研究的行列中来。多场重量级法律人工智能学术会议的举办,将法律人工智能迅速推向了"网红"学术议题的中心。① 与学术界和科技界的热情相呼应的是,实务届也积极参加到此轮法律人工智能的实践中来。"智慧法院""智慧检务""智慧公安""智慧司法服务"等新概念、新做法的逐步普及与深化,使广大法律实务届人士融入到法律人工智能的洪流之中。

笔者认为,法律人工智能议题近期的"网红"效应绝非偶然。首先,科技的发展为法律人工智能的发展奠定了基础。必须承认的是,法律人工智能发展的关键在于科技的进步。随着人机交互、大数据分析、算法演进、机器学习等基础科技和理论的突破,计算机科学中的人工智能领域在近年来取得了突破发展。以谷歌为代表的一批站在科技前沿的商业机构加快了人工智能研究的步伐。"阿尔法狗"的新闻长期霸占人们的眼球,使人工智能这一概念深入人心。其次,法律与人工智能具有合作的天然优势。尽管人工智能交叉学科在过去一段时间迅速发展,但毫无疑问的是,法律人工智能成了其中的亮点。这是因为法律——尤其是司法——主要是一个规范的判断过程,"常规的法律适用模式就是以法律为大前提、以案件事实为小前提,在此基础上得出裁判结论的演绎推理模式"。② 这种认知结构与人工智能的逻辑相吻合。换言之,人工智能由于技术的局限并不可能完全替代人类大脑,但是可以在部分的简单领域进行机器学习从而完成认知。③ 因此,法律职业完全可以把一些简单的、基础的、数据的工作交付给人工智能辅助完成。最后但绝非不重要的是,决策层的支持。从人工智能的广域范围看,2017年7月8日,国务院印发实施《国务院关于印发新一代人工智能发展规划的通知》为未来中国人工智能发展进行了战略部署。2018年3月10日,科技部部长万钢在参加

---

① 根据媒体报道的不完全统计,近期围绕法律人工智能的较重要学术会议主要有2017年4月中国科学院科技战略咨询研究院和腾讯研究院共同主办的"2017人工智能:技术、伦理与法律"研讨会;2017年7月第二届中国法律实证研究年会专辟一个单元探讨智慧法院建设;2017年9月,人工智能+法律:法律信息智能化应用现状和前景研讨会在北京召开;2017年12月四川大学法学院、四川大学法律实证研究所主办的"法律人工智能前沿问题学术沙龙"在成都举行;等等。

② 孔祥俊:《法官如何裁判》,中国法制出版社2017年版,第110页。

③ 参见[英]卡鲁姆·蔡斯:《人工智能革命:超级智能时代的人类命运》,张尧然译,机械工业出版社2017年版,第24~30页。

"两会"记者招待会时专门对人工智能问题回答了记者提问，强调了决策层对人工智能发展的关心，特别提到了人工智能在"智慧法院"建设中的重要作用。④ 在法律人工智能方面，自2016年1月29日，最高人民法院院长周强首次提出建设"智慧法院"之后，人工智能与法律实务的交融日趋紧密。与此同时，"智慧检务""智慧公安""智慧司法服务"等领域也有相似的、自上而下的推动力。此外，律师行业对法律人工智能的关注乃至运用也值得重视。

与科技界和法律实务届对法律人工智能的热切追逐相比，学术界更应体现其冷静省思的一面。在法律人工智能热潮之中，如何审视法学研究与法律人工智能的结合成了学术界加入法律人工智能议题的独有进路。目前法律人工智能的研究现状如何？应当如何？以及如何进行理想的法律人工智能研究？这些问题构成了本文探讨的主要问题。笔者并不对法律人工智能本身做出未来发展前景的判断——这并非法学研究者所擅长的；而是对法律人工智能的法学本位及其研究目的、实现路径进行讨论。

本文的基本判断是法律人工智能的研究有强弱之分。目前，法律人工智能的研究处于初步的弱法律人工智能研究阶段，未来应当走向强法律人工智能研究即人工智能法学。因应研究主题，本文首先将会从实然层面对现有的弱法律人工智能研究进行类型化分析；其次，将从应然层面阐述并论证作为强法律人工智能研究的人工智能法学研究理想模式；再次，将会讨论为了使法律人工智能走向人工智能法学，我们应当采取什么样的研究路径；最后是一个简短的结语。

二、法律人工智能的研究现状

在讨论法学如何研究法律人工智能之前，我们必须要了解目前法律人工智能的研究现状为何。对此，笔者试用类型化的分析方法就目前主要的法律人工智能研究进行分类探讨。笔者的分类标准是以法学与人工智能的相互地位为核心的。易言之，就是以研究中究竟以法学为主还是以人工智能为主

④ 参见《万钢：中国将启动人工智能开源平台建设计划》，载凤凰网财经：http://finance.ifeng.com/a/20180310/16020783_0.shtml，最后访问日期：2018年3月10日。

进行分类。从法学在研究中地位由低到高,可以分为法律人工智能中的科技研究、法律研究和法理研究三个类型,兹分述之。

(一)科技研究模式

该模式的法律人工智能研究主要是以计算机科学和其他自然科学的研究方法对法律人工智能进行研究。其本质是计算机科学中的人工智能学科在法律中的投影。换言之,这类研究的底色是科技,只不过研究的是法律应用中的人工智能科技。其代表性议题主要有:法律人工智能的建模、法律大数据的提取技术、法律人工智能的机器学习方法、算法设计、法律知识图谱构建、法律机器人、法律场景中的语音语义识别及 OCR 等。

这类研究有以下特点:

1. 科技本位

这类研究尽管均针对法律应用场景,但究其实质并非法学研究。首先,科技研究模式并不关注法律人工智能中的任何法律议题。与下面将要探讨的法律研究模式相比,他们并不关注人工智能的法律保障、法律监管等。这类研究意图解决的是法律应用中的科技问题。其次,这类研究的基础是科技而非法律。研究的成败取决于科技的水平而非法学的研究层次。如法律机器人是否有用,与法学和法律无关,纯粹是由人工智能本身的人机交互、计算能力等因素决定。最后,这类研究的主要发表平台几乎不是法学研究平台而是科技平台。主要在 SCI、EI 来源期刊和科技会议上发表最新成果。

2. 科学家本位

从事这类研究的主体主要是科学家而非法学家。主要因为:第一,科技问题并非法学家所擅长。即便作为融入法律人工智能研究最深入的法学研究者也不大可能洞悉人工智能的科技内核。第二,科技本位的特点直接决定了这类研究的产出只能是科学家提供,其产出的回报也主要为人工智能科技界所接受。

3. 商业机构参与密切

值得注意的是,由于科技研究模式需要大量的资金、人力、物力投入,绝非单个科学家或团队能够承担其研究成本,故绝大多数此类研究由商业机构提供必要的支持。例如,在语音识别领域,科大讯飞作为专业机构积极参与庭审语音识别、言词类证据识别等法律人工智能研究;又如,华宇元典利用其在大数据分析上的优势,积极参与法律大数据研究、辅助审判、量刑预测、案件管理等方面的产品研发。这些商业机构参与法律人工智能研究一方面确实为研究提供了必要的支持和保障，推动了法律人工智能的发展；另一方面同样带来了隐忧：人工智能进入法律领域是否意味着不得不接受其背后的商业力量？

4. 应用的初步性

尽管这类研究所使用的科技词汇令人生畏，但究其法律应用实际水平而言尚处于初步应用阶段。以庭审语音识别为例，尽管在单人、普通话语音识别上已经有了很高的准确度，而且能够智能整理语句和语段，但在多人语音、方言语音识别上尚不理想。司法实践中，多人同时说话以及方言交流才是常态。又如法律机器人，尽管全国各地法院因应“智慧法院”建设，推出了不少法律机器人，也取得了较好的应用效果。但实际上，这些法律机器人尚不能应对法律事务中绝大多数应用场景，更多停留在导诉、简单的类型化案件司法建议、类案查询等弱人工智能层面。

（二）法律研究模式

这类研究强调人工智能的法律规制和保障，主要研究人工智能与法律的互动机制。其代表性议题主要有：“人工智能法律发展的法律制约因素”、⑤“人工智能的法律保障”⑥以及“人工智能的法律规制”等。⑦

这类研究的主要特点有以下几个方面：

1. 法律本位

与前述法律人工智能研究不同，这类研究是从法律的角度研究如何应对人工智能。从逻辑上可以分为人工智能对法律的影响、人工智能成果法律保障和人工智能法律规制三个类型。这也是法律对人工智能认知的三个阶段。首先，法律人工智能兴起之初，直观感受到人工智能对法律乃至法学的影响；其次，当认识到人工智能的价值后，法律首先反馈的是保护机制的建立；最后，当进一步深化法律人工智能研究后，法律开始反思监管的必要性。不仅仅是从民法、知识产权法的角度保护人工智能，也有必要反思人工智能在刑

---

⑤ 参见何波：《人工智能发展及其法律问题初窥》，载《中国电信业》2017 年第 4 期。

⑥ 主要体现在人工智能创作物的法律保障上，参见梁志文：《论人工智能创造物的法律保护》，载《法律科学》2017 年第 5 期。

⑦ 参见吴汉东：《人工智能时代的制度安排与法律规制》，载《法律科学》2017 年第 5 期；吴沈括、罗瑾裕：《人工智能安全的法律治理：围绕系统安全的检视》，载《新疆师范大学学报》（哲学社会科学版）2018 年第 4 期。

事领域带来了何种刑事风险。⑧

2. 研究方法的传统性

尽管此类研究面对的是新兴的人工智能领域,但其研究方法仍然是传统的法教义学或规范法学的方法。例如,在研究人工智能创造物的法律保护方面,主要采取的是知识产权法教义学方法,将人工智能创造物纳入知识产权的保护范围,再利用既有的知识产权制度加以保障。⑨ 在人工智能的民法、行政法规制领域,比如机器人的法律属性、自动驾驶汽车侵权的归责原则等问题也主要采取传统民法解释学的方法解决,提出尽管有争议但却能在既有法学理论中自圆其说的有限法律人格观点。⑩

3. 法律与人工智能的互动性

相较于前述研究类型中法律仅作为"背景板"而人工智能为主角的研究模式,在法律研究模式中,不仅强调法律的本位,也强调法律与人工智能的互动。一方面,人工智能的发展在影响着法律制度的调整和变革;另一方面,法律方面的研究进步又影响着人工智能的发展进程。在这个意义上,可以认为此类研究深化了法律人工智能的研究内涵,使从事人工智能的科研工作者逐渐意识到,人工智能的发展不仅有赖于科技水平的进步,同样有赖于法律的保障与规制。

(三)法理研究模式

如果说法律研究模式将人工智能第一次纳入法律规制的视野,那么人工智能的法理研究模式则将法律人工智能的研究上升到了法理层面。法理研究模式并非在法律规制的层面探讨人工智能与法律的互动关系,而是在更加一般的层面意识到了人工智能的发展会对法学本身产生根本性的影响,并在这一认识基础上讨论更加深刻的法哲学问题。这一类型的研究议题主要有:"人工智能对未来法治的影响"⑪"司法中的人工智能问题"⑫"人工智能对法

---

⑧ 参见刘宪权:《人工智能时代的刑事风险与刑法应对》,载《法商研究》2018年第1期。

⑨ 参见易继明:《人工智能创作物是作品吗?》,载《法律科学》2017年第5期。

⑩ 参见袁曾:《人工智能有限法律人格审视》,载《东方法学》2017年第5期;张玉洁:《论人工智能时代的机器人权利及其风险规制》,载《东方法学》2017年第6期。

⑪ 例如,算法依赖对公平正义的影响,参见高奇琦、张鹏:《论人工智能对未来法律的多方位挑战》,载《华中科技大学学报》(哲学社会科学版)2018年第1期。

⑫ 例如,人工智能是否能够、多大程度上能够参与到司法裁判,参见吴习彧:《司法裁判人工智能化的可能性及问题》,载《浙江社会科学》2017年第4期。

学研究整体性影响”等。[13]

这类研究的特点主要有以下几个方面：

1. 基础性

法理研究模式定位在更加一般、抽象也必然更加基础的法理学领域。它们主要探讨人工智能对法学体系而不是法律体系的影响。这类研究已经意识到，人工智能并不仅仅是单纯的物质、技术层面的新生事物，而是这样的新生事物会影响到未来人类面对法学及法治时的概念体系、价值观念、规则形态和思维模式。因此，关于法律的理论——法理学——必须对此有充分的理论准备。在这个意义上看，法理研究模式具有将传统法学的部分内容重制，建构关于法律人工智能的、崭新的法理学知识之基础性意义。

2. 前瞻性

如前所述，法律研究模式下，主要探讨的是既有的人工智能与法律规制间的互动关系。而法理研究模式则面对的是未来人工智能进一步发展后，法学理论如何应对的问题。尽管目前的法律人工智能发展还远没有达到人工智能专家所言的取代各行业专家的阶段，但我们必须如同科技专家那样提问：专业的本质是什么？计算机可以成为一名专家吗？[14] 如果人工智能可以取代法律专家，那会如何影响法学？同样地，尽管目前法律人工智能并未能实质性地参与到司法裁判中来，但随着人工智能的发展，当未来人工智能能够模拟人类大脑时，人工智能实质性参与司法审判并非天方夜谭。[15] 更进一步看，未来法律的事务性工作是否能够为机器人所取代，同样值得思考。或许“机器人技术需要面对的挑战是，如何将机器人融入人类系统和社会系统，以及如何处理好人机之间的关系”。[16] 如果人工智能必然融入整个法律及法

---

⑬ 例如，人工智能与法律推理的关系，参见於兴中：《人工智能、话语理论与可辩驳推理》，载葛洪义主编：《法律方法与法律思维》（第3辑），中国政法大学出版社2005年版；又如人工智能的诞生将会重构公众认知法律的模式，重构法律规则形态，重构法律价值导向从而产生人工智能下的法律转型，参见李晟：《略论人工智能语境下的法律转型》，载《法学评论》2018年第1期。

⑭ 参见［美］杰瑞·卡普兰：《人工智能时代：人机共生下财富、工作与思维的大未来》，李盼译，浙江人民出版社2016年版，第24页。

⑮ 模拟大脑需要大数据的支撑，也同样需要科学地处理大数据，在这个意义上看，可以将大数据研究也纳入广义的法律人工智能中来。参见［美］加来道雄：《物理学的未来：科学决定2100年的世界蓝图》，伍义生、杨立盟译，重庆出版社2012年版，第84页。

⑯ ［美］戴维·明德尔：《智能机器的未来》，胡小锐译，中信出版集团2017年版，第331页。

治系统,那么,首先要思考的是如何处理好我们和机器间的关系。⑰

3. 非应用性(反思性)

与前述两个类型的研究相比,法理研究模式并不回应实践的需求,也不对法律人工智能的应用提供现实的、可操作的建议。与应用相比,它更关注理论分析;与现下相比,它更关注未来。这样的导向必然决定了法理研究模式具有一定的反思性:法学并不是,也不能无条件地拥抱、接纳人工智能。我们必须更加审慎、目光更加长远地思考法律人工智能的未来。

三、我们需要什么样的法律人工智能研究?

上述关于法律人工智能研究现状的分类只是一个理想型类型研究,事实上,很多研究者及其研究成果难以被纯粹归并为哪一类。而且,上述分类也没有孰优孰劣的比较意味。法律人工智能的发展,必然立基于科学研究,发展于法律保护和规制之下,昭彰于基础理论研究之林。因此,上述三种粗略分类的研究均有其价值所在,缺一不可。然而,必须明确的是,尽管上述三类研究均有其意义,但从本文的观点看,上述三类研究只是弱法律人工智能研究,却不是强法律人工智能研究即人工智能法学研究。三类研究均有其欠缺和局限,以下试做论析。

首先,科技研究模式缺乏法学本位性,不能作为人工智能法学的研究目标和范式。如前所述,科技研究模式其本位是科学研究,研究主体主要是科学家。尽管目前已有越来越多的法学专业人士"跨界"从事法律人工智能的科学研究,⑱但不可否认的是,由于先天学习背景的差异,短期内——甚至长期看也基本如此——法学专业研究者难以达到真正从事人工智能研究的知识储备。而且,功利地看,法学研究者也没有必要事倍功半地抛弃自身所擅长的知识,而匆忙进入人工智能科学的殿堂。由此,虽然诸多法律人工智能的研究、学术会议中,计算机科学、数学、统计学术语占据了主要的讨论内容,

⑰ 人工智能在司法审判辅助乃至法学教育中都有可能扮演重要角色,参见张保生:《人工智能法律系统的法理学思考》,载《法学评论》2001年第5期。

⑱ 例如,顶级人工智能平台IBM Waston、微软等发起的"全球法律科技黑客松"比赛,就有大量法学学者与计算机学者参与,为特定领域创造出一款新的应用或服务模式。

但若以法律人工智能的本位而论，技术本身是为了法律乃至法治的发展而使用的，而不是法律及其法治理论去顺应技术。法律人在从事法律人工智能研究时，应当首先明确自身的主体地位以及优势所在。排斥法学研究的基本方法和技能而拥抱并不熟悉的科学技术，一方面在法学共同体内难以形成学术对话，难以进行学术评价，从而难以扩大学术交流；另一方面，由于缺乏实质性的知识储备与评价能力，难以判断此类法律人工智能研究的成果优劣得所，甚至会产生不必要的质疑与猜测。

其次，法律研究模式中，法律本色尽显，充分探讨了法律与人工智能的交互，以及法律现在能够为人工智能做些什么。但这仍然不是人工智能法学的研究目标与可采方式。这是因为：第一，尽管从研究对象上看，法律研究模式主要定位于人工智能的法律规制与保障，但从研究思路上看，主要还是通过将人工智能及其产品化归为传统的法律规制内容，再通过既有法律规范和法律理论进行调整。如人工智能中的隐私保护问题，尽管发现了随着人工智能发展会导致侵犯隐私权的情况更易发生且更难追究，从而将此问题置于传统法学中的隐私权保护领域探讨，对策性地提出解决方案。⑲但是这类研究没有意识到，人工智能侵犯隐私权中侵权者主体相较通常意义上的侵权者已有根本性的不同。所以，这类研究只是背景变了，但是实质没有变。第二，研究方法仍然采用传统法教义学方法。此类研究假定：现有法律解释资源和技术能够充分应对人工智能的法律规制和保障问题。因此，在面对人工智能规制难题时，研究者将之视为一个“法律漏洞”，而后主要使用具体的诸如民法教义学、刑法教义学、行政法教义学等方法，通过解释法律从而实现弥补法律漏洞的效果。⑳ 第三，研究主要是对策性的，缺乏整体性、体系性研究。综览此类研究，主要针对人工智能创造物的知识产权保障、智能机器人的法律人格、人工智能侵权、人工智能刑法规制等具体问题。这些研究立足当下人工智能实践，将其纳入法律规制自有其规范意义。但是，从研究本体上看，并未形成整体性的理论框架与知识体系，多为对策性的法律规制建议。从方法论上看，也未形成体系性的独特研究方法，呈现出“新壶装老酒”的特点。

---

⑲ 参见邵国松、黄琪：《人工智能中的隐私保护问题》，载《现代传媒》2017 年第 12 期。

⑳ 法解释学的一个基本功能就是填补法律漏洞。参见王利明：《法律解释学导论——以民法为视角》，法律出版社 2017 年版，第 563 页以下。

最后,法理研究模式最接近本文提出的人工智能法学,但仍然与人工智能法学有本质区别。第一,法理研究模式已经意识到人工智能的出现是对整个法学知识体系的冲击,单纯将人工智能及其产物化归为现下法律体系中已有概念进行规制的研究能够应付如今弱人工智能背景下的问题,却难以应对未来强人工智能诸多难题。但是,意识到问题不等于能解决问题。这一类型的研究目前仅仅指出了法学在人工智能背景下可能面对的难题,为后人发展、解决这些学术问题描绘了前景,但没有提出具有可操作性的研究路径。第二,尽管已经意识到人工智能可能改变未来法律及其理论,但是并未指出未来法律人工智能的研究目标。易言之,此类研究已经发现技术化的研究并非法学研究所擅长,对策性的研究又难以充分回应需求,只有在法学理论的一般化研究场域中才能找到智识资源。但是,法学面对人工智能时,究竟是“因应”人工智能进行研究,还是“针对”人工智能进行研究仍举棋不定。目下此类研究多侧重于讨论人工智能对裁判结构、司法制度、法律逻辑、法治生态等方面的问题,可以说主要是“因应”人工智能展开研究。因此,法学主要是被动地、响应式地应和着人工智能的发展,但从未提出法律及法学需要什么样的人工智能、在法学视角下人工智能应当如何的理论命题。第三,也是最重要的一点是,法理研究模式和法律研究模式一样,认为人工智能对法律乃至法学的影响是局部的而非全面的。目前,主要体现在知识产权保护、民事主体、行政法与刑法规制等具体层面。事实上,科技的发展总是令人猝不及防。法学研究者囿于其思维习惯与知识储备,难以充分了解人工智能的野心不仅仅是方便未来人类,甚至是改变未来人类。“我们不可能停下研究人工智能的脚步,从人工智能到广义人工智能再到超级人工智能的进程不可避免,也无法‘叫停’。”[21]这种永不停息的变革很有可能在未来会改变我们既有的思维方式和知识结构。例如,在“阿尔法狗”对战李世石时,“阿尔法狗”多次下出不合乎围棋经典理论的战法。最初,围棋专家认为“阿尔法狗”下出了“臭棋”,然而,事后复盘时才发现这些冲击原有围棋知识和理论的下法反而

㉑ [英]卡鲁姆·蔡斯:《人工智能革命:超级智能时代的人类命运》,张尧然译,机械工业出版社 2017 年版,第 174 页。

有可能改变人类数千年来对围棋的看法。㉒ 那么,我们有理由提问:法律人工智能的进一步发展是否会冲击我们自从《汉谟拉比法典》《十二铜表法》以来数千年的法学理论呢?事实上,不仅是法学,人工智能的终极目标是创建终极算法,最终“机器学习带来的就不仅仅是新的文明时代,还是地球生命进化的新阶段”。㉓ 因此,人工智能法学必须意识到,未来法学所面对的世界很有可能是充斥着人工智能的世界。人类的知识结构、社会形态、经济模式乃至思维习惯、道德风俗都会在人工智能的影响下发生巨大的改变。人工智能对法学的影响绝非局部的、片段的。人工智能已经提出了改变世界的目标,那么,法学面对人工智能改变这个世界时的目标是什么呢?法学如何面对人类社会目前为止最大的变革呢?这些问题拷问的是:理想的人工智能法学发展目标应当是怎样的?

本文对人工智能法学的理想型进行大致的描绘。需要明确的是,第一,这是一种应然理想状态的描述,并不直接对应和涵盖现在进行的全部法律人工智能研究。第二,这种理想型的描述同样等同于对人工智能法学发展目标的判断。第三,对于理想研究类型的界定是一个抽象的整体结构,描绘的是作为体系性的人工智能法学所应当具备的基本要求,并不指涉具体的研究目标选择。

1. 主体性

理想的人工智能法学应当首先坚持法学的主体性。首先,研究方法和可资利用的智识资源应当主要是法学的。这并不是说在未来人工智能法学的研究中排斥科学家和其他学科知识和方法,而是强调人工智能法学的定位主要是法学的研究,科学技术及其他学科——主要是自然学科——的知识应当是背景性、辅助性的。研究的目的是思考在未来人工智能发展到强人工智能阶段,以至对人类生活乃至生存方式产生重大变革之后,法学应当如何。因此,法学可以也只能作为研究的本位。其次,运用法学进行研究的主动性。尽管人工智能的兴起与发展从历时性的观点看是不以法学发展和法学家的

㉒ 柯洁也认为,“它(阿尔法狗)越来越冲击、改变人们最初对围棋的看法”。参见《阿尔法狗越来越接近围棋“上帝”》,载网易新闻:http://news.163.com/17/0524/02/CL5T437U00018AOP.html.,最后访问日期:2018 年 3 月 10 日。

㉓ [美]佩德罗·多明戈斯:《终极算法:机器学习和人工智能如何重塑世界》,黄芳萍译,中信出版集团 2017 年版,第 28 页。

主观意志而改变的,但这绝不意味着法学只能被动适应人工智能的发展,跟在人工智能研究后面亦步亦趋。也不意味法学只能等待人工智能给法学出了研究题目之后才能被动地研究这些问题。人工智能法学应当主动地去发现、探寻、思考和解决人工智能发展过程中的问题。在笔者看来,研究人工智能创造物的法律保护、人工智能法律上的主体资格、人工智能对法学的冲击和影响等都不能算作法学主动地去研究。因为,一方面,这类研究的提问者是人工智能及其研究者,是他们希望法学给予回应;另一方面,法学并不是去主动研究人工智能,而是人工智能提出了法学自我调适的要求后法学的自我反应。理想的人工智能法学应当一方面实现对人工智能的监管和规制,以免人工智能的无序发展侵害人类文明;另一方面,尽管人工智能的发展会改变人类社会的基础结构,也必然改变法学的基本体系和知识,但这种改变不能单纯是响应式的、适应性的,而应当是在人工智能的刺激下,法学和法律人共同主动地推动法学研究和知识体系的革新。最后,人工智能法学还应当合理拒斥外界的不当干扰。法学作为科学之一支,尽管研究的是人类社会规范,但仍然强调研究的科学性与中立性。众所周知,人工智能的发展不仅是科学发展的希望,同样也刺激了商业资本、市场权力的进入。人工智能法学的定位是科学的法学研究,因此,我们应保有科学研究的基本伦理,坚持研究的主体性、客观性和中立性,不受外来资本和权力的影响。稳妥甚至可以保守地研究人工智能法学,而不是在各种权力资本的影响下,匆忙上路、"站台宣传"。法学及法学界应始终冷静看待人工智能的发展,以法学知识和法律规范监管人工智能的发展。

2. 整体性

与人工智能研究领域不同,法学界尽管关注人工智能的发展,但这种关注更多是一种局部的、有限的关注。其一,关注者以青年学者和有能力也有精力更新知识储备的学者为主。其二,学科背景中以法理学、知识产权法、诉讼法、司法制度方向的学者关注为主,因为这些学科与法律人工智能目前所遇到的问题较为相关;相反,民法、刑法、宪法、行政法等实体法领域的学者关注度较低。其三,法学研究者将人工智能对法学的影响主要视为法学内部的直接影响,却很少认识到人工智能对法学的影响很可能在未来是通过直接影响人类生活、经济运行、社会结构的方式间接但全面地影响法学。因此,法学研究者目前对人工智能的研究主要停留在"法律"层面,即法律人工智能,尚未上升到作为法学整体去研究未来“后人工智能时代”的法学问题。

本文认为，人工智能法学应当充分意识到人工智能未来发展的广阔前景和巨大潜能。如前所述，人工智能的野心是改变未来人类及其生活方式。不论这种野心能否实现、何时实现，但法学和法律人必须做好准备。一方面，我们必须密切关注人工智能的发展，以法律规制其发展，以免其步入歧途危害人类社会；另一方面，人工智能法学应当有前瞻性，应当预判人工智能对人类及其生活方式逐步革新后可能面临的法学问题。以整体性的法学知识和方法去研究、解决这些问题。而不是目前这样对策性地、局部地以独立的部门法去调试。

强调人工智能法学应当具备整体性同样是法学的“野心”所在。科学的目的在于给人类社会带来实质的、看得见的进步。法学作为一门科学也应当如此。但是法学的进步不能以自然科学的标准衡量，“‘进化’这个中性词反映了法学中的发展是如何进行的”。㉔ 在人工智能发展的刺激下，法学应当进化，为人类未来的生活模式和发展模式提供来自法学的建议和指导。这种进化不是局部的、孤立的进化，是作为整体的法学进化。如同前文所提到的，当人工智能深入法律实践后，或许会带给我们关于法学崭新的知识，如同荡涤围棋数千年知识那样荡涤数千年的法学知识从而刺激法学的进化。毫无疑问，法学的进化也必然是整体的，而不可能仅仅是哪个部门法或哪种法学理论的进化。

3. 体系性

正因为未来人工智能法学的研究是整体性的，也就必然要求这种研究的内容和所得研究成果应当是体系性的。如前所述，目前无论是法律研究模式，还是法理研究模式都局限在具体的部门法或法学理论领域内，缺乏体系性的人工智能法学建构。首先，人工智能法学应当将研究领域定位于法学整体。例如，研究人工智能产品如机器人的主体资格问题，不仅仅是民法总则关于民事主体的研究。在刑事诉讼法中同样也会出现机器人能不能作为证人出庭作证的问题，这有赖于民法对机器人的定位。同时，由于人工智能的自我学习特性，如果未来机器人通过自主学习创造出来的产物其知识产权又

㉔ ［荷］扬·斯密茨：《法学的观念与方法》，魏磊杰、吴雅婷译，法律出版社2017年版，第123页。

归属于何者?这同样需要民法予以回答。由此可以看到,人工智能对法学的影响绝不能因部门法的划定而自我封闭。人工智能法学的研究具有“牵一发而动全身”的特性。尽管法律有部门、有学科之分,但是现实生活是不可能迁就这样纯粹理论上的划分的。如果人工智能法学囿于部门法和具体法学理论人为划分的窠臼,就很有可能“总是停留在教义的重复上,陷于一个自我循环的概念体系中,很难进行切实可行的制度创新和制度累积”。㉕ 其次,人工智能法学的产出成果目前来看还不大可能脱离具体的部门法、法理学论域。而且,由于人工智能对人类生活的具体改变程度不一,必然出现个别部门法、法学理论研究先行的格局。目前来看,人工智能产品的权利意识、人工智能辅助司法裁判等问题域较为突出,因此,当下法律人工智能研究主要集中于民法、诉讼法、司法制度领域是可以理解的。但从长远来看,人工智能法学的研究成果也应该是体系性的。譬如,像法律行为理论那样,在民法、刑法、行政法、诉讼法等领域形成完整的知识体系。

4.可对话性

坚持人工智能的法学本位和底色,还有一个关键效果即研究本身的可理解性,而可理解又是可对话的前提条件。目前,部分法律人工智能研究中的法学研究者陷于科技知识体系而非法学知识体系之中,其产出的学术产品充斥诸如算法决定、多模态分析、OCR等难以为法学界所理解的词汇。并非拒斥外部知识对法学的影响,而是发出这样的疑问:第一,在知识装备不充分的情况下,法学研究者如何能让其他研究者相信,在没有知识基础的前提下,只花数年时间就能掌握人工智能半个多世纪的理论知识,并且还能利用这些知识从事有说服力的研究?第二,在知识不对称的情况下,如何实现在法学界内部的对话?没有对话的研究肯定不是完整而科学的研究。其一,缺乏可验证性。无法对话,自然难以在法学内部进行知识碰撞,难以进行有效的学术验证和学术评价,法律人工智能研究只能是个别研究者的自说自话——甚至是自吹自擂。其二,难以建立学术共同体。无法进行大范围的学术交流意味着学术参与者和受众极为狭小。学术的自我繁殖和近亲繁殖具有先天的不足,扩大交流从而形成学术共同体、学术流派有利于学术的发展。因此,坚持对话和交流,对于繁荣人工智能法学研究具有重大意义。

㉕ 苏力:《也许正在发生:转型中国的法学》,法律出版社2004年版,第145页。

为达到可对话性，一方面，关键在于坚持人工智能法学研究的法学本位和底色。用法律人看得懂的语词体系研究、交流是基本前提。另一方面，法律人也不能故步自封，而应开拓知识外延，吸纳人工智能相关领域的基础知识。理想的人工智能法学应当是在充分吸纳科学技术知识的背景下，综合利用法学知识、理论体系进行的、法律人看得懂的研究。

四、怎样进行人工智能法学研究？

意识到什么是理想的人工智能法学研究是一回事，如何实现描绘的理想型研究是另一回事。本文认为，理想型人工智能法学研究的实现路径应当从以下四个方面入手。

1. 研究主体的跨界参与

人工智能法学无论站在人工智能一侧还是法学一侧，都可谓是交叉科学研究。因此，研究主体不能囿于科技界和法学界一隅，双方都应该主动跨界参与研究。目前来看，跨界参与人工智能法学研究的进展总体是良好的。诸多学术会议、竞赛、研究项目及其成果中都看到了法学界和科技界共同合作的身影。但是，仍有进一步深化合作的潜力。其一，对于科技界而言，应当适应并接受法律的规制。科学技术的进步不仅有赖于科技工作者的发明创造，同样，为了保证科技进步有益而不是有害人类社会，必然需要通过法律规制科研行为、科研成果和科研应用。其二，对于法学界而言，应当主动吸收科技界研究者进行跨界研究、交叉研究。特别是在科技专业领域，应当充分发挥科技界研究者的优势，将专业性问题委托于科技人员和研发团队解决，减少法学研究者的学习成本，确保研究的科学性和有效性。其三，改革当下科研管理体制，打通自然科学研究和社会科学研究管理机制。应当进行适当的科研管理体制改革，鼓励人工智能领域法学研究和科技研究的结合。在项目管理、成果发表、经费管理、人员调配等方面进行改革以适应未来人工智能法学整体性的需要。

2. 人才培养方式的转变

为适应跨界研究的知识背景需要，未来培养的法律人才必然是复合式的。如同计算机深入影响人类之后，我国绝大多数大专院校均把计算机基础知识作为公共必修课要求所有在校学生学习一样,未来随着人工智能逐步发展、日益影响人类日常生活,人工智能的相关知识很可能也会成为人类必须掌握的知识技能之一。对于研究者而言,更应当系统学习人工智能相关知识,以满足进一步深化研究的需要。

实现人才培养方式的转变,可以采取联合培养的模式。综合计算机科学、网络科学、软件科学、数学、统计学等人工智能相关学科,与法学联合培养人工智能法学专业复合型人才。目前,我们已经看到了联合培养人工智能法学复合型人才的积极探索,[26]但其具体效果、发展方向和培养模式等,尚有待于进一步思考与研究。

3. 研究方法的革新

人工智能法学研究需要对既往法学研究方法进行创造性变革。这是因为,其一,传统的法解释学方法尽管有法律漏洞填补和法律续造功能,但难以适应人工智能对人类社会带来的巨大变革。既往的法学研究成果及知识体系是否能够充分适应人工智能给人类社会带来的变化是非常可疑的。如前所述,人工智能法学是对传统法学整体性、体系性的创新乃至重制。因此,保守的、以维护现有知识架构和法律规范为主旨的法解释学难以适应人工智能法学的要求。其二,社科法学为法学研究提供了法学之外的视野,这一点对于推进人工智能法学的跨界参与具有重要意义。但是,社科法学的理论资源主要是人类既有的生活习惯和经验,人工智能在未来恰恰会改变这些既有的生活习惯和经验,致使社科法学的研究材料被抽离,研究基础空洞化。因此,社科法学的研究方法同样难以适应人工智能法学的发展。

法律实证研究是目前最切合人工智能法学研究的方法。法律人工智能的标志在于其自我学习能力,而人工智能学习需要大数据的支持。由于法律实证研究是一种基于数据的经验研究,可以开创出一条更具规范性、可验证性的"定量法学"道路,[27]这符合人工智能的自然科学思维模式,也为法律人工智能的机器学习提供了数据养料。但与社科法学面临的同样问题是:法律

---

[26] 例如,北京大学成立了北京大学法律人工智能实验室,西南政法大学成立人工智能法学院及法律研究院,旨在培养法律人工智能复合型人才;又如中国人民大学已成立未来法治研究院,旨在开展包括法律人工智能在内的交叉研究、人才培养、课程改革、跨学科和区域交流合作等。

[27] 参见左卫民:《一场新的范式革命?——解读中国法律实证研究》,载《清华法学》2017年第3期。

实证研究作为经验研究仍然建立在既有人类经验的基础上，在面对人类经验发生重大变革的时候，会面临研究材料缺失、研究基础空洞化的问题。

本文认为，人工智能法学的研究方法尚有待于学界进一步探索，但应该包含以下几个基本特点。第一，实证性，即研究方法的可验证性、可量化性。法律实证研究为我们提供了建构实证性研究的可靠范式，可以加以发展。第二，前瞻性，应当充分认识人工智能发展对人类既往经验、习惯的冲击，前瞻性地变革研究方法以适应未来需要。第三，适法性，即研究方法无论如何变化，仍然需要坚持适合法学研究、法律应用的基本导向。保持法学研究相对自然科学研究的独立性，不能在研究方法上完全倒向人工智能相关的计算机科学、数学、统计学方法，从而架空法学研究本身。

4. 国际间交流合作

人工智能对人类社会的撼动绝不限于一国一地，而是对全球整体的影响。因此，在进行人工智能法学研究时，应当有国际视野，进行跨区域国际间交流合作。共同应对人工智能对全人类的挑战。目前，我国法律人工智能研究已走在世界前列，但仍有必要充分考察、借鉴域外先进经验。例如，美国已经充分利用人工智能在犯罪控制、量刑裁判等方面辅助司法，但也带来了算法不透明、侵犯隐私、扩大歧视等多重问题。这些问题并非某个国家由于自身法律体系、法学理论引起的，而是法律人工智能应用中的共性问题，值得每一个国家的研究者充分重视，最终携手应对。

五、结语：迈向人工智能法学

人工智能有强人工智能与弱人工智能之分。同样，法律人工智能研究也有强法律人工智能研究与弱法律人工智能研究之分。本文主要论述了目前弱法律人工智能研究的三种形式，即法律人工智能中的科技研究模式、法律研究模式以及法理研究模式的特点和不足，提出作为强法律人工智能的人工智能法学的理想型特征及其实现路径。尽管由于人工智能本身的发展限制，弱法律人工智能研究仍然会在长时间内占据主要研究地位，但从更长远的应然层面看，我们应当对强法律人工智能研究——人工智能法学抱有相当的期待，并努力实现人工智能背景下的法学研究转型乃至进化。

学术研究不可靠想象为之,但一定要有想象力。人工智能的发展不是人类的想象,已成为现实。人工智能法学何去何从,有赖于法学研究者和人工智能科研工作者想象力的迸发和实实在在的努力。法学应满怀期望地迎接人工智能对既有理论的革新和挑战,在人类不断的进步中,实现法学自身的进化。

效应评判与理性预期：法律人工智能与法律信任关系初探

郑晓英*

内容摘要：全新的人工智能技术与传统的法律联姻，呈现出迅猛发展的势头，对人类的纠纷解决方式、正义获得方式以及人和法律的信任关系产生了深刻影响。从法律信任的视角分析，法律人工智能的应用有助于提升判决预测性、促进司法公正的实现和改善人们的法律认知，从而对法律信任有着增进效应。通过设定以“良善”为核心的价值指导体系，构建以法律为主、伦理和政策结合的风险控制体系等途径实现算法可视化，突破法律人工智能增进效应实现的障碍，是实现二者关系和谐互动的前提。

关键词：法律人工智能　法律信任　信任危机　效应预期

自1956年美国达特茅斯会议首次提出人工智能(Artificial Intelligence, AI)的概念以来，作为一门全新的技术科学，人工智能一直是最受关注的研究课题之一。不仅在信息科学领域相关产品的研发与创新如火如荼，在社会科学领域，伦理学、社会学、法学等诸多学科都对这一话题有着浓厚的兴趣。

当前在法学领域，有关人工智能的研究主要从以下几

---

* 郑晓英，忻州师范学院讲师，华中科技大学博士研究生。

种路径推进:一是宏观分析人工智能的突飞猛进可能对社会的伦理规则、法律系统、安全体系以及法律职业产生的冲击,人们在乐见、乐享这些高度复杂的技术系统带来的便利的同时也应思考如何面对伴随而来的"数字鸿沟"、"算法歧视"、法律人失业等各种危机;二是对人工智能技术对传统法律制度构成的挑战进行中观意义上的探讨,如机器人的法律主体资格问题、机器人"劳动者"的资格问题、人工智能创造物的知识产权问题、自主无人驾驶系统的法律责任问题、人造"伴侣"对婚姻家庭制度的冲击等;三是从微观意义上,具体分析现有的人工智能技术能够为法律职业群体尤其是在司法领域所能发挥的决策智能辅助与支持功能,论证其在法律推理模型中的运作机理。

综合而言,学界的研究主要定位于"法律圈"或者"司法圈"这一封闭的场域,法律人工智能似乎多是场域内法律职业者的"独舞"。然而,场域内智能革命的成果最终要落地于场域外的受众,迅猛发展的法律人工智能对作为法律产品受众的社会公众将产生何种影响?进入智能时代后的大数据、量化法治、智慧法院等新生事物同时带来的陌生感、机械感、疏离感给人们原本就基础薄弱法律信任带来的冲击如何纾解?更进一步的问题是,法律人工智能的价值定位仅仅是法律人裁断的辅助工具吗?倘若能够对社会公众的法律信任构建有所助益,其伴生的"算法黑箱""数字鸿沟"等又当如何化解?本文试图从场域外旁观的角度,以法律人工智能与法律信任关系为观察点,将前者的发展对后者产生影响的效应加以初步的评判和分析,并对二者关系的未来图景作出预期。

一、法律人工智能的历史与现状

人工智能是研究如何使计算机模拟人类的思维活动和思维形式的学科,法律人工智能建立在模拟人类基于法律规则和案例的推理过程基础之上。尽管在1958年就有学者提出了建立法律信息自动化处理模型的设想,但在当时并不具备技术成熟的条件。

人工智能与法律产生实际关联的历史最早可以追溯到20世纪70年代法律专家系统的开发与应用。1977年Jeffrey A. Meldman设计了计算机辅助法律分析的结构模型,推定系统用户为律师,根据用户提供的法律事实,系统可以逻辑推导出大致的判决结论,提供了发展计算机辅助法律分析的起点。[①] 1981 年,D. A. Waterman 和 M. A. Peterson 设计的 LDS 法律决策模型则分析了其在美国产品责任诉讼中的应用,这一系统通过使用设定的推理系统,完成了过失责任的确定和赔偿金的计算,证明了人工智能法律系统应用于法律实践的可行性。[②]

短短几十年内,法律人工智能的开发和应用可以用"突飞猛进"形容。以美国为例,人工智能在法律职业领域的应用广度和深度非常之高,而且出现了精细化和分工专业化的趋势。Brain Space 公司主要从事人工智能电子取证系统的开发,在法律电子查询界号称"传统搜索技术的终结者",由其推出的 Brain Space 6 是业界最强大的智能审前发现和调查平台。包括美国 Casetext 公司在内的一些研发公司则关注于诉讼管理方面的法律智能系统,该公司的案件分析研究助理 CARA 可以帮助律师和企业法律顾问完成从判例、法规分析到陪审员选择直到法庭辩论文书生成的一系列任务。更加令人咂舌的是 IBM WASTON 开发的 ROSS 系统,被称为"史上首个人工智能律师",它可以理解人的自然语言、自动检索法律数据库,根据用户的反馈实现自我学习,甚至可以替代法律人完成最为耗时的研究法条和案例的工作,据说它已经"受雇"于美国一家律所,可以取代美国律师 70% 的法律研究工作,准确率高于 90% 。此外,针对非诉业务开发的法律智能系统也达到了相当高的水平。以合同分析为例,人工智能合同分析可以帮助甚至取代律师做大量耗时费力的工作,律师只需以审阅者的身份存在。美国 Law Geex 公司的人工智能引擎不仅可以实现对合同的精细化把控审核和审批管理,而且可以起草出水平很高的合同文本。而 Do Not Pay 公司的产品正如其名,可以根据用户提供的信息为用户收到的交通罚单提供对抗性意见,在纽约、伦敦和西雅图成功挑战了超 20 万张罚单,成功率接近 60% 。同时,它还在不断扩展业务范围,已经涵盖了航空延误补偿金请求、政府住房申请等,与其他专家系统服务法律职业人士的定位相比,扩大了法律人工智能体系的服务对象范围。

在我国,近几年的法律人工智能项目进展也非常迅速。从 20 世纪 80 年

① J. A. Meldman, "Structural Model for Computer-Aided Legal Analysis", *Rutgers J. Computers & L.*, 1977, pp. 27 – 47.

② D. A. Waterman & M. A. Peterson, *Models of Legal Decision Making: Research Design and Methods*, Rand Corporation, the Institute for Civil Justice, 1981(14), pp. 53 – 54.

代中期开始,学者开发的电脑量刑辅助系统、律师办公自动化系统就已经揭开了智能化的序幕。时至今日,电脑的深度学习能力已经被成功应用到智能检索、判决预测、法律咨询等各种法律实践领域中,如"法狗狗"的刑案案情预测系统,只需要简单地选定罪行分类,并提供伤亡人数、案发地点等信息,就可以获得预测结果及类似案例。③

尽管目前我国的法律人工智能体系尚处于语音和图像识别、数据分析与整合的"弱人工智能"阶段,但未来人工智能与法律的深度融合是不可阻挡之势。甚至有学者预言,思维的突现属性不为人类专有,人工智能的智力程度终将胜过人类,人类中心主义时代将成为历史。用法律人工智能独立解决纠纷的障碍可能只是技术问题和时间问题,随着语言识别技术的不断更新和海量裁判文书的全方位、全景式公开,实现机器人像"法律人一样思维"并不遥远。根据一份法律科技研究报告《文明2030:不久将来的律所》中的预测,"在未来15年内,机器人和人工智能将会主导法律实践,也许会给律所带来'结构性坍塌',法律服务市场的面貌将大为改观"。④

二、法律信任视角下的法律人工智能效应评判

法律的权威最终仰仗于"人民的内心拥护和真诚信仰",法律信任则是社会公众对法律形成的客观认知和理性信赖。依照伯尔曼的界定,人类的法律秩序和信仰共享着仪式、传统、权威和普遍性四种要素,⑤但法律和信仰并不因此而自动获得某种实质上的同一性,二者的异质性更值得我们注意:宗教因神秘莫测而收获神圣性,法律却是因其明确和可预见而成为规范人们生活的权威。人和法之间所能形成的是一种"有限理性"的关系,即在承认法律在复杂而善变的社会生活面前有不可克服的褊狭和滞后的痼疾的前提下,仍然选择法律作为社会控制的主要手段。正如麦迪逊所说,"人类的根本难题是

③ 沈寅飞:《当法律遇到人工智能》,载《方圆》2017年第14期。

④ 参见"Role of Artificial Intelligence in Law",https://www.raconteur.net/business/time-for-technology-to-take-over,最后访问日期:2017年12月20日。

⑤ [美]哈罗德·J. 伯尔曼:《法律与宗教》,梁治平译,中国政法大学出版社2003年版,第13页。

不可能请不会犯错的神做统治者,而只能让容易犯错误的人自己统治自己”。⑥

在肯认和包容人类“必然无知”的基础上,人对法律的信任更接近于韦伯笔下的“工具合理性取向”。在我国,社会在完成从传统到现代的转型过程中,信任方式也正由“关系信任”逐渐向“抽象信任”转变,即从基于血缘、地域等关系衍发的特殊信任过渡至卢曼所说的建立在“货币、政治权力或经过检验建立起来的真理”之上的系统信任。⑦ 在传统的差序格局文化背景之下,这一转换过程并不轻松,而且仍在持续当中。

法律人工智能的出现,代表着科学理性的推进和社会发展的另一种“技术统治的线性模型”,⑧“对知识体系和技术性知识的信任,是人们在风险社会中获得和持有本体性安全的基础和保证”。⑨ 然而技术本身带来的风险又在自反性的意义上冲击着人们的信任,作为吉登斯界定的“人为制造的风险”,“科学变得越来越必须,但就在同时,它对于社会所遵循的真理定义变得越来越不够”,⑩“其中许多具有全球性,对这些琢磨不定的因素,我们基本上难以用以往的经验来消除”。⑪

例如,对于社会公众而言,司法领域及其话语系统原本就是并不熟稔的内容,而他们的法律材料和诉求经由各种法律人工智能系统的加工后,“自动售货机”般得出了结论,怎能不使人们生出“把命运交给机器”的担忧和疑窦(尽管目前来看法律人工智能并不能完全代替法官的判断)? 即使对于场域内的法律职业者而言,“算法黑箱”都是需要解魅的存在。同时,人工智能的出现可能会改变法律信任的作用方式。法律之所以有效,在很大程度上得益于社会成员服从法律的习惯,而真正意义上的服从是出自对法律价值取向的认可,至少是出自对自身利益理性的衡量。但是在人工智能时代,习惯性的服从常常出自便利性的诱导,或者是本应由人类做出的替代性判断,理想意义上的守法习惯可能在不知不觉中被置换。

---

⑥ Clinton Rossiter, *The Federalist Papers*, New York: Penguin, 1961, pp. 320 – 321.

⑦ [德]尼古拉斯·卢曼:《信任:一个社会复杂性的简化机制》,瞿铁鹏等译,上海人民出版社2005年版,第77页。

⑧ [德]乌尔里希·贝克:《风险社会》,何博闻译,译林出版社2004年版,第103页。

⑨ 许斗斗:《技术知识与风险社会》,载《中共福建省委党校学报》2005年第9期。

⑩ [英]安东尼·吉登斯:《现代性的后果》,田禾译,译林出版社2000年版,第56页。

⑪ 同上书,第115页。

当然,本文的意图并不在于为蓬勃发展的法律人工智能泼冷水。人工智能技术虽然前景无限,但仍需要深思——否则我们可能会被其不断生长的能量裹挟而被带入不可控的未来。立足于法律信任的视角对法律人工智能产生的效应做出客观的分析与评价,能够从场域外的受众立场提供对法律人工智能发展利弊与实现障碍的感受,从而为其进一步的发展提供参考,笔者以为这不失为一个冷静观察的角度。

(一)法律人工智能对法律信任之可能增进效应

目前的法律人工智能体系主要包括智能法律检索、电子取证、诉讼管理、在线法律服务、机器人法律服务等领域。随着这些法律智能产品在法院、律师事务所、公司法务部门等行业的广泛布局,法律人工智能将对传统的法律实践产生深刻影响。在某种意义上,这种影响可能带来法律智慧的重塑——例如,司法公正可以在最大限度上避免人为因素的干扰,纠纷的解决可以以前所未有的效率实现,正义实现的方式将会有质的提升,进而增进法律信任。

1.法律人工智能有助于司法公正的实现

公众对法律的感知和信任并非天然生成,而是依赖于法律职业群体尤其是司法职业群体对法律价值的体认与履践。正如亚里士多德盛赞法律有如神祇一样,人工智能法律系统的优势在于"免除了一切情欲影响",可以呈现相对统一的、"同案同判"的评价标准,在一定程度上减少人为因素干扰,促进司法公正。

早在18世纪以分析法学家奥斯丁的观点为代表的法律形式主义就提出设想,"法律推理应该依据客观事实、明确的规则以及逻辑去解决一切为法律所要求的具体行为。假如法律能如此运作,那么无论谁作裁决,法律推理都会导向同样的裁决"。[12] 在分析法学看来,严格执行三段论推理是通往法治的必由之路。这种略显机械的法律观忽略了判决产生过程中法官的能动性和审判经验的重要参与甚至是主要作用,因而被现实主义法学所批判。然而现实主义法学同样忽略了法律规则的保守倾向和法律推理之于法律统治的价值,人工智能法律系统的开发正是建立在法律推理和计算机符号规则相似的形式意义之上的。

---

⑫ [美]史蒂文·J.伯顿:《法律和法律推理导论》,张志铭等译,中国政法大学出版社1998年版,第3页。

不同于互联网时代耗时费力的法律数据库检索，人工智能系统基于自然语言处理和深度学习的语音交互检索技术，使针对个案的法律适用研究向智能化和自动化迈进。系统可以从提供的事实材料中识别和提取法律问题，通过搜索相关法条和案例，经过加工分析后提供有价值的解答，将法律职业者尤其是法官从烦琐的法律检索事务中解脱出来，从而使其有更多精力投入判决的充分说理论证中去。当然，人工智能的定位应当是司法活动的助手，为法官裁判提供规范化和精准化助力，正如医生和智能医疗器械的关系一样。一些简单案件如小额诉讼可以以人工智能系统裁判为主、法官扮演裁判结果审查者的角色。人工智能是否能够完全取代法官独立作出判断？一方面，存在技术障碍——机器在理解案情和裁判能力方面均存在“认知”短板；⑬另一方面，即使技术问题可以克服，真正的问题在于法律规则在很多情况下并不像围棋规则那样封闭而明晰，相反是复杂的甚至模糊的。判决本身是技术理性与经验理性的结合体，除显性的规则外还有隐性的无法诉诸条文的社会与法理因素，需要法官在权衡各种利益、比较各种权重系数之后得出结论，而并非单一的直线型推理模型的应用。

2. 法律人工智能有助于增加裁判的可预测性

裁判的可预测性对场域内的法律职业群体和场域外的社会公众具有不同的意义。对于律师而言，裁判预测可为他们提供证据收集的指引和胜诉概率的判断，有助于他们根据前置性预测作出有效的诉讼策略；对法官而言则意味着资源的节约和负担的减轻，同时对法官还会形成一种倒逼的反馈机制：裁判的可预测性将对法官的裁判构成“思维约束”，警醒法官作出裁决时应当更为慎重和客观。而对于场域外的社会公众，符合（但不是迎合）公众价值期待的裁判将坚定公众对司法、法律的信心。尽管法律精英和普罗大众有着不尽相同的话语表达系统，但二者在法律制度体系和基本伦理道德上应该存在基本共识。近些年来一些引起社会关注的热点案件如许霆案、于欢案等，因判决结果与公众期待出现偏差而引发舆论浪潮，使公众的法律信任一再弱化。虽然有媒体报道的刻意裁剪、受众解读偏向等各种原因共同导致，判决的不可预测性显然会加剧公众对司法公信的怀疑，进而削弱社会凝聚力、影响法律与司法权威的确立。

⑬ 吴习彧：《司法裁判人工智能化的可能性及问题》，载《浙江社会科学》2017年第4期。

预测功能是法律人工智能最重要的贡献,极大地提高了预测的成功率并降低了预测的成本。进入司法大数据时代后,云计算、人工智能等强大的存储、提取和分析功能革命性地突破了过去样本采集的"小数据"局限,从犯罪预测到判决结果预测,依托于大数据的人工智能预测技术在法律领域应用十分广泛。准确的预测率对于提升公众的法律信任有着多方面的实用价值:一方面为法官的判断提供参考,减少裁量差异性、促进裁判统一,从而有助于实现司法正义;另一方面为参与诉讼的当事人提供诉讼策略,当事人可以在各种诉讼方案中择优,从而节约诉讼成本、实现法律效益价值。对关注案件的社会公众而言则可以通过法律人工智能系统形成裁判预测,在一定意义上起到了行为指向、社会监督和法律教育的作用。

3. 法律人工智能有助于改善法律认知,促成公众与法律的"重叠共识"

法律信任的前提之一是对法律有基本的认知。然而法律作为一种特定的符号系统,准确地理解和把握并不容易。在西法东渐之前,传统中国社会的法律与民众共同分享和履践着儒家的伦理道德体系,达成重叠共识相对容易。自大规模的法律移植、现代化法律体系构建开始之后,由于传统观念的延迟性而无法与快速建立的制度相匹配,出现了在一定范围内传统伦理、人情、道德标准和现代法治观念的对立和隔阂。

法律人工智能的出现,可以以一种特殊的方式弥合公众认知与法律体系之间的鸿沟。由于收集、存储、处理和分析信息的成本大幅度降低,对法律的认知成本可以简化为服从几个指令。如同驾驶汽车的发展历史一样,由于导航技术的发展,人们大大节约了研究地图的时间,免去了迷路的烦恼。无人驾驶汽车的出现甚至免去了学习驾驶技术的必要。可以预见,未来人们做出某项行为时,法律人工智能系统将负责筛选和把控行为的合法性,人们只需要遵循系统的指令而无须研习法律或向律师、法律顾问咨询。据统计数据显示,2017年欧洲有47%的法律服务采购额落入法律科技服务公司之手,而在过去这是属于传统人工法律服务的业务范围。

不过,换个角度思考,当人们的法律决定无须经过大脑思考只需听从法律人工智能系统的指令时,极大的便利同时也可能预示着另一种危机的开始。对人工智能系统的无限授权可能导致的潜在风险,正如吉登斯所说,"我们所面对的最令人不安的威胁是那种'人造风险',它们来源于科学与技术的不受限制的推进。科学理应使世界的可预测性增强,但与此同时,科学已造成新的不确定性”。[14] 在未来尽享人工智能便利的同时,如何防止我们现在打开的是“潘多拉魔盒”?

(二)法律人工智能对法律信任增进效应实现之障碍

正如上文分析,法律人工智能有着提升司法公正、打破技术和知识垄断、增强正义可获得性等增进公众法律信任效应的美好前景。结合目前的法律人工智能发展状况以及公众的法律信任现状,能否继续推进这些正面效应仍需进一步分析和思考。

1. 法律人工智能系统的“算法黑箱”疑虑待解

人工智能系统的三个核心就是“算力、算法、数据”,其中最为神秘、容易引发担忧的就是所谓的“算法黑箱”。对于法律职业者和普通社会公众而言,由于缺乏专业信息技术技能而对运行结果产生的过程和遵循的路径并不知晓。未来法律人工智能系统将更为深度地参与立法、司法等各种法律决策,对人们的利益格局乃至命运走向影响至为关键。而算法本身是没有伦理属性的,更没有法律的平等性和正义性,倘若对其没有强有力的社会规则约束,那么算法将继续直接明了地服务于软件设计人植入的目的。法律人工智能系统在立法决策、犯罪预测、定罪量刑方面是否会出现某种偏向,同样和设计者植入的算法模式息息相关。

国外已经有研究发现,根据人工智能算法为银行提供的是否批准贷款的建议中,白人申请批准比例要高于黑人的申请批准比例。[15] 算法的不透明性已经造成了新的歧视。更令人担忧的是,信息技术时代的算法歧视与传统社会的歧视相比更为隐蔽,科技为其加持的光环使“数字鸿沟”在暗中缓慢显著而难以被人察觉。我们原本试图借助机器的理性来弥补人类理性的局限,然而如果黑箱隐藏的算法规则不显性化、不嵌入人类的伦理价值观和法律规则体系,结果可能带来更大的风险。

2. 传统关系信任的模式有待突破

针对公众法律信任的构建模式,季卫东教授认为传统中国的信任方式主要是特殊信任,根据人际关系的差序格局形成以关系为基础的交换性信任,而西方社会则是一般信任,由现代法治秩序建构,形成的是不同社会群体之

---

[14] [英]安东尼·吉登斯:《现代性的后果》,田禾译,译林出版社2000年版,第115页。

[15] [英]安东尼·吉登斯:《失控的世界:风险社会的肇始》,载薛晓源等编:《全球化与风险社会》,社会科学出版社2005年版。

间的非交换性信任。[16]

在我国法治秩序的形成过程中,一个无法忽视的基本经验事实是:社会公众的法律信任仍然深受关系信任的影响,公众对法律的一般信任仍在建设中。以法律服务市场为例,尽管法律人工智能系统开始对法律服务市场有所渗透,但是熟人社会的信任模式仍然使当事人在纠纷发生后更愿意选择在其社会关系网络内的法律职业者,有所谓"关系资源"者更佳,而不是人工智能系统根据专业能力、办理案件数量、经验水平等指数整合推荐的律师。从另一方面来看,公众传统的信任模式也与其生活区域的司法公正程度和司法水平相关。根据学者的实证调查分析显示,上海、北京等地公众对法律人的信任度在80%~90%,[17]大城市的陌生人社会结构、相对更高的司法水平更容易促成法律信任的形成,法律人工智能系统的增进效应也更容易显现。如果公众对法律人的评判不以专业能力和办案经验为首要选择,对法律人工智能系统的服务存在不信任就在情理之中。因此,一方面扩大司法公正、提升司法水平,为克服传统关系信任的负面影响提供外部环境;另一方面法律人工智能系统应开发更贴合消费需求的法律服务,如设计类似口碑网的评价体系和评级制度供消费者参考和选择。当随着网络成长起来的新一代人逐渐成为法律服务受众的主体之后,法律人工智能系统对陌生人社会法律信任建构的积极作用将会得到更大施展。

三、理性预期:怎样"增进"法律人工智能的增进效应

包括斯蒂芬·霍金和埃隆·马斯克在内的科学家都曾预言,人工智能的崛起对人类而言要么是最好的事情,要么是最糟的——可能导致人类的灭绝。在霍金看来,"人工智能一旦脱离束缚,就会以不断加速的状态重新设计自身",人类却因受到进化的限制而无法与已经具备自我意志的人工智能展

---

[16] 季卫东:《法治与普遍信任——关于中国秩序原理重构的法社会学视角》,载郑永流主编:《法哲学与法社会学论丛》,北京大学出版社2006年版,第174页。

[17] 张善根:《关于社会公众对法律人的信任探析——以对上海市社会公众的法律人信任调查为基础》,载《法商研究》2012年第4期。

开竞争。“由于人工智能的巨大潜力，研究如何获益并规避风险是非常重要的。”⑱

面向未来的法治智能时代，怎样在遏制“最糟的”一面的同时发展“最好的”法律人工智能系统，促进人与法律之间的和谐信任关系同样值得深入思考。

首先，针对法律人工智能系统的开发设定以“良善”为核心的价值指引体系。“技术是人的本质力量对象化的产物”，⑲技术为善或是为恶都不过是人性善恶的镜像。为技术发展设置合理的限度，首要考虑的就是技术本质的价值判断。技术工具论认为技术作为人的创造物是中性的，并无善恶之分，技术风险的恶果仅在于对技术的不正当应用。人类的扩张野心和征服欲支配下的技术滥用固然导致了种种恶果，提供助力的正是无节制发展的技术。正如吉登斯所说“科学和技术不可避免地会致力于防止那种风险，但是首先他们也有助于产生这些风险”。⑳ 因此，在技术批判论的理论视域，没有所谓技术本身，只有技术应用的具体情境。

鉴于法律人工智能可能的技术风险，应当将其开发、设计的宗旨限定在良善和友好的价值目的范围内，以避免其可能为人类利益分配、社会发展等带来的不确定性。美国科幻小说家艾萨克·阿西莫夫提出的机器人三大定律为人熟知，但三大定律的基本思想是“不伤害”，即以机器人不得伤害人类为基本原则。法律人工智能系统应遵循的不仅是“不伤害”，开发者、设计者应当严格遵守法律的基本原则，体现法律的公平、正义、理性等价值追求，防止恶意的歧视和不平等的数据采集，禁止背离人类基本价值取向的系统开发，同时应当对系统应用的消极或负面效应承担责任。

其次，揭开“算法黑箱”，实现算法可视化和结果的可信性。法律人工智能系统作为信息收集和处理的匹配中介，过程的不透明性使其运作规则和状态成为用户无法获解的秘密，信息的不对称有悖知情权原则，而且容易造成信任断裂。鉴于法律事后救济的专业性限制，针对“算法黑箱”的法律干预可

---

⑱ 《霍金隔空谈“人工智能威胁论”》，载《北京日报》2017年4月28日，第2版。

⑲ 李美凤、李艺：《人的技术化与人类发展——人的技术化之合理性辩护》，载《学术论坛》2007年第12期。

⑳ ［英］安东尼·吉登斯：《失控的世界：风险社会的肇始》，载薛晓源等编：《全球化与风险社会》，社会科学出版社2005年版，第39页。

从事前、事中两方面入手：一方面从算法的源头加以制约，如限制收集歧视性和虚假信息以及可能造成误判的信息；另一方面设置针对算法进行监管的信息强制披露制度，实现算法的可视化。经验事实证明，只有公开、透明的决策过程方能赢得受众的认可和信任。人类社会在演化过程中，不断产生各种影响利益分配格局的制度或技术“黑箱”，又被随后应运而生的信息公开程序揭开面纱，如庭审公开、听证制度、信息披露制度等。人工智能时代的“算法黑箱”同样需要通过将技术编码转化为自然语言去神秘化。

最后，建立法律为主、伦理和政策结合的风险控制体系。国务院在《新一代人工智能发展规划》中提出，“建立人工智能法律法规、伦理规范和政策体系，形成人工智能安全评估和管控能力”。人工智能的发展应当奉人类福祉和社会安全为圭臬，才能实现人和机器合作的共生与共进化，否则“公众风险意识和风险冲突将引向抗议科学的科学化形式”。㉑

人工智能的设计研发、生产和应用过程中应当嵌入法律的监管机制，确保其符合安全的运作目的。与此同时，人工智能的发展需要有完善的道德伦理准则制约。2016年8月欧盟下属的科学知识与科技伦理世界委员会提出了一份《机器人伦理初步报告草案》，针对人工智能的研发提出若干伦理标准建议，如人类利益、不作恶、正义、基本权利、警惕性、包容性、可责性、安全性、可逆性、隐私等。㉒ 我国的人工智能领域发展虽处于起步阶段，但发展迅速。针对人工智能风险的前瞻性立法和伦理规范不可或缺，在立法尚不成熟的前提下，构建相关的政策体系作为先导也是可行之举。

四、结语

“无论是谁付出信任，都不得不对他自己接受其中包含的各种风险的心理准备保持警惕。即使仅仅因为要消除疑虑相信，他自己也必须明白，他不是无条件地信任，而是在某种限度内，与特定的、理性的期待成比例付出信

㉑ ［德］乌尔里希·贝克：《风险社会》，何博闻译，译林出版社2004年版，第160页。

㉒ 曹建峰：《十大建议：看欧盟如何预测AI立法新趋势》，载《机器人产业》2017年第2期。

任”。[23] 归根结底，信任依然要建立在理性主义的基础之上。正如人工智能技术的发展不可避免地带来社会关系的重大变革一样，法律人工智能系统的迅猛进步也在深刻影响着人类的纠纷解决方式、正义获得方式以及人和法律之间的信任关系。尽管法律人工智能系统有着巨大的增进效应，唯有客观认知和控制其伴随而来的风险和潜在的负面影响，我们才能真正迈入法治智能化的新时代。

㉓ [德]尼古拉斯·卢曼：《信任：一个社会复杂性的简化机制》，瞿铁鹏等译，上海人民出版社 2005 年版，第 38 ~ 39 页。

律师职业人工智能化的限度及其影响

杨立民*

内容摘要：随着人工智能时代的到来，现有的很多行业和职业将会受到颠覆性的影响，但是影响的幅度和效果将会因为行业性质的差异而不同。虽然人工智能的快速发展将会对律师行业的结构性变革和法律服务市场的重塑产生重要的影响，但是它还不可能从整体上完全替代律师群体，因为人工智能在从产品特性向类人类特性发展的过程中，还存在很多不可逾越的障碍。更何况，法律人工智能的发展还会面临数据模型的可靠性、数据共享等问题。在向信息文明转变的过程中，数字信息技术深刻地影响着人类的就业结构和劳动力市场，也对法律行业带来了机遇和挑战，这正是中国律师业在未来必须面对并尽力把握的。

关键词：人工智能　律师职业　产品特性　类人类特性

---

* 杨立民，上海对外经贸大学贸易谈判学院讲师。本文原发于《深圳大学学报》(人文社会科学版)2018 年第 2 期。本文是中国法学会 2017 年度部级法学研究课题“新媒体时代律师网络言行的规制问题研究”[编号：CLS(2017)D03]和上海高校青年教师培养资助计划课题“中国涉外法律服务市场准入问题研究”(编号：ZZSUIBE16002)的阶段性成果，并得到世界贸易组织教席计划、上海高校智库上海对外经贸大学国际经贸治理与中国改革开放联合研究中心的资助。

引言

科技发展到今天,不仅深刻地影响和改变了人类的工作和生活,甚至还在很大程度上重塑着人类的生存方式。比如,随着人工智能时代的到来,现有很多行业的工作将会受到颠覆性的影响,人力资源会被从很多劳动中解放出来,由人工智能产品代劳。不过,人工智能虽然可以弥补人类自身劳动能力的不足,减轻人的劳动负担,提高劳动效率,甚至可以推动人类的劳动解放和全面发展,[①]但是它也会导致另一个状况的出现,即如果被解放出来的劳动力无法实现"与时俱进"和"自我更新",那么很多行业就会出现"结构性失业",甚至"全面性失业"。[②] 据预测,在2015~2020年,15个主要发达和新兴经济体将会因为人工智能等科技而丧失510多万个工作岗位。[③] 毕竟,在一个人类伴侣都有可能被机器人替代的时代,[④]已经很难再说还有哪些工作岗位是完全不可被替代的了。

但是,人工智能产品对人类工作的替代幅度、范围、速度以及替代过程中可能面临的问题等,并不能一概而论。这些内容将会因为工作的职业性质等差异而出现很大的不同。比如,虽然律师和医生的服务对象都是人类(兽医除外),但是他们工作的内容却是差距很大。除精神、心理等领域的医生外,大部分医生要解决的是患者肉体上的病症,而律师要解决的则是客户社会关系上的"病患"。人的肉体在很大程度上是一种可视化、可感触的物理存在,而人类的社会关系则是一种看不见、摸不着的虚拟存在。在人类社会关系的各项构成要素尚不能被完全地概念化和数据化的情况下,笔者认为人工智能应用于医学领域的时间以及应用的范围、幅度和效果,要早于、大于和好于法律服务领域。

---

① 何云峰:《挑战与机遇:人工智能对劳动的影响》,载《探索与争鸣》2017年第10期。

② 高奇琦、李松:《从功能分工到趣缘合作:人工智能时代的职业重塑》,载《上海行政学院学报》2017年第6期。

③ World Economic Forum, *The Future of Jobs: Employment, Skills and Workforce Strategy for the Fourth Industrial Revolution*, http://www3.weforum.org/docs/WEF_Future_of_Jobs.pdf.

④ 郭宇豪:《性爱机器人的崛起:人工智能未来发展》,载新浪科技:http://tech.sina.com.cn/it/2017-07-28/doc-ifyinvwu2882525.shtml,最后访问日期:2018年1月10日。

就人工智能与法律的关系而言,国外自20世纪50年代起就陆续展开了相关研究,并卓有成效。⑤ 国内就此话题的相关研究虽然不多,但是一直没有缺位:早期的研究是探讨如何将人工智能支撑的专家系统应用到法律领域;⑥ 2000年以后的研究则是集中在人工智能与法律方法、法律思维的关系问题上;⑦近期的研究又涉及人工智能与法律职业(如法官、律师等)、⑧法律制度(如知识产权保护)、⑨法律秩序(如民事责任认定、隐私保护)⑩的关系等问题。

人工智能技术的发展会对法律职业产生非常大的影响,这是毋庸置疑的。但是,这种影响到底有多大,影响程度有多深,具体影响有哪些,法律职业群体是否有可能完全被人工智能产品所取代,法律人工智能的发展将面临什么样的现实问题,以及对中国法律服务资源的再分配和全球参与有何影响等,目前还没有明确的答案。本文将以人工智能对律师行业的影响为例,在已有研究成果的基础上,对上述问题进行系统的思考和探究。

---

⑤ 张妮、杨遂全、蒲亦非:《国外人工智能与法律研究进展述评》,载陈金钊、谢晖主编:《法律方法》,山东人民出版社2014年版,第458~480页。国外还有一个专门呈现历年来法律与人工智能研究成果的网站:http://www.iaail.org/。

⑥ 参见钱学森:《钱学森同志论法治系统工程与方法》,载《科技管理研究》1981年第4期;张力行:《计算机法律信息检索与计算机法律专家系统——理论与实践》,载《中外法学》1989年第3期;赵廷光:《论知识经济与法律信息资源的开发利用——开发〈法学系列专家系统〉的可行性研究报告》,载《现代法学》1998年第3期。

⑦ 张保生:《人工智能法律系统的法理学思考》,载《法学评论》2001年第5期;於兴中:《人工智能、话语理论与可辩驳推理》,载葛洪义主编:《法律方法与法律思维》(第3辑),中国政法大学出版社2005年版,第115~129页。唐昊涞、舒心:《人工智能与法律问题初探》,载《哈尔滨学院学报》2007年第1期;梁庆寅、魏斌:《法律论证适用的人工智能模型》,载《中山大学学报》(社会科学版)2013年第5期。

⑧ 吴习彧:《司法裁判人工智能化的可能性及问题》,载《浙江社会科学》2017年第4期;白建军:《法律大数据时代裁判预测的可能与限度》,载《探索与争鸣》2017年第10期;曹建峰:《人工智能法律服务的前景与挑战》,载腾讯研究院:http://www.tisi.org/4855,最后访问日期:2017年9月11日。

⑨ 吴汉东:《人工智能时代的制度安排与法律规制》,载《法律科学》2017年第5期;易继明:《人工智能创作物是作品吗?》,载《法律科学》2017年第5期;王迁:《论人工智能生成的内容在著作权法中的定性》,载《法律科学》2017年第5期;梁志文:《论人工智能创造物的法律保护》,载《法律科学》2017年第5期。

⑩ 胡凌:《人工智能的法律想象》,载《文化纵横》2017年第2期;司晓、曹建峰:《论人工智能的民事责任:以自动驾驶汽车和智能机器人为切入点》,载《法律科学》2017年第5期;何波:《人工智能发展及其法律问题初窥》,载《中国电信业》2017年第4期;袁曾:《人工智能有限法律人格审视》,载《东方法学》2017年第5期。

一、人工智能的概念界定与法律人工智能的发展态势

(一)人工智能的概念界定

人工智能在本质上是让计算机模仿人类进行运算、感知、学习、思考、推理、联想、交流、行为等活动。[11] 就其发展动态来看,运算、统计、存储、学习、搜索等只是人工智能的初步阶段,感知、认知、联想、推理等是人工智能的高级阶段,而思考、交流、自我意识、主动行为等则是人工智能发展的终极目标。换言之,科学家们对人工智能设定的方向是,由产品特性向类人类特性发展。

业界对人工智能是有"弱""强""超级"的划分的,诸如自动驾驶、自动识别、专家系统等技术,因其产品属性和工具特性而被归类到"弱人工智能"的范畴中。[12] 此类人工智能是为服务人类而设计的,可能会引发失业危机等,但不会对人类的根本生存造成威胁。真正引起人们关注和热议的是关于"强人工智能"和"超级人工智能"的设想,此类人工智能被预设为会具有一定的自主性,甚至会拥有自我意识等类人类特性,人们担忧它的出现会引发人类的生存危机。[13]

(二)法律人工智能的发展动态

1958 年,法国人 Lucien Mehl 提出了将人工智能技术应用到法律领域的设想:一类是用于法律信息归类和检索的人工智能机器,另一类是用于法律咨询与裁判的人工智能机器。[14] 在与法律的关系中,前者处于人工智能的初级阶段,发挥的是辅助性功能;后者则更为高端,侧重于发挥人工智能的主导

---

⑪ 王志良:《脑与认知科学概论》,北京邮电大学出版社 2011 年版,第 4~5 页。

⑫ 翟振明、彭晓芸:《"强人工智能"将如何改变世界——人工智能的技术飞跃与应用伦理前瞻》,载《人民论坛·学术前沿》2016 年第 7 期;陈自富:《强人工智能和超级智能:技术合理性及其批判》,载《科学与管理》2016 年第 5 期。

⑬ 有学者根据具体言论所蕴含的实际语义,将人工智能的威胁论分为"工具性威胁""适应性威胁""观念性威胁""生存性威胁"四种类型,并进行了一种哲学意义上的澄清和批驳。参见李恒威、王昊晟:《人工智能威胁与心智考古学》,载《西南民族大学学报》(人文社会科学版)2017 年第 12 期。

⑭ Lucien Mehl, *Automation in the Legal World*, Mechanization of Thought Processes: Proceedings of a Symposium Held at the National Physical Laboratory on 24th, 25th, 26th and 27th November 1958. London: Her Majesty's Stationery Office, 1959, pp. 755 – 780.

性功能。随着数据库技术和信息检索技术的发展,前一类法律人工智能已基本上被实现了,如今各类法律数据库、法律信息检索以及在线法律咨询平台等已经比较成熟和完善了。目前引起热议的是第二种类型的法律人工智能,即如何让人工智能成为提供法律服务和主导案件裁判的主体,而不再只是辅助律师和司法人员工作的工具。

时至 2016 年,IBM 推出的人工智能机器人被美国一家律所应用到法律服务中,专门处理破产领域的案件。⑮ 伦敦大学和谢菲尔德大学研制的人工智能系统可以预测司法裁判,准确率高达 79% 。⑯ 中国也在 2016 年推出了自己的法律人工智能机器人。⑰ 这些设计实践在很大程度都是想实现人工智能在处理法律事务时的自主性和主体性,即能够像人类那样进行法律方面的思考和判断。如果说工业时代的机器所取代的是人类的体力劳动,那么信息时代的智能机器(人)意欲取代的则是人类的脑力劳动。⑱

二、人工智能完全取代律师群体的可能性

人工智能的运作原理是:数据库 + 推理机制。数据库负责存储知识,推理机制负责运用这些知识进行推理和论证,并得出相应的结果。⑲ 人工智能模仿人类专家运用知识、逻辑、规则等进行推理并得出结论的过程,是一次形成新的认知的经历和体验。⑳ 其中,如何模仿人类大脑进行推理和论证不仅是人工智能的热门话题,也是人工智能与法律关系的核心话题。㉑ 人工智能

---

⑮ "Your AI Lawyer Will See You Now: IBM's ROSS Becomes World's First Artificially Intelligent Attorney", reported by *Daily Mail Online* on 16 May, 2016.

⑯ "Artifically Intelligent 'Judge' Developed which Can Predict Court Verdicts with 79 Percent Accuracy", reported by *The Daily Telegraph* on 24 October, 2016.

⑰ 黄从余:《"法小淘"能否取代法律人?》,载福建长安网:http://www.pafj.net/html/2016/shicisuibi_1028/65464.html.,最后访问日期:2017 年 9 月 11 日。

⑱ 郑戈:《人工智能与法律的未来》,载《探索与争鸣》2017 年第 10 期。

⑲ 黄良洪、曹旭东、刘树铭:《法律领域的专家系统》,载《计算机工程与科学》1991 年第 1 期。

⑳ 张扬武:《基于产生式的民事法律专家系统的研究》,载《电脑知识和技术》2013 年第 15 期。

㉑ 武志良、陈如松:《非形式逻辑与人工智能》,载《佳木斯大学社会科学学报》2006 年第 5 期。

通过深度学习可以建立起系统的知识图谱是科技发展的一大进步,但是这距离人类复杂的大脑思考还有很大的距离。比如,如何将学习到的知识自动建模和抽象化,以及如何从自然语言文本中提炼出形式化的逻辑等,就是人工智能实现类人类特性过程中难以逾越的障碍。所以,人工智能产品完全取代律师群体的可能性不大。

第一,人工智能机器人不具备人类所特有的思想感情、价值观念、道德意识及情势判断能力。大量实验表明,人类智能的本质不是计算,[22]因此人类的运算能力不及计算机,就如同人类跑不过汽车一样正常。但是,人类不但具有智力和智慧,还具有心性和灵性,而后两者是人工智能机器人所难以具备的。[23] 每个学科对人的假定是不同的。经济学将人假定为一种抽象的"理性人",社会学强调的是"现实人",人工智能在很大程度上将人视为一种可以数据化、模型化的"格式人"。但是,人类毕竟是生活在特定社会结构和制度文化中的具体而现实的群体,他们的行为、思想、感情、观念等因时、因地、因人而异。[24] 数据和模型可以测算到一类人的知识结构和行为特征,但不可能涵盖到所有的人。

换言之,人工智能产品可能具有很高的"智商",但是在"情商"方面则可能为零。法律服务是一个以处理人类的法律关系为主要内容的行业,律师服务的对象是"活生生"的人,而不是"静态"的物。律师为客户提供法律服务时,不只是专业的法律知识方面的信息输出,还包括很多其他方面的内容。比如,对处于情绪波动状态的客户,律师首先要做的是对他/她的情绪进行安抚,然后再以自己的法律知识和执业经验对案件、诉求以及诉讼目的进行专业的分析、判断和解读。又如,律师与客户在签订服务合同时,存在一个"讨价还价"的博弈过程;律师的沟通技巧和审时度势的能力在其中发挥着至关重要的作用。人工智能可能会高效、准确地提供法律知识方面的解答,但是不能够对客户的情绪波动做出回应,这是它与人类律师的根本差别所在。

第二,人工智能机器人的认知结构是建立在人类知识和经验的基础上的,它可以通过综合、融汇的方式放大人类的智慧,但是无法超越人类的整体

[22] 龚怡宏:《人工智能是否终将超越人类智能——基于机器学习与人脑认知基本原理的探讨》,载《人民论坛·学术前沿》2016 年第 7 期。

[23] 於兴中:《当法律遇上人工智能》,载《法制日报》2016 年 3 月 28 日,第 7 版。

[24] 洪大用:《环境社会学的研究与反思》,载《思想战线》2014 年第 4 期。

认知范围。人工智能的深度学习能力实际上也是对人类认知能力的一种模仿。[25] 人工智能机器人所能从事的业务领域应该是以格式化、数据化、法律关系相对固定为特征,它的运算基础和逻辑离不开人类为它设定的数据库,而数据库又是建立在现有的法律信息和裁判经验的基础上。当某些合同条款、商业框架、案件情况在之前从未出过时,智能机器人恐怕就失去了高速应对的基础了。总之,法律人工智能产品的运转是建立在人类认知可控的范围内,只是它通过深度学习而融汇了大量的信息,所得出的结论可能更接近法律的规定和先前的裁判经验。

美国律所让机器人 ROSS 从事破产领域的业务,正是有这方面的考虑。如果让它从事涉及人类的情感、情绪、情欲的婚姻家庭领域的业务,它是否还能够做到“以不变应万变”呢? 这是需要进一步考察的。笔者认为,人工智能机器人首先进入的领域应该是那些促发展的高端业务领域,如金融、证券、投资、竞争、公司相关业务等,因为这些领域的业务模式相对固定,可以被格式化和数据化。反而是保民生的低端业务领域,如离婚、继承、物业,因为涉及情感因素、民间习俗、社群矛盾等,人工智能是否能够很好地发挥功能,有待考察。

第三,人工智能不能以相对固定的运算模式和认知逻辑来应对不可控的案情和社会情势。律师业在本质上属于服务业的一种,律师执业在很大程度上是一种经济活动。律师职业之所以与公平、正义、秩序等价值理念密切相关,是因为其所服务的内容——“法律”与这些价值理念相关联。因此,律师服务实际上是一项以知识、信息、经验等为主要内容的交易活动。

福柯说知识就是权力,[26]实际上信息、经验也是权力。法律规则越来越多,也越来越复杂。人们如果不经过专门而系统的法律训练(包括学校教育和实务锻炼),很难搞懂此法与彼法的关系、法律和法规的区别、法律和司法解释哪个在司法实践中更为适用等问题。社会分工越细密,行业隔阂越大,法律规范就会越多,法律服务的业务市场就会越大,这是近年来律师行业内

---

[25] 蔡曙山、薛小迪:《人工智能与人类智能——从认知科学五个层次的理论看人机大战》,载《北京大学学报》(哲学社会科学版)2016年第4期。

[26] 参见[法]米歇尔·福柯:《性史》,张廷琛、林莉、范千红等译,上海科学技术文献出版社1989年版,第98~99页;[法]米歇尔·福柯:《知识考古学》,谢强、马月译,顾嘉琛校,生活·读书·新知三联书店2003年版,第53~54页、第59页。

部分工越来越细的原因。通过一位家事律师的讲座可以发现,离婚或者遗产继承纠纷并非我们想象的那么简单。从给当事人提供合理有效的法律建议,到案件最终执行完毕,其中有许多细节性的东西需要注意。甚至哪家法院几点钟打电话比较合适,哪家法院申请强制执行时需要多准备一份材料等非常细节的信息,他都了如指掌。这些内容实际上与纯粹的法律知识没有太多关系,但它们又是非常有用的信息。

总之,法律服务的客体不仅包括文本上的法律知识、庭审程序、裁判先例等法律知识,还包括执业经验、价值理念以及司法信息等不确定的非法律知识。纯粹的法律知识只是律师获取客户信任的一个方面,因为文本上的法律大家都可以看到;而丰富的执业经验和有效的司法信息则是律师取得业务的关键所在。人工智能的深度学习功能,可以增加其运算和预测的准确度,但是不能解决它如何以相对固定的运算模式和认知逻辑来应对不可控的案情和社会情势。这个问题不解决,人工智能机器人就不太可能完全取代人类律师群体。

围棋虽然是世界上最复杂、最困难的智力游戏,却终究还是有规则可循的;而且棋局的走法是可测算的,这对于人工智能来讲是至关重要的。[27] 但是,人类的思维、情感、心理等内容在很多情况下是无法概念化、数据化的,更是无法通过高速运转的计算能力来进行预测的。实际上,即便是人工智能的设计者和推崇者,也大都认为人工智能成果可以提高司法裁判和法律服务的效果和质量,但是不能取代法官和律师。[28]

三、人工智能对律师行业和法律服务市场的影响

人工智能不能完全取代律师群体,但是不代表它不会对律师行业造成影响和冲击。科技成果被广泛应用到法律服务中已经成为不争的事实,以人工

㉗ 魏雅华:《"阿尔法"大法官》,载《检察风云》2016 年第 8 期。

㉘ "Artifically Intelligent 'Judge' Developed which Can Predict Court Verdicts with 79 Percent Accuracy", reported by The Daily Telegraph on 24 October, 2016. Carl Benedikt Frey and Michael A. Osborne, "The Future of Employment: How Susceptible Are Jobs to Computerisation", accessed Sep. 9, 2017, http://www.oxfordmartin.ox.ac.uk/downloads/academic/The_Future_of_Employment.pdf.

智能为代表的信息技术深刻影响着法律服务业和法律服务市场的未来走向。[29] 人工智能技术的发展不仅可以提高法律服务的效率和质量,还会从律师职业的结构构成、工作方式、盈利模式、资源调配和使用等方面重塑法律服务市场。

(一)对律师行业的结构性变革

当人工智能能够从事一些简单的法律咨询和司法裁判时,便意味着包括法官、律师在内的法律职业共同体开始面临它带来的挑战和冲击了。"出点子"和"做决定"本身就是一种权力体现。智能机器人的使用,实际上是将法律意见提供权和法律纠纷裁判权从律师和法官的手中转移到程序设计者的手中。[30]

利用人工智能可以近乎实时地跟踪法律法规和司法裁判的变动,这会对一部分法律从业群体的存在价值和功能定位造成冲击。目前,高效而精确的法律信息搜集、归类、存储、检索以及文件阅读等已经成为人工智能所需具备的基本功能,而更高级的法律推理、案件论证、结论提取、案件预测、法律咨询等功能则是将来人工智能发展的方向。当普通法律服务(如简单的法律咨询)能够为人工智能所代劳时,人力资源就会慢慢地从这一市场领域退出。[31]

人工智能在提供法律服务时所具有的便捷性、透明性、可操控性等特征,将会成为吸引人们目光的优势。这种情况下,不具备从事复杂法律业务能力的"万金油"类型的律师、律师助理、实习律师、律师秘书等从业群体将会受到很大的冲击。[32] 而且,法律人工智能的发展还会引发律师行业的再职业化。法律服务的在线化和非人工化,对律师服务的质量、方式、效率和律所的运作

㉙ [英]理查德·萨斯坎德:《法律人的明天会怎样?——法律职业的未来》,何广越译,北京大学出版社2015年版,第19~23页、第52~63页。

㉚ [美]Phil McNally、Sohail Inayatullah:《机器人的权利——二十一世纪的技术、文化和法律》(下),邵水浩译,载《世界科学》1989年第7期。

㉛ 人工智能从事简单的法律服务的情况已经开始出现。张利:《人工智能在法律中的应用》,载雷锋网:https://www.leiphone.com/news/201703/fuiajGkSfasZgNmy.html,最后访问日期:2017年9月11日。

㉜ Carl Benedikt Frey and Michael A. Osborne, "The Future of Employment: How Susceptible Are Jobs to Computerisation", accessed Sep. 11, 2017, http://www.oxfordmartin.ox.ac.uk/downloads/academic/The_Future_of_Employment.pdf. 史宇航:《人工智能与律师终结者》,载法律风险管理:http://chuansong.me/n/935168541630.,最后访问日期:2017年9月11日。曹建峰:《人工智能法律服务的前景与挑战》,载腾讯研究院:http://www.tisi.org/4855.,最后访问日期:2017年9月11日。

模式等提出了要求,促使律师行业向更为专业化、职业化、商业化的方向发展。

另外,人工智能可以平衡律师业内部的科层结构、竞争环境和代际关系。比如,一般情况下,年纪大的律师在执业经验和业务资源积累方面具有优势,因此往往在律所内部的科层结构中居于主导地位。而如今随着人工智能切入法律服务市场,年轻的律师在新知识、新技术的学习和利用方面更具有优势,这会平衡老律师在年龄、资历等方面的优势,引发律所科层格局的变动。又如,人工智能的发展会带来法律知识和司法信息的普及化,家庭出身、教育背景、实习经历等影响律师职业的因素会发生变化,进而影响律师服务行业的科层结构格局。

(二)对法律服务市场的分化和重塑

传统的律师服务业是一个"以人为本"的行业,服务主体和服务对象都是以人类为主体。当人工智能技术在律师服务中主导一些简单案件的解决时,会形成服务主体的多元化现象,传统律师业的服务关系格局随之发生改变。就像当医院里的一些手术通过高端的智能化设备来完成时,便意味着人类不再是这个职业的单一服务主体,传统医生职业的参与要素发生了改变。也就是说,法律人工智能技术的发展,会让法律服务不再为人类律师所专属,律师的工作和功能要被重新定义和评价,法律服务市场的商业模式也会发生改变。[33]

目前律师行业的运作机制实际上是闭合的,客户并不十分清楚律师是如何为自己服务的,更不了解律师所付出的劳动量是否与收取的服务费用相匹配。波斯纳将法律职业称为"职业卡特尔","提供的是与社会法律相关的法律"。[34] 随着人工智能的切入,法律服务市场的供求信息会更加透明,各项市场要素会更加高速地流动起来。当明码标价的在线法律服务产品出现在市场上时,律师行业的运作过程、收费标准、盈利模式等将不得不更加开放和透明,其中饱受非议的按时收费制度也有可能会被迅速瓦解。[35] 在一个相对透

---

[33] 曹建峰:《人工智能法律服务的前景与挑战》,载腾讯研究院:http://www.tisi.org/4855.,最后访问日期:2017年9月11日。

[34] [美]理查德·A.波斯纳:《超越法律》,苏力译,中国政法大学出版社2001年版,第39页、第45~46页。

[35] [英]理查德·萨斯坎德:《法律人的明天会怎样?——法律职业的未来》,何广越译,北京大学出版社2015年版,第25页。

明且可选项增多的市场中,客户拥有了更多的选择权。律师需要不断推出符合市场需求的法律产品,并持续改进服务的质量。这有利于整个法律服务市场的资源整合和优化升级。[36]

总之,基于对海量的法律数据的积累、挖掘、分析、匹配,人工智能在法律检索、案例对比、数据统计和分析等方面要比人类更为出色和有效率。智能机器人卓越的知识获取和融汇能力,也可以让它较为轻松地介入更广阔的法律服务市场中。[37] 与作为人类的律师相比,智能机器人的工作效果更高速有效,而它所要付出的劳动成本却少得多,因此它的收费标准也会降低。人工智能参与到法律服务中,会对律师创收带来一定的挑战。[38]

(三)对中国律师业的资源分布和全球参与的影响

第一,解决法律服务资源分布不均匀的问题。经过三十多年的发展,中国律师的数量呈现不断增长的趋势。截至2016年上半年,我国律师已达30.3万多人,律师事务所已达2.5万家。[39] 但是,律师职业的经济属性决定了律师资源会根据市场需求、经济发展、政策导向等情况调整自己的布局,这就导致律师资源的区域分布和行业分布出现明显的不均衡局面。

当前中国的律师资源主要集中在东部沿海地区,欠发达地区则十分匮乏。截至2012年12月中旬,中国还有200多个县没有一名律师。全国拥有百名律师以上的律所不足百家,且主要分布在北京、上海、广东。[40] 直到2016年,中国才解决了174个县无律师的问题,实现了律师工作在全国县级行政区域的全覆盖。[41] 律师资源的区域分布不均衡状况还出现在一个地区的内

---

[36] 吴皓:《法律人工智能与法律服务》,载智合东方:https://www.zhihedongfang.com/2017/04/28194,最后访问日期:2017年9月11日。

[37] 张新宝:《把握法律人工智能的机遇,迎接法律人工智能的挑战》,载法制网:http://www.legaldaily.com.cn/Culture/content/2017-06/29/content_7225800.htm,最后访问日期:2017年9月11日。

[38] 《人工智能与法律人的明天》,载法制网:http://www.legaldaily.com.cn/Finance_and_Economics/content/2016-05/18/content_6632837.htm,最后访问日期:2017年9月11日。

[39] 《我国有律师30.3万多人,律所2.5万家》,载法制网:http://www.legaldaily.com.cn/zfzz/content/2016-12/01/content_6902049.htm?node=81122,最后访问日期:2017年9月11日。

[40] 孙莹:《我国律师资源分布不平衡,司法部负责人呼吁关注民生》,载中国广播网:http://china.cnr.cn/NewsFeeds/201212/t20121216_511572994.shtml,最后访问日期:2016年10月15日。

[41] 白阳:《律师工作实现全国县级行政区域全覆盖》,载新华网:http://news.xinhuanet.com/legal/2016-03/30/c_1118492970.htm,最后访问日期:2017年9月11日。

部,比如山东省的律师资源主要集中在省会城市和中东部较发达的地市,中西部地市则相对匮乏。[42]

在一个市场化的社会中,法律服务资源出现不均衡分布的状况是无可厚非的。在这种情况下,律师不愿去的地方,法律人工智能则可以补充上。法律人工智能的高效性和便捷性,可以低成本批量化地为个人和组织提供法律咨询、文件审核、案件预测等方面的服务,提高了法律服务的可获取性。人工智能快速的深度学习能力和海量的数据存储能力,不仅可以很快地适应老少边区的特殊情况,还能够以较低的劳动成本提供质高价廉的法律服务,甚至是无偿的法律援助。当需求超出了法律人工智能的能力范围时,则可以考虑由律师来提供相关法律服务。

近年来,中国各级行政、立法、司法机关的信息化建设有了重大的进步,法院的裁判文书基本实现了公开化和数据化,这为人工智能在法律服务领域的发展提供了很好的基础。比如,目前,法院的各类信息化系统和应用已全面上线和不断深化。再如,全国各级法院就执行问题建立起了六个信息化系统平台,截至 2015 年年底在网上公布了 220.85 万篇执行裁判文书。[43] 又如,一些法院开始推进“智慧法院”建设,将人工智能应用到审判工作中。[44] 这实际上为法律人工智能产品的普及和融入人们的日常生活奠定了基础。

第二,为中国深度参与全球法律服务市场的重塑提供了机遇。经过三十多年的快速发展,如今中国很多优秀的律所和律师可以与外国同行进行平等地交流,甚至在某些领域已经超越了外国同行。但是,中国律师业在总体上还是比较落后,与一些国际知名律所存在很大的差距。比如,2002 年、2010 年上海市国内律所的全行业创收分别为人民币 13.6 亿元和 58.14 亿元,同期外国律所代表处在沪的业务创收总额分别为人民币 3.1 亿元和 23.02 亿元。这意味着上海法律服务市场的大半江山被外国律所占据。[45]

---

[42] 《2015 年山东省律师行业发展报告》,载山东律师网:http://www.sdlawyer.org.cn/021/201631961062.htm,最后访问日期:2017 年 9 月 11 日。

[43] 于群、任宗理:《执行模式智能化有效解决执行难》,载《人民司法》(应用)2016 年第 31 期。

[44] 张军华、顾建兵:《当审判工作遇上人工智能——江苏南通推进“智慧法院”建设纪实》,载《人民法院报》2017 年 6 月 11 日,第 4 版。

[45] 盛雷鸣、彭辉、史建三:《中国(上海)自由贸易试验区建立对法律服务业的影响》,载《法学》2013 年第 11 期。

中国律师业虽然起步晚,但是历史包袱也比较轻,对新兴科技成果的接受和普及会更为快捷。法律服务是一门以法律的知识、经验、信息为交易要素的职业,人工智能的发展使这些交易要素的获取更为便捷。如果能够充分利用好人工智能技术的最新成果,中国律师业无疑会站在迅速发展的快车道上。比如,人工智能技术应用到一些涉及生物技术、核物理、天文气象、水文地理等特别专业和高端的案件处理中,[46]在很大程度上意味着打破了一些国际大型律所对这些业务领域的垄断,为中国律师业进入这些领域提供了机遇和平台。

人工智能参与到法律全球化进程中,使律师对境外法律的了解和获取不再成为难题,为中国律师业参与全球法律服务市场提供了机遇。比如,谷歌在2016年发布了神经机器翻译,将人工智能技术应用到在线自动翻译中,极大提高了在线翻译的质量和速度。[47] 在谷歌翻译可以完成大量专业翻译的情况下,语言将不再成为中国律师业跨国发展的重大障碍。

四、实证视角下法律人工智能面临的客观问题

(一)数据模型的可靠性问题

就目前来看,人工智能技术应用到法律领域的一个基本前提是需要深度学习大量的法律和裁判方面的数据资料。英国的那台人工智能机器人之所以能够较为精准地预测司法裁判结果,是因为它事先扫描了584个与侮辱、折磨、隐私、公平审判相关的案例,并深度学习了特定措辞、事实或者违反人权法案件中常出现的情形。[48] 这些数据资料构成了它开展运算和预测工作的基本前提和依据。

当法律人工智能过度依赖裁判文书的数据时,我们需要追问的是:裁判文书就一定是没有偏差的可靠样本吗?比如在中国,法院审判委员会上的讨

---

[46] [美]Phil McNally、Sohail Inayatullah:《机器人的权利——二十一世纪的技术、文化和法律》(下),邵水浩译,载《世界科学》1989年第7期。

[47] Wu Y.,Schuster M.,Chen Z.,et al.,*Google's Neural Machine Translation System:Bridging the Gap Between Human and Machine Translation*,Ar Xiv preprint arXiv:1609.08144,2016.

[48] "Artifically Intelligent 'Judge' Developed which Can Predict Court Verdicts with 79 Percent Accuracy",reported by *The Daily Telegraph* on 24 October,2016.

论和意见、政治压力和社会舆论对审判的影响、法官对案件的真实推理过程等，都是无法全面地体现在裁判文书中的。在这种情况下，以现有裁判文书为基础建立起来的数据模型只能作为参考，而不能作为最终的运算依据。总之，数据模型的可靠性问题，将会是法律人工智能未来发展所需面临的首要问题。

（二）数据共享问题

从技术和市场层面讲，法律人工智能在未来面临着数据分享的问题。如果想将人工智能应用到法律服务和司法裁判中，则需要进行一定的顶层设计，即需要有统一的数据库、信息代码、程序模型等。否则，就会因为数据和模型的不同而产生不同的认知结果。就像东京的地铁，不同的地铁公司发布的线路图是不同的，这对外来乘客造成了很大的困扰。

问题是，不同的生产商或者设计者是否愿意放弃相互间的“防火墙”，实现数据共享？如果不能，那么开发出来的人工智能产品对同一案件的认知逻辑和裁判结果可能会存在很大的差异，甚至不在同一个认知层次和范围内。因此，人工智能如果想参与到法律服务和司法裁判中，首先需要解决的是如何系统地建构起统一的法律推理模拟和案件裁判模型。

（三）法律人工智能的管理问题

人工智能的发展不仅会带来道德伦理等方面的问题，还会带来一系列的法律问题、公共管理问题。比如，如果机器人不顾事先编排好的程序而实施了破坏或者伤人的活动，那么该由谁来承担责任？[49] 又如，法律人工智能产品在为客户提供法律服务时，如果因程序混乱而导致案件出现了问题，那么谁来承担相应责任？制造商？生产厂家？程序编制员？数据输入者？还是使用它的律所？

除了责任划分与承担的问题外，法律人工智能还面临谁来监督其行为的问题和个人隐私（数据）保护的问题。比如，客户在接受在线法律服务时，一般需要将其个人信息和案件信息提供给咨询平台，这个时候谁来保护和存储这些信息数据便会成为一个难题。一旦出现信息泄露情况，便又涉及责任承担的问题了。

---

[49] 乐学：《无人驾驶汽车出车祸到底谁该负责?》，载腾讯科技：http://tech. qq. com/a/20140818/008752. htm，最后访问日期：2017 年 9 月 11 日；俞洁：《震惊：机器人真的杀人了！德国大众工厂一名工人死亡，人工智能安全问题再次引发热议》，载《新闻晨报》2015 年 7 月 3 日，第 A15 版。

实际上,上述这些问题是当前各界讨论和争议的热点,但是最终也没有得出一个较为明确的结论来。如果确定了人工智能产品的法律主体地位,那么人类的法律体系、刑罚制度、审判机制等都需要出现巨大的变动。毕竟,财产、自由、肉体的消亡等对于没有意识的机器人来讲是无意义的。[50]

(四)执业泛化问题

在当前世界范围内,法律服务的专业化和职业化是在大多数国家和地区的普遍选择。一般情况下,国家只允许取得律师执照的人向客户提供法律服务。这种通过职业资格许可制度将法律行业垄断起来的做法,虽然备受批评(如波斯纳称为"职业卡特尔"),但也有其合理性,因为这样有利于维护当事人的权益。

前文论及,人工智能产品介入法律服务市场,在很大程度上可以打破法律职业的垄断现状,实现法律服务主体的多元化,促进市场竞争机制的建立,引发律师服务行业的结构性变革。但是,一旦放开对法律服务主体资格和组织形式的限制,法律服务市场必然会出现执业泛化现象,即允许那些没有律师执照但是了解(包括通过技术手段来掌握)法律规则和司法程序的人员从事法律业务。[51] 中国的基层法律服务工作者便是这种执业泛化现象的典型代表。

执业泛化现象虽然可以解决法律服务资源获取困难的问题,却因为法律行业的特殊性等原因而面临着种种困境。比如,基层法律服务工作者为中国基层社会的法治建设做出了很大的贡献,但在近年来却遭遇了"合法性危机"。[52] 如果人工智能技术只是辅助律师开展工作的工具,那么执业泛化的问题便不是很显著。如果是未取得律师执照的人(甚至是没有任何法律基础的非法律人士)在人工智能技术的帮助下从事本该属于律师的工作,或者人工智能产品直接承办了一些领域的法律业务,那么法律服务市场便会存在十分明显的执业泛化现象。

在经济、贸易、法律、职业多重全球化的背景下,是否放宽法律服务主体

---

[50] [美]Phil McNally、Sohail Inayatullah:《机器人的权利——二十一世纪的技术、文化和法律》(下),邵水浩译,载《世界科学》1989 年第 7 期。

[51] [英]理查德·萨斯坎德:《法律人的明天会怎样?——法律职业的未来》,何广越译,北京大学出版社 2015 年版,第 13 ~ 18 页。

[52] 刘思达:《割据的逻辑:中国法律服务市场的生态分析》,上海三联书店 2011 年版,第 70 ~ 105 页。

的准入标准，不再只是一个国家的内部事务，还涉及其他国家是否认可和接受的问题。因此，法律人工智能引发的执业泛化问题，值得进一步观察和探讨。

结语

在这场因“阿尔法狗”（AlphaGo）战胜围棋世界冠军所引发的热议中，[53]人们对人工智能技术的忧虑和担心，远胜过了对它的期许。各界人士从自己的学科领域和认知范围出发，对人工智能的未来发展以及可能对人类社会造成的影响等做出了不同研判和解读，这本是无可厚非的。但是，如果因为信息技术、大数据、人工智能等科技的快速发展，而引发人类对自身生存问题和职业危机的过度焦虑，则是没有必要的。

在工业文明向信息文明转变的过程中，数字信息技术深刻地影响传统的人际关系、组织形式和生产方式，并改变着人类的就业结构和劳动力市场。[54]人类的一些工作逐渐由机器代劳，是科技发展的必然趋势。职业的可取代性，甚至可消亡性，并没有想象的那般恐怖。随着计算机技术的出现和普及，一些长期存在的职业会被取代，比如曾经风行一时的打字员职业如今就彻底消失了。但是，我们并不能因为会出现这种状况而否定计算机技术给人类带来的便捷和进步。

更何况，人工智能技术虽然压缩了人类律师的生存空间，但并不会消灭律师职业。只要法治仍是未来社会的核心价值理念之一，那么法律服务业就有其存在的价值，法律服务市场也不会萎缩。真正改变的，是律师职业的工作方式和存在模式。总之，科技发展在给人类带来挑战的同时，也会带来无限的机遇，这正是中国律师业在今后的发展中必须面对并需要尽力把握的。

---

[53] 近几年，人工智能成为备受社会各界关注和讨论的热门话题，这与“阿尔法狗”（AlphaGo）分别于2016年3月和2017年5月以绝对优势战胜两名围棋世界冠军，以及2017年10月18日“阿尔法元”（AlphaGo Zero）在没有任何先验知识的情况下通过完全自学击败了“阿尔法狗”等有很大关系。这些事件的发生，使人们不得不思考人工智能技术在将来给人类带来的机遇和挑战。

[54] 张新宝：《把握法律人工智能的机遇，迎接法律人工智能的挑战》，载法制网：http://www.legaldaily.com.cn/Culture/content/2017-06/29/content_7225800.htm，最后访问日期：2017年9月11日。

对话实务

法律人工智能十大趋势

曹建峰*

引言

2017 年 7 月 20 日，在高瞻远瞩的国家人工智能战略《新一代人工智能发展规划》中，国务院向法律行业释放了一些信号。

首先，新规划在对人工智能理论、技术和应用作出前瞻布局的同时，还呼吁加强人工智能相关法律、伦理和社会问题研究，建立人工智能法律法规、伦理规范和政策体系。

其次，新规划力挺智慧法庭建设，提出促进人工智能在证据收集、案例分析、法律文件阅读与分析中的应用，实现法院审判体系和审判能力智能化。

最后，更为前瞻的是，新规划提出“人工智能 + X”复合专业培养新模式，法学赫然在列，法学教育的变革已然箭在弦上。

其实，在 2016 年谷歌公司的围棋机器人 AlphaGo 之后，法律人工智能就被带火了，人工智能和机器人取代律师的报道不绝于报端。以“artificial intelligence in law”为

---

* 曹建峰，腾讯未来科技中心高级研究员。

检索关键词,谷歌搜索结果超过630万条;以"法律人工智能"为检索关键词,百度搜索结果超过550万条。

但如果追溯起来,人工智能与法律的结合已经有30年历史了,始于1987年在美国波士顿东北大学举办的首届国际人工智能与法律会议(ICAIL),并最终促成了国际人工智能与法律协会(IAAIL)在1991年的成立,旨在推动人工智能与法律这一跨学科领域的研究和应用。这一会议包括十大主要议题:

(1)法律推理的形式模型;

(2)论证和决策的计算模型;

(3)证据推理的计算模型;

(4)多智能体系统中的法律推理;

(5)自动化的法律文本分类和概括;

(6)从法律数据库和文本中自动提取信息;

(7)针对电子取证和其他法律应用的机器学习和数据挖掘;

(8)概念上的或者基于模型的法律信息检索;

(9)自动化次要、重复性的法律任务的法律机器人;

(10)立法的可执行模型。

在这样的背景下,当前,法律科技(LawTech)正在持续兴起。在人工智能技术的加持下,法律科技更是有望给法律行业带来更深、更彻底的变革。

笔者在此前的文章《人工智能法律服务的前景与挑战》中,曾援引法律科技研究报告《文明2030:不久将来的律所》的观点称,"经过长期的孵化和实验,技术突然可以以惊人的速度向前行进了;在15年内,机器人和人工智能将会主导法律实践,也许将给律所带来'结构性坍塌',法律服务市场的面貌将大为改观"。

研究科技与法律长达30多年的英国学者Susskind在其著作《明天的律师:预见你的未来》(*Tomorrow's Lawyer: an Introduction to Your Future*)中持类似观点,认为法律行业过去200年之变化,不及未来20年之变化。法律人需要做好迎接未来的准备。

此言并非虚言。法律行业对技术并非具有完全的免疫力。面对技术发展和外在压力,法律行业在教育模式、组织结构、收费模式等诸多方面的不适应性已经显现出来。这让人们开始对人工智能技术支撑下的法律科技寄予厚望。

全球来看,虽然2011~2016年,全球法律科技公司总融资额度仅有7.39亿美元，显著低于金融科技、医疗科技等新兴领域；但是全球法律科技上市公司的数量呈爆发式增长，从2009年的15家增长到了2016年的1164家，主要集中在在线法律服务、电子取证、从业管理软件、知识产权/商标软件服务、人工智能法律科技、诉讼金融、法律检索、律师推荐、公证工具九大领域。

在这样的国际趋势下，国内法律科技市场开始从“互联网+法律”向“人工智能+法律”转变，法律人工智能创业成为人工智能创业的重要组成部分，面向B端或者C端的法律人工智能产品逐步进入公众视野。

不仅如此，法律行业如律所、公司法务部门、法院等也开始积极布局人工智能法律科技，部分原因是在线法律服务、客户成本压力（如公司法务部门日益希望以更低的成本获得更多的法律服务）等因素迫使律所投资创新。

国际律所Dentons是典型代表，其在2015年5月率先启动法律科技创新加速器项目NextLaw Labs，目前已经孵化了包括大名鼎鼎的机器人律师ROSS在内的10多个法律科技项目。其他越来越多的国际律所如Linklaters、Riverview Law、BakerHostetler等亦开始研发、部署法律人工智能系统，帮助提高工作效率，或者以低成本模式提供法律服务。

一言以蔽之，从最早的基于规则的（rule-based）的专家法律系统（将法律专家的法律知识、经验等以规则的形式转变成为计算机语言），到以深度学习、机器学习、大数据等为支撑的自主系统，人工智能对法律以及法律行业的更深更广的影响才刚刚开始。

可以说，人工智能技术已经在开始改造整个法律行业，而改造的规模和速度将不仅仅取决于技术发展和进步的步伐，而且取决于整个法律共同体对于新技术和新模式的接纳程度，而这需要政策支持和发展导向。

笔者在过去一些观察和研究的基础上，尝试对人工智能在法律行业中的应用和影响总结出以下十大趋势。

一、智能化、自动化的法律检索将深刻影响法律人进行法律研究（检索）的方式

在人工智能技术的加持下，法律研究（检索）正向智能化、自动化的方向迈进。法律研究（legal research）对于法律人的价值不言而喻，无论你是法学

院学生,还是从业律师、公司法务,抑或司法人员,甚至普通民众有时候也需要进行法律检索。

其实,信息化已经对法律检索进行了一次改造,法律文本、裁判文书等法律资料的数字化,支撑起了市场规模巨大的法律数据库市场。但 Westlaw、北大法宝等法律数据库服务一般基于传统的关键词检索,利用这些数据库进行法律检索,是一件费时费力的苦差事。

然而,基于自然语言处理(NLP)和深度学习的语义检索和法律问答已经在开始改造传统的法律检索服务。比如,号称世界首个机器人律师的 ROSS 就是基于 IBM 的 Watson 系统的智能检索工具,利用强大的自然语言处理和机器学习技术向律师呈现最相关、最有价值的法律回答,而非像传统法律数据库那样,仅仅呈现一大堆检索结果。

此外,语义技术,文本分析和自然语言处理,以及图像和视频技术已经为商标和专利检索以及版权监测等知识产权法律工作的自动化提供了可能性,比如 TrademarkNow。

新形式的、基于语音交互的智能法律检索将经历两个阶段。

第一个阶段是智能化,在这个阶段,依然需要人类律师明确需要解决或者回答的法律问题是什么,法律搜索引擎识别相关案例并评估其价值,形成专业回答。ROSS 是这一阶段智能法律检索的典型代表。

第二个阶段是自动化,意味着不需要人类律师指明法律问题是什么,系统自身可以理解一段事实陈述并自动识别其中的法律问题,然后完成检索并提供最佳法律信息,整个过程几乎不需要人类律师的深度参与。这几乎将人类律师从烦琐的工作中解脱出来。

二、人工智能将持续推动法律文件自动化

就像新闻写作机器人的崛起将给新闻业带来一场巨变一样,法律文件的自动化趋势将可能给法律行业带来规模相当甚至更深远的变化。主要包含两个层次。

第一个层次是法律文件审阅自动化。无论是调查取证、尽职调查,还是合同分析、合规审查,都需要对法律文件进行审查、分析和研究。自动化这一

工作将能够显著提升法律人的工作效率。以电子取证为例，在并购、反垄断、大型劳动纠纷等越来越多的案件中，庞大的电子材料给证据和法律材料的搜集和整理带来巨大挑战，律所往往需要投入大量的人力和物力，而且需要耗费大量时间。

但基于 NLP、TAR（技术辅助审阅）、机器学习、预测性编程（predictive coding）等技术的电子取证程序可以显著提高这一工作的效率，大大节约审阅文书的时间，而且准确性不输人类律师，因此成为法律科技市场的一大细分领域，微软等公司都已介入。

电子取证的步骤一般包括训练过程（人类律师从小量样本中确认相关的证据材料以供机器学习）和取证过程（机器代替人类律师进行资料审阅以发现证据材料）。由于涉及用机器替代律师，可能触及政策障碍，因此英国、美国、澳大利亚等国家的法院已经明确表示在诉讼和案件中整理、搜集证据材料时可以利用预测性编程技术。

法律文件审阅自动化的另一个主要领域是合同分析。合同分析在风控、尽职调查、取证、诉讼等诸多场合具有重大意义，但这是一项耗时耗力的工作。然而，德勤（Deloitte）借助机器学习合同分析系统 Kira Systems，只要 15 分钟就可以读完原本需要人类律师花费 12 个小时才能审阅完的合同。在国际社会，人工智能合同分析服务已经蔚然成风，KMStandards、RAVN、Seal Software、Beagle、LawGeex 等提供智能合同服务的法律科技公司越来越多，在人工智能技术的驱动下，依然在蓬勃发展，带来效率的提高、成本的降低以及流程的改善。

第二个层次是法律文件生成自动化。新闻业正在被互联网和机器写作改造，过去 8 年，新闻业收入减少了 1/3，就业岗位减少了 1.7 万个，报纸的市场价值和支配力大减，代之以网络媒体的不断兴起。法律行业正面临着同样的情况，智能机器辅助甚至独立起草法律文件的时代将会到来。

如今，法律人使用法律格式的方式正从模板向法律格式文件自动生成转变；也许未来 10～15 年，人工智能系统将可能起草大部分的交易文件和法律文件甚至起诉书、备忘录和判决书，律师的角色将从起草者变成审校者。

比如，硅谷一家律所 Fenwick & West 开发的一个程序可以为准备上市的创业公司自动生成所需文件，这将律师的账单时间从 20～40 小时减少到了几个小时，当需要准备大量文件的时候，这一程序可以使所需时间从数天、数周减少到数小时,大大提高了工作效率。

机器智能的优势在于随着数据的积累,可以不断自我学习和改进,并且由于数据的互相关联性,计算机可以将特定合同与所有与之相关的法院判决关联起来,形成持续改进法律格式的动态关系。

未来,随着软硬件以及算法的持续提高,起诉书、备忘录、判决书等高级法律文件也可以自动生成,但依然需要人类律师或者法官审阅,形成人机协作的关系。

三、在线法律服务、机器人法律服务等替代性商业模式(alternative business structure)不断涌现,使法律服务的提供日益标准化、商品化、自动化、民主化

在互联网时代和人工智能时代,律所和人类律师并非普通公众获取法律服务的唯一渠道。在线法律服务、机器人法律服务等替代性商业模式正在兴起,可以直接向终端用户提供一般法律咨询服务,如遗嘱、婚姻咨询、交通事故咨询等。面向终端消费者的法律机器人 DoNotPay 就可以协助用户自主完成对交通罚单的申诉材料准备和提交工作。

美国法官波斯纳曾将法律行业形容为“涉及社会的法律的服务提供者的一个卡特尔”,意即是一个垄断的行业。高昂的律师费用导致社会中存在大量未被满足的法律需求,低收入以及中等收入人群中的大部分人的法律需求没有被满足。

然而,在线法律服务、机器人法律服务等替代性商业模式可以以更低廉的价格向终端用户提供法律服务,有望使法律服务标准化、商品化、自动化、民主化。商品化意味着法律服务的提供不再主要依赖于特定的人类律师的专业素养,而可以以自动化的方式提供。民主化意味着大部分人将可以以较低成本获得一般的法律服务。

英国学者 Susskind 认为,法律服务的提供的演进方向从定制化到标准化到系统化再到一揽子最后到商品化,意味着法律服务定价的由高而低,即从按小时计费到固定收费再到商品化定价最后趋于零。在这个层面上,国外有专家预言律师将走向没落。

无论如何,法律机器人都将对法律服务的提供产生深远影响,将持续推动法律服务走向标准化、系统化、商品化、自动化,使人人都可以获得法律服务,帮助消除法律资源不对称的问题,实现更为广泛的司法正义。

如今,在美国,最知名的法律品牌不是哪一家知名律所,而是 LegalZoom 之类的在线法律服务提供商。这些新型的技术派的法律服务商代表着法律服务提供的未来趋势。它们对于律所而言并非替代者的角色,而是在律所之外,满足其他未被满足的法律需求或者通过律所就会十分昂贵的法律需求。

而英国早在 2007 年就通过了《法律服务法案》,旨在自由化法律市场,革新法律行业组织模式,并引入竞争,促进法律服务的可负担性。在此背景下,一些国际律所已经设立了低廉的法律服务中心,在按小时计费、固定收费等模式之外,借助技术以更低价格提供法律服务。

四、基于人工智能和大数据的案件预测将深刻影响当事人的诉讼行为和法律纠纷的解决

从案件结果预测到犯罪预测,基于人工智能和大数据的预测性技术在司法领域的应用越来越广泛。

一方面,案件预测技术在研究上取得进展。2016 年,研究人员利用欧洲人权法院公开的判决书训练算法系统,构建了模型,来预测案件判决结果,预测准确性达到了 79%。这一实证研究表明,案件事实是最重要的预测因素。这一结论与法律形式主义的观点一致,即司法裁判主要受案件事实的陈述影响。

另一方面,案件预测已经用在了诸多实务领域。比如,Lex Machina 公司提供的服务,通过对成千上万份判决书进行自然语言处理,来预测案件结果。再如,其软件可以确定哪位法官倾向于支持原告,基于对方律师过去处理的案件来形成相应的诉讼策略,针对某个特定法院或者法官形成最有效的法律论证,等等。Lex Machina 的技术已经用在了专利案件中。

案件预测的价值主要体现在两个方面:一方面,可以帮助当事人形成最佳的诉讼策略,从而节约诉讼成本;另一方面,可以帮助法官实现同案同判,也即所谓的大数据司法确保公平正义。

诉讼中可能的高昂成本可能给当事人带来沉重的经济负担,所以当事人一般都会在案件起诉前或者上诉前对案件胜诉可能性进行评估。但即使是最专业的律师,由于受限于人脑自身的信息处理能力,在预测上远不如计算机。因为计算机在强大算法的支持下,可以以超强的运算能力,处理几乎可以获取的所有数据。计算机的全数据处理,相比人类的样本数据分析,使案件预测结果更为可靠。

如果事先可以较为可靠地预知案件结果,意味着当事人不会冒着极大的败诉风险继续推进诉讼或者上诉,而是会选择和解、放弃诉讼等其他纠纷解决方式。但案件预测的弊端在于可能扭曲当事人的诉讼行为,带来新的偏见(比如算法歧视,参见拙文《人工智能——机器歧视及应对之策》)和滥用。

五、在线法院(online court),以及人工智能法律援助,将促进司法可得性(access to justice),帮助消除司法鸿沟(justice gap)

司法审判系统的低效率、程序拖沓、成本高昂等问题历来为人们所诟病。但问题是,人们为了解决彼此之间的法律纠纷,一定得去有实体场所的法院吗?

技术的发展已经给出了否定的回答。比如,随着电子商务的兴起和繁荣,在线争议解决机制(online dispute resolution,ODR)开始流行,在电子商务eBay上,大量买卖纠纷通过SquareTrade这一ODR服务商在线解决,当事人通过ODR系统在线提交事实陈述和证据,使纠纷在线得到处理,甚至不需要人类律师介入,很多案件也根本不会进入法院审判阶段。

在ODR模式的影响下,在线法院的实践在国外已经出现。比如,英格兰和威尔士上诉法院大法官Briggs在呼吁“提高民事司法的效率”时表示,“可以借助使用人工智能来在线裁决英格兰和威尔士的民事法律案件,在这方面,人工智能可以辅助法官,甚至作出判决”。

据悉,英国已经投入10亿英镑以期现代化、数字化其法院系统。根据英国学者Susskind的观点,英国的在线法院包括三个阶段:第一阶段是在线法律援助系统,向当事人提供法律咨询和建议等;第二阶段是审判前争议解决,法官通过邮件、电话等方式和当事人沟通,以解决纠纷;第三阶段即在线法庭，只适用于小额案件，以在线的方式审判案件，包括立案、提交证据、举证质证、裁判等。这类似于简易诉讼程序。

英国当前的在线法院建设并没有利用人工智能系统来裁判案件，因此并非代替法官，而是以更好的方式解决纠纷。在交往场景日益数字化的背景下，在线身份识别、音视频技术以及人工智能技术等已经为在线法院的建设提供了技术支持。

中国正在大力推动的智慧法院与国外的在线法院类似。2016 年 7 月发布的《国家信息化发展战略纲要》将建设“智慧法院”列入国家信息化发展战略，明确提出：“建设智慧法院，提高案件受理、审判、执行、监督等各环节信息化水平，推动执法司法信息公开，促进司法公平正义。”

2016 年 12 月发布的《“十三五”国家信息化规划》，明确指出，支持“智慧法院”建设，推行电子诉讼，建设完善公正司法信息化工程。在 2017 年 5 月 11 日举行的全国法院第四次信息化工作会议上，最高法院院长周强提出，智慧法院是建立在信息化基础上的人民法院工作的一种形态。

中国各地的法院都在探索某种形式的智慧法院建设，但以浙江智慧法院（浙江法院电子商务网上法庭）建设最为出名。据浙江高院信息中心副主任刘克勤介绍，浙江智慧法院每年处理的交易、著作权等纠纷多达 2.3 万件，可以直接对接淘宝、天猫等多个平台，提供在线矛盾纠纷多元化解决平台，其他辅助措施包括案件结果预判、网上司法拍卖、智能语音识别、类案推送、当事人信用画像等。

2017 年 6 月 26 日，中央深改小组审议通过《关于设立杭州互联网法院的方案》，该互联网法院主要审理网络购物合同纠纷，网络购物产品责任纠纷，网络服务合同纠纷，在互联网上签订、履行的金融借款合同纠纷和小额贷款合同纠纷，网络著作纠纷五类案件。未来，在线法院的进一步建设和普及将促进公共法律服务的供给，帮助消除司法鸿沟。

此外，公共法律服务中的法律援助不足也是司法体系的一大问题，尤其是在刑事案件中，很多被告人得不到法律咨询和辩护。一些民事案件同样是在没有律师介入的情况下进行的。未来，法律机器人可以向当事人提供基本的法律援助，而法律援助律师仅在必要时才介入，这可以显著提高司法援助的效率和质量，实现公平正义。而且，法律机器人法律援助同样可以融入在线法院的建设当中。

六、人工智能和机器人将成为法律系统的主要进入点

无论是律所和律师,还是法院,抑或当事人和终端消费者,基于人工智能和机器人技术的"智能交互界面"(intelligence interface)将成为法律系统的主要进入点,法律机器人和人工智能是其中的核心。

对于律师而言,未来的法律实践比如法律检索、案件管理、法律写作等将主要通过具有智能交互界面的法律机器人和人工智能系统来完成,这就好比医生现在主要借助各种复杂的医疗器械来完成医疗活动一样。

对于法院而言,司法审判的数字化和在线化,意味着类案检索、裁判文书写作、证据分析和推理等也将在法律人工智能的辅助下进行,甚至为其所取代。

对于终端用户而言,交互性的、基于互联网的问答系统可以以文本或者语音对话的形式同用户交流,并生成所需的法律信息,或者指导其完成基本的法律文件和格式。

在此背景下,律师当前的角色将会发生变化,一些角色可能被机器取代,比如常规性、重复性任务;一些角色可能被机器增强,如案件预测、法律写作;而对于新法新规,律师依然需要扮演核心角色。

七、律师市场评价将使法律行业更加透明可能带来"马太效应"

法律市场作为一个双边市场,其评价体系在很大程度上是不透明的,不像电商平台以及外卖、生活服务等O2O平台,具有较为完善的用户评价机制,确保了市场的透明度和消费者的知情权。但是由于法律市场在很大程度上并未平台化,很难搭建有效的评价机制。

然而,人工智能、大数据等正在改变这一状况,对律师市场进行评价正变得可能,成为法律科技的一大趋势。当前,律师推荐已经成为法律科技的核心领域之一,国内外都在持续涌现律师推荐和评价类的产品和服务。

律师市场评价相当于将律师置于阳光之下。明星律师、普通律师、不合

格律师等的区分将透明化，结果可能带来律师市场的“马太效应”：明星律师业务增多，收入增多，而普通律师、资历浅的律师将遭到相反的待遇。这呼吁律师转型，即以技术化的低成本模式提供法律服务。

八、法律人工智能职业将作为法律行业的新兴职业而不断涌现

法律机器人和法律人工智能并非凭空产生，需要技术人员和法律专家之间的通力合作。随着人工智能与法律不断融合，这一领域的研究、开发和应用将不断增强，法律人工智能职业将作为法律行业的新兴职业而不断涌现。

当前，一些积极拥抱新技术的国际律所已经在加强法律 IT 能力建设，法律开发者、法律数据分析师、法律数据库管理者等正在加入律所、公司法务部门、法院、法律数据库公司等法律机构。法律科技公司更是需要既懂法律又懂技术的复合型人才。未来，技术与法律的结合将更为密切，对新型人才的需求也更为迫切。

九、法律教育与人工智能等前沿信息科学技术将日益密切结合起来

中国《新一代人工智能发展规划》已经看到了法学教育与人工智能的结合，提出打造“人工智能 + 法学”复合专业培养新模式。这是极为高瞻远瞩的设想。

笔者曾参与翻译“Failing Law School”一书，书中对美国“4 + 3”（四年本科 + 三年法学院教育）的法学教育模式提出严正批判，认为法学院根本不需要读三年，最多需要两年，可能一年就够了。

而中国传统的法学教育是高中毕业后直接读四年本科法学教育，这样的法学人才培养模式很难适应机器人和人工智能主导的未来法律实践。相比现在的律师，未来的律师将会从事大不一样的工作，所以需要不同的教育。因此，新规划提出的“人工智能 + 法学”培养模式是有远见的。

其实，国外法学院早就开始探索革新法学教育，注重对法科学生的科技和数字素养的培养。比如，早在 2012 年，乔治城大学法学院即开始提供一个

技术创新与法律实践的实践课程,形成特色的"Iron Tech Lawyer"比赛项目,培养学生的法律开发能力。2015年,墨尔本大学法学院开始提供如何开发法律应用的课程。

未来,法律教育与人工智能等前沿信息科学技术将日益密切结合起来,而能否较早较快实现这一设想,取决于法学教育的反应速度。

其实,人工智能不仅仅对法学教育提出了挑战,要求跨学科融合的教育模式,而且对其他学科教育也提出了类似的挑战。

十、计算法律(computational law),以及算法裁判,或将成为法律的终极形态

英格兰和威尔士上诉法院大法官Briggs在在线法院的倡议中提出了算法裁判,即人工智能可以代替法官直接作出裁判。这并非不可能。其实,计算法律学历来就是人工智能与法律的核心研究方向之一,它思考"除了书面语言,法律可以有更精确、更形式化的表达吗?"这一问题,并探索用计算逻辑和代码来表达法律。

笔者此前在知乎网站上看到一个设想:如果能用一列n维向量描述各种事件,将「事件.txt」导入「法律.exe」,从而产生「判决.txt」。将法律条文转化成代码,从而使判决彻底脱离个人主观判断。并且可以在任何人的计算机上在线。将代码开源,放在类似GitHub的网站上,供全民监督。

计算法律当前在计税等一些领域有应用,更多则是一种学术研究。但在未来的成熟的信息社会,更普遍的计算法律将可能出现,届时系统将会自动执行法律,不需要律师,甚至也不需要法官。因为那时的法律已经完全自动化了。

法律人应做好迎接未来的准备。人们说,预见未来的最好方式是创造未来。法律行业的未来需要法律人这一职业共同体共同创造。虽然之前有研究认为律师助理和法律助理被自动化的概率高达94%,引发了人们对法学毕业生就业的担忧。但笔者在willrobotstakemyjob.com网站的测试结果显示,仅有3.5%的律师会被人工智能和机器人替代。不管科学与否,都可以作为一种暂时的宽慰。

据笔者调查,律师的工作包括13项:文件管理、案件管理、文件审阅、尽职调查、文件起草、法律写作、法律检索(研究)、法律分析和策略、事实调查、客户咨询服务、谈判、其他交流和互动、出庭及准备。律师需要及早思索这其中的哪些任务可以被自动化或者可以借助科技提高效率,而英国学者Susskind则提出了"分解"法律服务的思路,认为一项法律任务可以被分解成多个部分,核心部分可以由律师完成,其他部分则由效率更高的第三方完成。

而对于法律服务自动化的担忧,包括律师在内的法律人在判断其工作的价值以及在思考人工智能技术对其工作的影响时,至少需要考虑以下三个因素:

第一,是否涉及数据分析和处理。在这一方面,人类几乎不可能和人工智能和机器人相匹敌,尽早使用并适应新技术才是明智的选择。

第二,是否涉及互动交流。类似行政前台等法律客服工作被自动化的可能性非常大,一般的法律咨询也可以被自动化,但更高级别的互动交流如谈判、出庭等则很难在短期内被自动化。

第三,是否处于辅助决策的地位。人工智能辅助决策已经被应用在了很多领域,在法律行业,人工智能辅助决策也正在发生并成为一个趋势。比如在案件结果预测上,人工智能可以比专业律师做得更好,诸如此类,尽早利用并适应新技术才是必然的选择。

最后,作为总结,经过三十多年的发展,在超强运算能力、大数据和持续改进的算法的影响下,人工智能对法律以及法律行业的影响正在加深、加快,未来10~20年法律行业将可能迎来一场巨变。

作为法律人工智能最直接的目标客户,法律人需要调整心态,积极拥抱新技术和新模式,并在这个过程中坚持对法律的理念和信仰,防止法律人工智能削弱、损害法律共同体所秉持的以及法律系统所坚持的观念和价值,让法律人工智能来促进司法正义,而非带来偏见和歧视,或者背道而驰、贬损正义。

法律人工智能的真实当下和可能未来

邹邵坤*

每次看到关于国外法律人工智能的介绍时我都会想，中国的法律人工智能目前是一个什么状况。

前段时间我有幸与凯文·凯利做了会前交流，探讨了这么一个问题："人工智能"四个字这两年突然火爆起来，尤其是越来越多人把它跟我们心目中的法律女神结合起来，这是否是因为大家都觉得行业需要一种客观理性的技术来突破法律本身包含的感性和模糊部分呢？这个行业有一句话是这么说的："有多少人工，就有多少智能。"法律人工智能并不是一盏神灯，你擦一擦，许个愿，它就自然实现了。法律人工智能的背后是一代又一代，包括当下大量从业人员的艰辛与付出，需要大量的人工投入才能实现相对智能的效果。在人类利用工具的历史上，我特别欣赏这么一句话："君子生非异也，善假于物也。"从古至今我们都希望能够借助工具的力量来突破人体极限，所以我们发明了风车代替人类磨面，发明了汽车代替徒步跋涉，发明了飞机实现飞天梦想，以此做到"增益其所不能"。人工智能也是如此，只不过人工智能也许将给我们带来更深刻的变革。

人工智能这个概念最早可能是出现在西方小说《格列佛游记》中，书中描述了一个叫做 Laputa 的小岛。在这

* 邹邵坤，华宇元典公司总经理。

个岛上人们只需要付出少量的汗水就可以借助机器获取大量的、近乎无限的哲学、神学和诗歌方面的知识。不过也有人不同意,他们认为人工智能这个概念可以再往前追溯——一直追溯到 1308 年。1308 年,一位加泰罗尼亚诗人在诗歌里曾有这样一句描述"用机械的方法从一系列概念组合中去创造新知识"。然而人工智能这个概念正式走入科学界和产业界的视野是在 1956 年达特茅斯的一场会议上,距今已经 60 多年了。很快,在 1970 年就诞生了第一个机器人律师。当时人们提出了这样一个理念:如果我们把人类专家的推理过程以程序代码的方式固定并输入给机器,那么机器就可以像律师一样去分析复杂的案情,并且给出对应的策略。这套系统代表了人类对人工智能最初的设计思路——用机器的逻辑去固化人类的推理过程。

这种固定人类专家经验的方法被称为"专家系统"。"专家系统"是第一代人工智能。从这个角度来讲,我们现在所探索的人工智能是一个真正的"祖传事业"。但是,从 1970 年到现在,人工智能可以为法律行业带来什么样的变化,想象和实际可以说是完全不同。为什么专家系统没有能够替代我们的工作?为什么我们还有无数的师弟师妹在法学院学习,并没有像我们预想的那样一下子被"颠覆"?刘慈欣有一篇文章叫《人工智能的史前时代》。在这篇文章里他分享了一段亲身经历:当时他作为程序员和一些汽轮机专家一起合作开发一套专家系统。我们知道汽轮机是一种比较复杂的系统,维修成本非常高。于是大家就想,能不能组织程序员和专家一起把故障可能发生的情况和每个情况下专家排查的逻辑过程固化成程序,创造出一种面向维修的专家系统来降低汽轮机的维修成本呢?在设计过程中,当专家们发现自己毕生的经验被程序总结出来后只是简简单单的几行执行命令时,他们是非常失落的。这可能就像很多人第一次接触人工智能一样,觉得如果把我的这些经验都写成了程序,那我去干什么呢?随后专家们就发现,系统如果只凭借这样固化的逻辑是处理不了真正复杂的事情的。真正的故障不是根据系统设计好的逻辑发生的,它是在发生之后需要以更强的适应能力、逻辑分析能力进行结构化的处理的。所以传统的专家系统被认为只能作为新手学习时的辅助。刘慈欣在文章的末尾说:"当我们面对这样的专家系统的时候,总会觉得缺少一些面对真正智能的感觉。"

专家系统的"瓶颈"是有目共睹的。虽然它能够把复杂的专家经验固化下来,让使用者在遵循前者经验的过程中得到启发,并且它的过程像我们很多人内心最期望的那样透明可见,但是专家系统并不具备知识获取能力和对复杂场景的自适应能力,就更不用说自主学习和实时响应能力了。这种情况也导致了人工智能这个概念提出之后曾经至少出现过三次高峰和低谷:每次人工智能概念被炒热的时候,人类都认为下一刻自己就要被毁灭了;而每次碰到技术瓶颈时,人类又觉得这些做智能的人是骗子。前段时间我去清华参加了一个会议,认识了一位非常权威的人工智能方面的教授。他说了这样一段话:"泡沫对于技术本身并不可怕,可怕的是当这一波泡沫褪去,这个行业还能不能继续拥抱技术,而不是又回到自己坚守了几百年的传统路径上。"

人工智能的第二代被称为"计算人工智能"。从 1980 年开始,我们的外部环境发生了变化——拥有了更高性能的计算能力、有了存贮巨量数据的能力。在这样的一个情况下,计算人工智能开始尝试像人脑一样去串联每一个神经元,用高速的计算来寻找事物中潜在的规律。而这些神秘的"神经元"被称为"标签数据"。举个小例子,2011 年的全美智力竞赛上,IBM 的 Watson 以高比分碾压人类选手。这是人类第一次意识到自己在智商上被挑战。然而,这样一套系统所利用的算法却是 1991 年左右专家决策算法的变体。之所以能达到这样的效果是因为它运用了大量数据,包括来自维基百科、维基词典、维基语录和前一年更新的古腾堡计划中的 860 万份文献资料。渐渐地,科技行业的这样一个定理被大家接受:关键算法的提出到获得相应的突破,大概平均需要 18 年,而关键数据的提出到获得相应进步大约只需要 3 年,两者之间相差了 6 倍。

我们再来看一个跟法律比较相近的行业:智能医疗。今天有很多人提到智能医疗的时候都会说这是一个发展迅猛的市场:仅 2016 年就有 320 家医疗健康数据公司投身于这个行业。有研究报告分析说到 2020 年大概会有 430 亿元的资金投入到这个行业…… 但是医生并没有消失,不是吗? 我们还是会排队看医生,医疗资源到现在依然很紧张,最根本的原因是什么? 我认为是跨界人才的缺乏。根据麦肯锡的调研报告:目前,平均年薪为 35 万元的大数据工程师的人才缺口是 150 万。人才缺失直接影响了底层训练数据的缺失。大部分医疗智能公司受困于如何能拿到海量的、经过准确标注的数据,它是这个行业目前来说最大的一个"瓶颈"。同样那些目前我们认为已经取得一定突破的智能行业,比如说图像分类、语音识别、机器翻译,也是经过了海量数据积累,再加上算法创新才形成了我们今天看到的智能结果,而且还只是初步的智能。以谷歌翻译为例,谷歌在做机器翻译时也专门组织了一支团队。这个专业团队是由大量语言学家和程序员共同组成的,专门解决数据标注和专业模型的问题。

在最初加入华宇元典的时候,我拜访了包括微软亚洲研究院、Watson 中国团队在内的许多技术科学家。我向他们描述了我所憧憬的法律人工智能的未来后,科学家们谨慎地摇了摇头:如果想要实现这一步,必须有一批程序员具备相当程度的法律知识才能够最终实现,而这并不是单纯的懂计算模型的人或者单纯拥有法律知识的人能够解决的。

在法律人工智能这件事上,若说在过去的一年多里有什么是华宇元典最值得分享的经验,那就是:如果没有一个完美的人,我们就去找两个方向上最好的人,让他们融合在一个团队做一件事情——从最初的 9 个人到现在的 120 个人,华宇元典全部是这样的研发团队。我们的法律团队里目前有全国审判业务专家、全国十佳公诉人,有一线法学院最优秀的一批毕业生。此外,还有华宇集团从业十年以上的技术科学家和专业的行业数据团队。这两拨人融合在一起,法律人去学习计算机知识、参与代码和模型的编写;计算机专业的毕业生去学习法律知识,从了解审级的规定和区别开始。我们想在这样的积累下,为这个行业做一些小小的尝试,让机器去习得法律认知能力,去打破行业内部、行业与行业之间的应用数据壁垒。

当我们把某段事实输入到智能系统的时候,系统对历史数据的学习会告诉我们,它最有可能构成的当然是危险驾驶,但同样它还可能构成责任保险合同纠纷和财产损失保险合同纠纷。这就是系统机器学习从历史探究中分析出来的。它怎么用? 无论是作为新市场的挖掘还是作为后面更多功能的触发,该场景的想象空间是很大的。在案由判断之后,我们还可以把事实中的量刑情节进行自动识别,去寻找在法律评价维度上最相近的案例,去告诉人们这个案子最有可能判处的刑罚结果是什么。如果你想看到它的分析过程也没有问题——系统支持从全国到省、市、县每一个法院的数据分析。系统会告诉你全国有多少例案件与你的相似,而你的案例与他人的案例所需要关注的内容的异同是什么。

我们不替代人类法官进行裁判,我们只是希望一切都有客观的依据。这样的分析维度还可以细化到法官的层面。系统可以告诉你这个法官处理这类案件时的上诉率、二审发回率、他常采信的证据、他的裁判观点、他关注的争议焦点等。系统还可以同步把学者观点碎片化后根据前面的事实进行准确推送。我们认为检索当然是一个常见的入口,但是根据场景的知识推送可能才是法律行业与技术最适合去融合的一个细节。以上是在平时的法律研究和案件办理过程中华宇元典能做到的。

那么在很多诉讼律师熟悉的法庭环境下,华宇元典还能做到什么?以最常见的质证环节为例:在传统的质证过程中,控、辩、审三方需要去传阅纸质卷来确认证据。现在,人民法院和人民检察院已经实现了卷宗的电子化,以此借助语音识别和语音智能,我们可以实现更优的效果。那么同样,在刑事案件的整个质证过程中,系统还会辅助法律人,根据庭审需要从时间、人物、地点这三种维度去还原案件发生的经过。甚至说把证据和我们传统刑法的证明构成要件对接,去帮助承办人梳理一个案子的证明逻辑是什么样的,它的争议焦点或者它的证据缺失点在哪儿。这样的一套智能庭审系统在中国政法大学近期的两次模拟法庭和北京的一次真实庭审中都做了具体的应用和尝试。现在这些智能系统的背后是华宇元典的一个核心的人工智能平台,叫"元典睿核"。它不仅在法院这一个行业学习和应用,同时还服务于检察院,并且在未来将更加深度地服务于司法行政、纪检监察等行业。

我们相信每一个法律人的逻辑是共通的——无论你是穿着法袍还是带着检徽。而人工智能要想突破单个领域的学习困境——即便在像法、检这样信息化建设已经很好的场景下,它的数据依然是不够全面的,那么它需要更广泛地从全法律行业去进行不断的学习和自我迭代。我们希望用这样一套通用的智能技术去构建整个行业的智能拼图。从去年开始,华宇元典也尝试在互联网上向律师提供免费的办案协同平台和部分技术工具。我们希望的是为整个行业赋能,用免费的方式完成律师行业的信息基础建设,把全行业的信息化整体带入智能化的门槛,提升整个行业的科技感。我们希望得到的是进化的法律服务,这种进化伴随着效率的提高和专业素养的提升。

我在做律师的时候听到过这样一个观点:律师的能力分为市场能力、服务能力和专业能力。当专业能力提升的时候,实际上你提升的是服务能力,进而提升的是你的市场能力。这个是我认为技术能够为法律服务市场提供的进化契机。我们回到法律本身。拿破仑在制定法国民法典的时候,他曾经希望这本传奇的法典不仅能够涵盖当时,也能够涵盖此后大部分情况下的民事法律纠纷。然而,技术与社会的发展告诉我们一个道理:"再完善不过的民法典也会因为‘风车和磨坊’的规定而失去了它的无所不包性。”在社会契约论时代我们相信,每个人只需要让渡我们有限的权利,就可以在契约的框架下获取到更大的自由。

然而,社会、科技、经济的高速发展一次又一次地挑战着我们作为生物本身的认知局限。预言家可能是在这个时代最容易失业的职业——因为对当下未来所有的判断都可能会因为科技的飞速发展而失准。法律作为评价社会行为的准绳,我们怎么样去面对自己生而为人类的有限理性?

当下我们能想到的是借助机器学习的无限智能,去突破我们对事物判断的有限理性。我们每个人不应当仅仅是法律的执行者和被影响者,我们更应当借助机器的力量,变成法律的影响者与制定者。有一个哲学命题是这么说的:人永远应当是目的,而非手段。我相信,如果能够借助科技的力量,我们或许能够实现或更接近最初的愿景——人当生而自由。

人工智能服务审判的逻辑与改革
——以程序理念与技术认知的相互作用为视角

罗梓榆*

内容摘要：顺应大数据时代要求，“司法工作智能化”的智慧法院建设工程在逐步推进。以实现审判体系和审判能力的现代化为目标，人工智能的高效作业与对数据价值的深度挖掘在事务性工作替代、审判辅助、智能监管等方面发挥实效，与当前司法审判化解人资矛盾的迫切需求相契合。但一味追求智能化效率可能会引起司法程序空间被挤压、审判主体异化、主体平等性失衡以及司法场域式微等风险，有损司法正义的实现与司法信仰的建立。为避免技术危机，在顶层规制上，审判服务的智能变革需坚持法官主导的审判主线确保裁判产出符合人文价值。以技术弹性与程序刚性的融合保证在效率提升的同时对诉讼参与人权利的充分供给。并以需求为导向构建技术与制度间的协同机制实现智能应用的纵深发展。面向未来，智能技术还应秉承服务本质，在细节设计上实现诉讼便捷，并促进当事人诉权享有的充分性与纠纷化解的最优性。而夯实数据基础并进行运用管理的优化设计也是确保技术可靠性的根本。最后，在以法院既有组织结构为基础的功能配置与法制度效用性调整中实现技术效应与法

* 罗梓榆，湖南省通道侗族自治县人民法院审判管理办公室工作人员。

制结构的双效提升。

关键词：审判管理　人工智能　程序理念　技术认知

法的标准，即法的观念本身，是人。①

——［德］古斯塔夫·拉德布鲁赫

党的十八大对创新驱动发展战略的强调把"科技创新"摆在了国家发展全局的核心位置，期待依托技术便利改善司法环境。各国也在司法审判、司法管理和司法决策中积极运用包括大数据和人工智能在内的新技术，以提高司法效能，降低管理成本。② 面对当前人工智能技术发展趋势与我国司法环境现状，本文试图通过对智能技术应用效益的大胆设想，进行前瞻性的趋利避害式规制，助力司法审判实现"互联网+"到"人工智能+"的优化转型。

一、问源：人工智能服务司法审判的双"W"设问

迅速、及时、确定的审判一直被视为诉讼制度的理想价值。为促进司法效率提升，新一轮的司法改革以技术创新之势悄然而至。我国多地法院已在人工智能系统的开发与应用上作出有益尝试，并取得显著成绩。

（一）为何介入（why）？——科技发展与现代司法的供需契合

社会复杂性衍生出诉讼爆炸与案件复杂性升高，案多人少一直是法院普遍面临的人资困境。立案登记制使案件数量井喷，员额制改革导致一线办案人员的缩减，更是加剧了人案矛盾的胶着。"正义被搁置等于正义被剥夺"表明审判迟延或积案将引起司法的非正义。司法效率无法实现，不仅是对司法程序的减损，更是对法律体系合法性的漠视。因此，司法效率问题就显得十分重要。同时，随着司法公开的逐步推进，群众对审判流程、裁判文书、庭审视频的实时查询也为外部监督提供了平台，正在消解司法权垄断的支配图景，由外而内地倒逼审判活动高效性与精准性的提高。

---

① Gustav Radbruch, Aphorismen zur Rechtsweisheit, Goettingen, 1963, S. 16.

② 《第三届世界互联网大会智慧法院暨网络法治论坛乌镇共识》，载《人民法院报》2016年11月18日，第1版。

人工智能作为科技“新贵”,模仿人类思维、意识过程的学习方式被认为是其拥有智能的根本途径。[③] 加以数据驱动,致力于替代人力或实现人所不能的技术创新,这与现代法治要求高度技术化的制度本质不谋而合。而人工智能的功能本质也是将专家经验智慧以数据形式长久储存,并通过各种对数据的深度分析与智能运算帮助人类更好地处理不确定性问题而变为众人的智慧。在面对来自组织内部及群众的利益诉求时,基于对诉讼效率与公平成本的考虑,其高效作业的先天禀赋也切中了司法实用主义的脉搏,成为实现“及时的正义”供给侧的技术创新。期待依托人工智能消解案件激增状态,并为法官办案、诉讼服务、司法治理提供实质性帮助,促进审判结构的现代化更新与重塑以及社会公正感知与司法权威的积累。

(二)如何介入(What)?——智能技术助力审判的应有之义

随着机器技术和网络技术在商业驱动下不断提高,人工智能具有了迎合组织需求的可定制性以促进有效决策。现已有许多较为成熟且公开的技术可供审判活动采用,为提高审判质效开辟新的途径(如表1所示)。

表1　法院应用人工智能功能列举[④]

类　别	功　能
智能客服	1. 诉讼答疑、导诉分流; 2. 案件信息查询。
风险防范	1. 识别虚假诉讼; 2. 避免矛盾诉讼。
裁判辅助	1. 案情“画像”与庭审提纲整理; 2. 诉讼文书分析; 3. 相似案例、关联案件、相关法律条文的自动推送; 4. 审判态势分析,进行同类案件裁判情况统计; 5. 智能刑期计算系统提供量刑建议; 6. 刑事案件的证据校验与补正指引。

③ Yaser S. Abu - Mostafa, Malik Magdon - Ismail, Hsuan - Tien Lin, *Learning from Data: A Short Course*, Chicago: Aml-book, 2012.

④ 由微信公众号“智慧法院进行时”推送全国多地法院信息化巡回成果总结得出。

续表

类　别	功　能
文书生成	1. 利用语音识别系统自动生成庭审笔录，并自动区分庭审发言对象与内容，完成庭审记录； 2. 自动抓取案件信息实现法律文书基本框架与主要内容的智能编写与一键生成，以及自动校对纠错。
卷宗整理	1. 电子卷宗的自动分类、编辑（去黑边、纠偏、去噪等）与归档； 2. 利用 OCR（图文识别）技术，电子卷宗可直接操作复制粘贴，文书信息自动回填到案件管理系统。
审判监督	1. 庭审巡查。自动检查是否每庭必录，是否按期开庭，是否规范庭审。并自动截屏、录像，生成巡查日志，直接反馈给本人与院、庭领导，并自动列入法官业绩档案。 2. 智能审判风险防控系统。通过设立分案、审限、结案等风险点从数据录入、质量、流程完整性、资料齐全性、程序合法性等方面进行质量管控并及时反馈。

1. 业务替代与案件分流

面对审判程序事务烦琐与人案矛盾突出的现状，以自动化技术实现纠纷化解与业务简化的双赢是其基本预设。借助人工智能完成文书起草、信息查找等标准化、重复性事务使法官聚力于案件审理，并以全天候回应式服务让群众从快速有效的事务办理中对司法改革有更多的获得感。此外，还可尝试利用人工智能改良立案关口（见图 1），有效识别虚假诉讼，并在案件的智能筛选与繁简分流中追求法官判案效率的提高与司法解决纠纷的效益倍增。这也是改善审判渠道拥堵、防止审判资源浪费的有效手段。

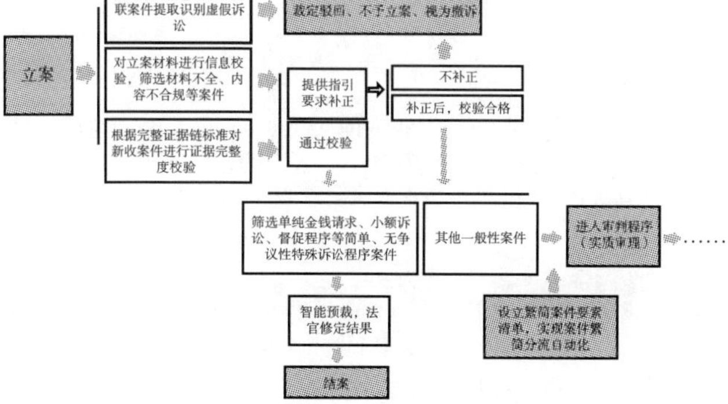

图 1　立案端口智能化改良图

2. 完善法官知识架构与辅助审判质效提高

审判结果是群众获得司法公正感的来源。借助智能助手改善法官思维和判断模式,带动裁判质效与法官专业度提升实现裁判最优应是本轮改革中的核心预设。从根本上讲,机器算法是被用来作出预测的。⑤ 美国威斯康星州早在2012 年就鼓励全州在法庭上使用COMPAS 系统⑥对罪犯进行危险度评估为法官判刑提供参考。美国政治学家根据判例建立的美国联邦最高法院的决策模型也比一组美国联邦最高法院的专家更准确地预测了裁判结果。⑦ 通过人格测评和"对不确定风险因素的分析进行罪犯受感化或暴力再犯倾向等前瞻性裁决预测"⑧为裁判适当性提供了数据支持,也可弥补我国强制医疗程序中证明标准等程序性保障手段的缺失。而智能法律论证从单一性论证逐步发展为多种推理模型结合的深度学习树建模来提升预测准确性(见表 2),则是以相对统一的推理、评价标准为法官提供裁判参考,并在裁判偏离度分析、预警中发挥数据监管促进裁判公正的正效应。

表 2 法律推理智能技术发展

时间	阶段	主要内容
20 世纪 80 年代初	形式化单一逻辑推理	基于"如果 A 和 B,那么 C"的逻辑规则进行大、小前提的法律和事实之间的归纳推理,对简单案情的逻辑推理,进行决策参考。
20 世纪 80 年代末	模拟人类求解能力建模阶段	评价分析相关判例;区分判例供何方使用更贴切;建立假设并用假设来推理;引用反例;建立引证概要。

⑤ Cary Coglianese and David Lehr,"Regulating by Robot: Administrative Decision Making in the Machine-Learning Era",*The Georgetown Law Tournal*,*Vol.* 105,p. 1147.

⑥ 该系统通过询问被评价人 137 个与之相关的问题,如教育程度、朋友性质、是否曾有过暴力行为等,对其孤僻程度、犯罪人格、性格稳定度以及社会危险性等进行评估,辅助法院、监狱在保释金额、刑期判决、假释适用等方面进行决策判断。

⑦ Theodore W. Ruger et al.,"The Supreme Court Forecasting Project: Legal and Political Science Approaches to Predicting Supreme Court Decision Making",104 *Colum. L. Rev.* 1150(2004).

⑧ Richard Berk et al.,"Forecasting Murder with in a Population of Probationers and Parolees: A High Stakes Application of Statistical Learning",172 *J. Royal Stat. Soc'y Series a*(*Stat. INSoc'y*)191(2009),at 208.

续表

时间	阶段	主要内容
20 世纪 90 年代	以知识工程为主的技术手段开发阶段	适用于简单案件的规则推理;运用开放结构概念的推理;运用判例和假设的推理;运用规则和判例的混合推理。
21 世纪至今	以信息技术研究开发为核心	运用大数据进行相关性分析、类案对比与深度学习术建模结合,实现法律推演并自动训练矫正结果。

此外,借助“人工智能助手”海量专业性数据储备,在面对复杂的科学或技术问题时为法官提供明确、有效的指引(见图 2),也可防止因经验认知的有限性而引发片面评判,进而促使法律真实趋近于客观真实。而根据完整证据链进行证据标准建模,通过对全案证据合法性、证据印证逻辑、不可采情形等因素的智能校验来实现对证据瑕疵与矛盾的智能识别与补正指引,也是防范冤假错案的有效手段。

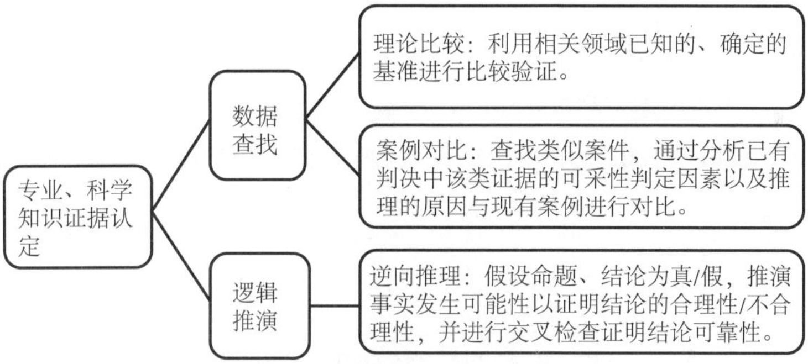

图 2　证成科学证据的算法建模思路

最终,以提取有效信息、梳理待审事实、总结审判信息、推送相关信息一体化所构筑的案情导图(见图 3),将极大压缩法官审阅卷宗材料的时间成本,并可以第三方视角帮助法官跳出法理学因果分析的思维定式,弥补因法官信息疏漏或思维局限引起的审判瑕疵。在对判决结论的动态校正中也促进了审判人员完整知识体系的构架和实务经验的积累。

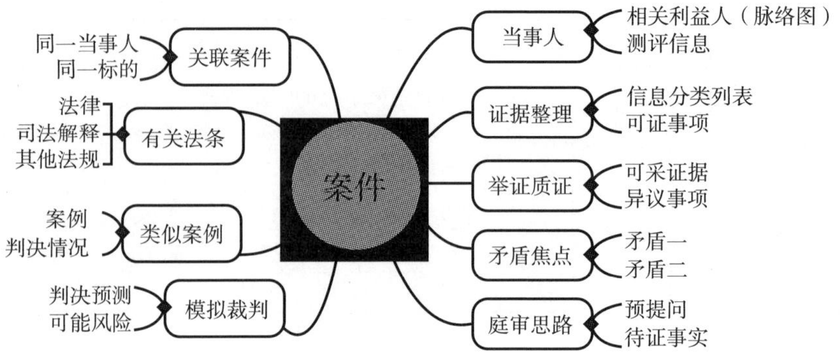

图3　案情思维导图脉络模板示例

3. 智能化管控规范审判行为

面对审判活动生成的庞大数据,质量监管往往难以单凭人力监督完成。智能系统的应用使审判活动趋近于“标准化”行事,并提供了同等条件下的资源利用,可以无差异的评价标准与程序对审判行为进行测评,且有可能将自己的输出自动地转化为监管行为。[⑨] 因此,寻求“智能机器”监督规则内嵌成为规制司法的新“武器”,似乎也是人工智能保障审判质效的一个合乎逻辑的预设。通过设立风险评查点,实现审判信息质量、程序操作从“面”到“点”的智能化监督,及时进行信息纠错与行为预警反馈,使管控的及时性、准确性和全面性成为可能。

二、思危:人工智能+审判的技术效应畸化可能

智能技术可有效缓解司法程序与人力缺陷造成的审判“瓶颈”,使各地法院均蓄势待发。但贝勒斯的诉讼成本理论表示“倘若有人只想使直接成本最小化,则错误成本可能升得很高”。[⑩] 而技术效用的不确定性本身也是一种风险,在效率的极力推崇下更易因盲目扩张引发过热隐患。

---

⑨ See Ryan Calo,“Robotics and the Lessons of Cyberlaw”,103 *Cal. L. Rev*. 513,pp. 539 – 540 (2015).

⑩ [美]迈克尔·D. 贝勒斯:《法律的原则——一个规范的分析》,张文显等译,中国大百科全书出版社1996年版,第23页。

(一)技术依赖导致审判程序畸形与主体异化

智能技术带来审判活动的专业化与效率性提升是毋庸置疑的。但有效性主要是工具性的,而合法性是评价性的。⑪ 在偏重实体结果的司法传统下,一味求快的智能化强势推行可能引起人为压缩甚至裁剪程序空间,仅借助智能手段达成裁决外观。但"正确之法"取决于"理想对话情景"中所产生的合意。⑫ 相对于实体正义因评判标准不确定而难以衡量,以利害关系者的实质参与和程序保障为核心要义的程序正义获致了前所未有的珍视与推崇,⑬并在驯化与规束司法者与当事人方面发挥着重要作用。而过度追求审判程序过简化与经济化将削弱参与者公正感知,违背诉讼规律也将引发对裁判结果公正性的质疑。

同时,人工智能从简单的数据提取到完成关系分析、模拟决策等思智型技术可为法官判案提供全面的外脑支持。避免个人意思表示的自动化运算也被认为可更好的替代个人决策。但审判活动是一项讲究自由心证的判断活动,法官也是以经验法则、逻辑推理在司法审判中的不断运用来提升其审判能力的。非理性地遵从数据驱动式决策容易形成"运算替代经验"的误区,即"事实和法律经法官剪裁和取舍用以证成数据博弈的最终结论"的本末倒置,使审判决策轨迹让步于机器的"精准"评估(见图4)。同时,技术依赖使法官成为机器输出的"纯粹代笔者"也将降低法官运用自身经验、逻辑推理对各种证据与矛盾进行分析取舍的能力,形成判断力不断弱化的恶循环。另外,司法责任制要求司法正义的实现最终需要有权责统一的司法主体作为承担者,当决策依赖人工智能输出却有违公正时,也难以在现有法制中找到正确责任承担人,使严格司法落入空穴。

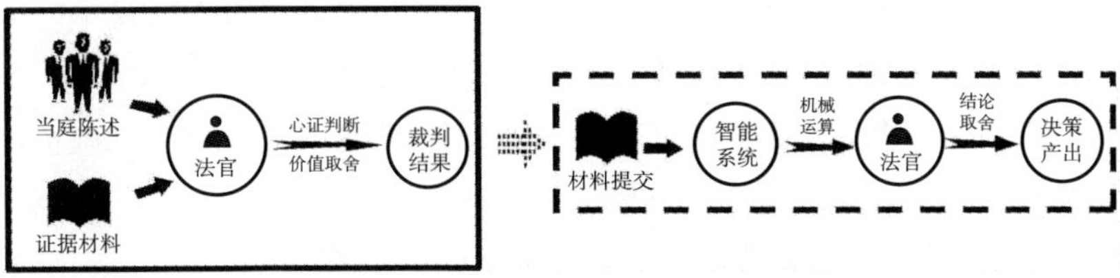

图4 审判程序与主体的异化演变

---

⑪ [美]西摩·马丁·李普塞特:《政治的社会基础》,张绍宗译,上海人民出版社2011年版,第47页。

⑫ [德]于尔根·哈贝马斯:《法的合法性——〈事实与规则〉要义》,许章润译,载《法哲学与法社会学论丛》,郑永流主编,中国政法大学出版社2000年版,第7页。

⑬ [日]谷口安平:《程序的正义与诉讼》,王亚新、刘荣军译,中国政法大学出版社1996年版,第22页。

(二)偏信评价导致地位失衡与裁判失正

数据决策带来了结论的确定性与统一性,并帮助法官做出决定。如前述COMPAS系统就因其算法无个人主观性介入而大受推崇。但不可否认的是被测评人将被机器异化为数据客体进行优劣定位。这将与公平程序原则下保障诉讼(控辩)双方享有平等的诉讼立场相悖。同时,侧重相关性的智能运算在实际运用中演化为主导决策产出的角色错位,因逆向逻辑的法律适用可能造成裁判的明显失准。如一名盗窃车辆者经COMPAS评估为高危险性后被法官判处8年有期徒刑。又基于复杂算法而无法对结论进行直观解释来获得认可将引发裁判异议。在对该软件的逐渐运用中甚至发现,其虽无与种族相关的提问,但在结论产出中却具有了种族歧视倾向。而在对罪犯的后续跟踪中,其以个人数据、与类似的人进行关联性分析等概括性断言的再犯预测也被验证出其正确率仅为20%。⑭

人工智能可在一定程度上矫正案件决策受人性主观影响造成的公正性偏颇,但其也具有软件所固有的编程偏差与运算错误。当因使用而偏离最初设计等不可知的机器故障以及因"伪数据"与抓取不周的输入错误等造成对事实或条件的错误分析时,将可能引起决策公正的偏离。同时,具体个案之间的迥异、"开放结构"的法律概念及参与人文价值的司法解释也使法律规则和案件之间不存在单一的逻辑对应关系。排除了对社会因素与人文价值考量的封闭式推理也可能引起结果的反人文性,而当这些偏差被法官无条件采信时将引发公平成本的恶化与正义的流产。

(三)技术自动化造成司法场域弱化

法院裁判往往关乎当事人较为重视的某项权益,其目的不仅仅是为了惩罚,更重要的是在理性与威严中解决纠纷和冲突。法学家阿诺德(Arnold)刻画道,"审判如同古代的神迹或寓言剧,他们能剧场化地表达一个社会中不同价值的冲突,这是形式逻辑无法做到的"。审判活动作为一种司法艺术,也具有相对特殊的场域。而法的观念也是个人性人类之观念。⑮ 人工智能可与人类认知以某些基本相似的方式处理信息并表现出超过人类决策的优越性。但过度追求技术替代可能引发技术蒙昧主义,导致所谓审判成为在一系列自助操

---

⑭ 《当AI触角伸向司法界,是合理,还是荒唐?》,载微信公众号"刑事法前沿推介",2017年6月23日推送,转载自微信公众号"英国那些事儿"。

⑮ [德]阿图尔·考夫曼:《法哲学的问题史》,载《当代法哲学和法律理论导论》,阿图尔·考夫曼、温弗里德·哈斯默尔主编,郑永流译,法律出版社2002年版,第199页。

作下基于对证据的逻辑演算后胜负结果的输出。面对冰冷的机器的明法析理,“司法傲慢”演变为法律形式主义下的“自动售货机”,剥夺了当事人的知情权与选择权,也因失去发泄心理不满或寻求倾诉及心理治疗的情境而削弱了审判的参与感。马克思主义实践哲学视域中的人学认为,人应该是一切制度、行为的出发点和归宿。同时,俄勒冈州最高法院的一位法官也提出了一项针对测谎仪的“人格”论点表示当事人应该被视为“被同行相信或不相信的人,而不是被机器认定为真实或虚假的电化学系统”。[16]

法治的实现程度往往与司法信仰息息相关。若人工智能从促进司法正义的管道异化为达成司法决策的主体,将有违当前司法改革以审判为中心的核心要义,并可能形成不负责任的电脑霸主形象使司法仪式感式微。司法信仰削弱引起基于公正的敬畏感荡然无存也极有可能使审判陷入“塔西佗陷阱”。

三、守正:以审判为中心的宏观思维规划

面对人工智能应用可能会引起的“黑箱”危险,相对于因技术担忧而放弃机制更新,通过制度措施防止技术驯化陷阱显然是更好的选择,这也是科技时代下的必然选择。因此,协调技术与司法复杂关系的因应性顶层设计是效用守正的先决要题。

(一)法官本位:理顺工具性与人文性的主客之序

智慧法院建设应是通过技术深度发掘法官智慧并使之得以沉淀而更好地反哺司法公正的新型审判机制构建。仅仅以技术促进发展的方法通常是不正确的。[17] 而正义是法的首要价值,正义的判决也是建立在其解释力和现实符合性之上的。个案正义仍需要法官在心证事实与法律推理的基础上结合具体案件“环境”进行柔性调和来化解纠纷而实现。情理结合的经验理性在审判过程中具有不可摒弃的地位,而这是机械运算与机器学习难以实现的。机器智能

---

⑯ State v. Lyon, 744 P. 2d 231, 240.

⑰ Thomas H. Davenport, Laurence Prusak, *Information Ecology: Mastering the Information and Knowledge Environment*, New York, Oxford University Press, 1997.

更多的也应是与人类理性的相互支持,而不是取代与被取代的零和关系。⑱ 在以还原法官审判主体地位为核心的本轮司法改革中,机器运算只是辅助事实阐明的工具,并构成法官正义判断的若干推论之一,而非取代法官或授权裁判。其次,科学本身永远无法"做出"决策,⑲智能系统运算目标的创设以及监督仍是由人类掌控,所以人工智能以无主观意识的模型运算与数据分析参与到审判活动中应是提供裁判信息指引与公平性矫正的辅助性工具,促进司法经验的"整体性"构建,并在决策"矫正"中潜化法官思维规则以提高法官专业能力。而法官以法律规定为大前提,借以智能技术完成对事实的客观评价,以平等保护为原则,加之社会政策、伦理人文等价值性取舍进行惩罚犯罪与保障人权等关系的调整,最终做出符合社会公序良俗的最佳利益分配方案从而化解矛盾,才是智能司法的核心要义。这也确保了裁判的最终责任仍然是法官而不是计算机。

(二)程序为纲:确保审判活动程序性权利完整供给

审判活动具有剥夺个人自由权益或财产权利的功能属性。在诉讼两造对抗的基本格局中,司法程序是裁判者遵循既有审判架构与程序规则为各方参与者提供一个平等表达利益诉求与优劣争论的平台。以制度化的纠纷解决过程保障行为正当,也是实现司法公正、累积司法公信力不可或缺的制度安排或技术装置。⑳ 对审判活动效率性与简洁性的追求不应以损害司法程序性结构为对价。同样,对科技手段的追求也不能忽视程序正当的初衷。参与者公开、有效地实质性参与司法程序来论证自身的正当,摆脱诉讼客体标签。这不仅体现了对人之尊严的捍卫,更是对司法公正的仪式性宣示。尽管不能确保实体正义的一定实现,但是能够最大化地保障司法程序参与者程序性权利的有效行使,进而以裁判的正当性与合法性产出促进裁判结果的可接受性,使矛盾纠纷得到实质性化解。所以,在涉及确保效率和公平的困难任务时,应把司法公正的提升与对当事人诉讼权利与实体权利的保护放在价值导向的优先位置,秉持庭审实质化改革,构筑一个诉讼(控辩)双方实质性平等对抗的司法场

⑱ [英]威廉·特文宁:《证据理论:边沁与威格摩尔》,吴洪淇、杜国栋译,中国人民大学出版社2014年版,第233页。

⑲ Cary Coglianese and Gary E. Marchant,"Shifting Sands:The Limits of Science in Setting Risk Standards",152 *U. PA. L. Rev.*,pp. 1255,1257-1258(2004).

⑳ 公丕潜:《法治中国时代司法公信力的提升路径——以程序正义理论为视角》,载《法学研究》2017年第3期。

域来保障程序参与权的充分行使与当事人意愿的充分表达。

(三)协同发展:需求导向下制度与技术的互助互制

制度是一种确立行动者身份认同的程序或规则框架,㉑制约并塑造了行动者的行为路径与选择。人类作为组织场域中的能动者又能对规则系统进行变革以适应技术的发展。而技术则作为实现一定目的的物质性结构体,因嵌入不同组织结构而被制度安排形塑其应用形态,并有赖于制度安排发挥最大效用。但与新技术匹配的制度安排又可能影响到原有的角色期望和职位安排,进而触发制度或组织结构的变革。㉒ 基于三者间的动态互联,如同不会统筹协调的政府大多会出现治理失效一样,㉓开启司法智能时代的重要密匙也应是基于人、制度与技术组成的系统性思考(见图5)。以用户需求(包括审判人员与诉讼参与人)为导向进行智能技术的有的放矢;以制度弹性提升技术效益,以制度刚性规范技术使用,防止审判程序的销蚀与主体的弱化。而智能系统也在与用户的数据交互中实现算法框架的实时矫正与优化,形成数据资源持续完善、质量进阶优化、分析能力不断提升的智能体系,并以技术效能撬动制度与组织结构变革。同时,其运算结论的产出也将在潜移默化中对审判人员思维逻辑进行积累与完善。技术与制度、组织在创新与试错的动态过程中实现渐进融合,而在技术、用户与制度的协同互构中使彼此进入渐进优化的良性循环轨道,也应是司法智能化实现纵深发展的关键。

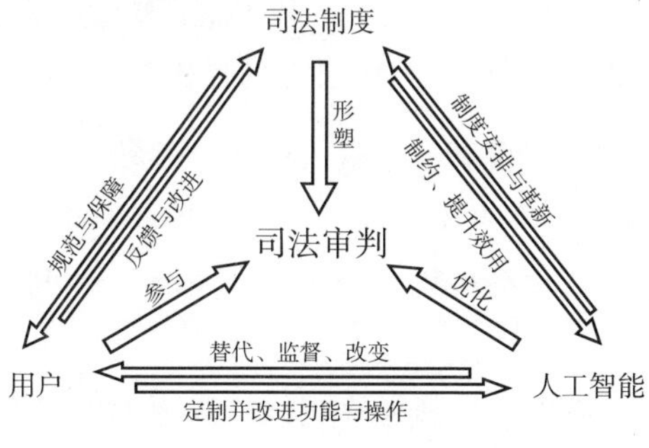

图5　智能技术与司法审判的互构

㉑ Stingombe A. ,"Milieu and Structure Updated",*Theory and Society*,1986,15(6),pp.901 -913.

㉒ Stephen R. Barley, 1986, "Technology as an Occasion for Structuring: Evidence from Observations of CT Scanners and the Social Order of Radiology Departments",*Administrative Science Quarterly*,1986,31,pp.78 -108.

㉓ OECD,*OECD Science*,*Technology and Industry Outlook*,Paris,OECD Publishing,2012.

四、优化:以技术效用为核心的技术完善与制度安排

人工智能服务审判的技术创新并非对我国司法组织体制的替代和颠覆,而是遵循现有程序结构,围绕审判流程进行技术链部署来开辟新空间或加速带,以内嵌式流程优化来实现敏捷服务与公正裁决的正向交互(见图6)。面向未来时代技术规范,还应以人工智能的效用实质为导向优化操作层面、促进规范调整以探求技术效益的最大化。

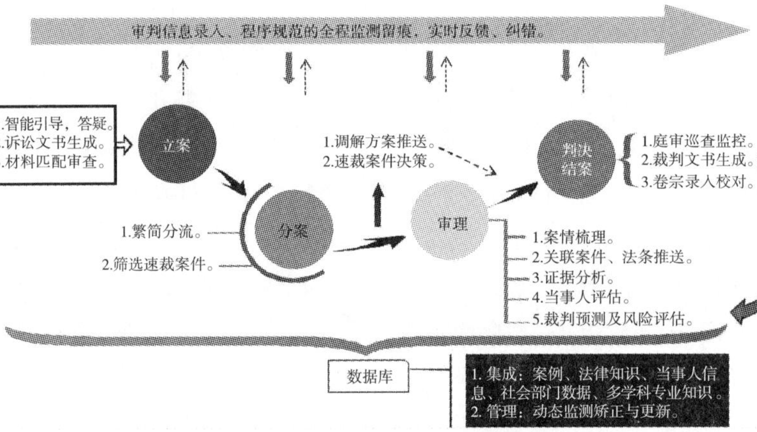

图6　以审判流程为主干的智能技术应用

(一)前端设计:以用户便利与当事人权益为考量

实现智慧法院理想转型的技术应用不能忽略审判活动的服务本质——以提供便捷、优质以及人性化的诉讼服务为价值导向。便利性应是衡量智能系统质量高低的重要标准。

在技术设计上,作为提供审判服务的一站式“诉讼超市”,应设计“一键应答”的扁平式菜单、设置悬浮窗口,实现便利答疑。并借助各种技术驱动为数据填入提供快捷方式,比如扫描输入、语音识别、多环节自动同步。防止因菜单层级复杂与操作烦琐引起用户抵触。另外,需保持人工、机器两条线服务模式。一是解决群众对智能系统操作水平参差不齐的社会实际,并使群众保有接受智能服务的选择权;二是保证即使关闭所有的智能系统,法院也具有维持审判活动运行的基本能力,而避免落入智能化陷阱。此外,在实际诉讼中,由

于当事人在物质基础、诉讼能力、信息占有等方面往往存在差异,公正也并非仅通过形式上保证当事人之间的程序平等就能实现。㉔ 因此,还需依托人工智能对用户诉讼行为进行深度分析后提供瞄准型"法律顾问"。以精准推送相似案例、量身定制疑问清单、提供风险评估与诉状生成等定向施策使当事人摆脱诉讼客体的被动感,并对可能适用司法救助、法律援助等司法服务的当事人推送申请入口。在诉讼资源差距的趋近中促进当事人之间实质上的诉权平等。

此外,诉讼的本质是调节社会中各主体间的利益关系。㉕ 基于对诉讼成本与风险规避的考虑,大多数情况下当事人都更倾向于在他们对案件价值的估计下选择和解的确定性,而非诉讼风险。㉖ 因此,理论上只要双方就金额达成一致,案件就有可能达成和解。借助人工智能对案件价值进行评估,并在对相似案例进行调解成功或失败的因素分析下生成的调解方案可能促使各方迅速达成协议。程序内共识达成的理想化利益妥协将推动审前程序对争议的有效解决,也减少了不必要的审判。

(二)基座盘亘:夯实数据集成与规范技术应用

机器运算有赖于数据发挥基础性作用——在有限的数据集中提取相关信息或进行决策。消除了个人价值介入可能导致的决策不平等,并依靠结论反馈的算法训练来提高结果准确性与可靠性。而"过度拟合"现象表明数据样本越少,越可能得出错误推论,因为这些数据集实际上可能并没有反映真实的生活。㉗ 因此,一方面要确保运算准确,在矫正数据偏差的同时,实现数据共享集成的起点工程不可偏废。如澳大利亚、荷兰、苏格兰的司法审判支持系统已实现判决数据的全球联网来进行个案事实与类似判例的比较。目前我国部分法院也已实现与社会相关单位建立信息共享与业务协同。在实名登记制的推进下,诉讼参与人提供给法院的个人数据也将造成元数据的巨量积累并降低交叉分析的难度㉘。另一方面,为了避免因人为输入或数据质量引起的决策错

㉔ [日]谷口安平:《程序的正义与诉讼》,王亚新、刘荣军译,中国政法大学出版社 1996 年版,第 52 页。

㉕ 江伟:《民事诉讼法原理》,中国人民大学出版社 1999 年版,第 375 页。

㉖ Dana A. Kerr, "The Effect of Ownership Structure on Insurance Company Litigation Strategy",34 J. *Legal Stud.* 273,276(2005).

㉗ Pedro Domingos, *The Master Algorithm*: *How the Quest for the Ultimate Learning Machine Will Remakf Our World* 71(2015).

㉘ 蒋洁:《大数据轮动的隐私风险与规制措施》,载《情报科学》2014 年第 6 期。

误,应开发数据监测软件实现对数据完整性与准确性的测试与修补。同时,对内需加强对业务数据的录入监管,并规范文书标准化书写来促进机器解构与挖掘信息准确度的实质性提高。对外则建议实行信用评分制,并对信用较低的信息将不作为运算基础数据源,仅用于相关信息参考,并做出警示。此外,因法律规范与社会变动出现样本数据和现实之间的时间差也很重要,所以还需要注意数据与算法的及时更新来确保其实用性。

另外,运算的准确性与公正性取决于系统的运行情况。但智能算法无法预测模型或算法在"现实世界"中的表现,并因其难以被直观理解的复杂性以及难以被发现的编码歧视而具有"黑箱"风险,可能给予某些特定人群优惠或不利的歧视性结果。为防止期望目的落空,需要对基础运算方法、信息支持数据来源、变量、调优参数等框架规则进行披露,便于检查是否存在可疑的歧视性变量,对数据错误率以及量化标准进行"有益批评"。同时,还可通过决策查控来发现系统隐藏的偏见和错误。如通过与相似案例的预测结论进行对比,以数组随机案件或假设包含可能具歧视特征的案情进行对比是否产生偏见性结果差异,并以此推断机器的歧视性意图,以及通过设置不同"评估指标"测试机器学习性能等。

一位研究数据科学的学者表示"不透明会导致一种不公平的感觉"。[29] 而机器学习的"黑箱"本质将必然引发非法的、不透明的谴责。在欧洲,一般的数据保护条例禁止公民在对具有法律上或同样重大的影响的事项仅基于自动处理的情况下作出决定,[30]即绝对禁止以自动化的算法决策对当事人权益进行剥夺。因此,无论数据源是否能经受住可靠性的考验,奉行技术民主原则也是必要的。对法官而言,介入自身经验进行现实权衡与合理性判断的自由裁量权不可被剥夺;对当事人而言,对涉及其利益并影响最终裁判的运算输出进行预先"披露"说明,并通过证明程序偏见或数据能力不足、来源不诚实以及案情与数据具有巨大情势差异等保有对结论"弹劾"权也是必要的。这是对道德司法的回应,也是对抗主义下"除了保护决策的准确性外,应该保护系统的感觉和

---

[29] See Cathy O' Neil, *Weapons Of Math Destruction: How Big Data Increases Inequality and Threatens Democracy*(2016), at 28.

[30] Council Regulation 2016/679, art. 22, § 71, 2016 O. J. (L 119) 1, 14, accessed June 20, 2017, http://eur-lex. europa. eu/legal-content/EN/TXT/? uri = uriserv: OJ. L_. 2016. 119. 01. 0001. 01. ENG&toc = OJ:L:2016:119:TOC [http://perma. cc/FL4V-9MA4].

公平的外观"[31]的技术性外延。一方面测试了技术的可靠性;另一方面也以问责制和透明度保障了裁判公正与合法性的被认可,成为推进人工智能技术发展的制度保证。

(三)智序之治:推进法制结构与技术发展的耦合

在理论和制度的创新中实现技术与既有制度结构间的互动调整,是在技术的横向功能扩权与纵向监督收权中对司法效率与秩序的兼顾,也决定了技术改革的最终绩效。

1. 审判行为与职能标准化规范。

智能化带来行为的全程留痕使建立审判全流程监督和一站式效能监察的综合监管平台,对审判活动中每一行为、决策的目录式、动态化监测成为可能。加以绩效导向的跟踪与问责,形成技术在司法管理矩阵中对业务提升的"强刺激",引导审判行为在制度的轨道上向着"善治"的目标运行。而技术介入还应依据用户性质进行系统内外的区分配置,并尽可能尊重各部门的独立性,实行审判组织与监督组织区分授权(见图7)。以系统功能的职权标准化防止因权限混同造成监督部门依智能决策输出影响法官裁判,审判组织越矩后台"刷数据"妨碍绩效管理的技术滥用。

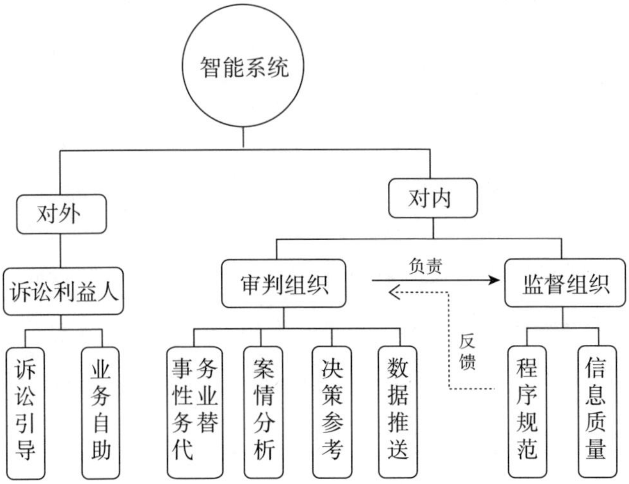

图7 智能技术区分配置图

---

[31] Richard D. Friedman,"Route Analysis of Credibility and Hearsay",96 *YALE L. J.* at 692 n. 54.(1987).

2. 法制度的有度裁剪与有效吸纳。

智能应用需受到程序法规的约束,司法体制适应新的工作方式也是一个组织内部复杂的微观“政治过程”。[32] 在现有法制弹性允许范围内引入技术是创新转型的首选。但智能技术对人力的替代或决策的被委托不可避免地将对传统审判架构产生冲击或造成法律权利的“违规”转移。为避免技术应用冒犯核心法律基础,对其适用范围与操作授权的预先界定是保持对技术最终控制的必要手段。同时,制度选择的实质不仅应重视对风险的控制,更应是基于效用的决策。因此,当智能技术在实施中呈现出较之现有法制更利于公正的实现时,制度应服从于技术的安排,转变为技术协同架构为技术的合法性使用扫清障碍。即通过政策、立法赋予人工智能合法性地位,借助立法完善技术构想与应用的落实,并最终使其成为法治环境中的固有要素产生技术刚性的制约作用。以技术刚性与司法理性的融合进行制度革新或体制结构优化,使技术治理的正效应得以充分释放,这也是拥护法治权威的另一指称。

五、结语:规制效益下司法智能化的有序绽放

整个智能革命过程因高科技所具有的不可预测性具有高风险性的持续。因此,司法科技创新不仅指科技研发,还应包含对创新的治理。为避免“牵一发而动全身”的轨道偏离,可依托司法程序刚性时刻提示审判人员对技术应用保持警觉意识和谨慎态度。而对技术细节的人性化设计与制度的因应性规范也应是控制效能偏差的必要考虑。由此,以程序理念与技术本质作为规制智能技术服务审判的逻辑“中枢”来触发技术改革效能的全面绽放,也不失为探究改革路径最优化的一种有益尝试。

---

[32] 黄晓春:《技术治理的运作机制研究——以上海市L街道一门式电子政务中心为案例》,载《社会》2010年第4期。

智慧法院时代的审判管理改革

高一飞　高　建*

内容摘要：信息技术与审判管理是智慧法院的管理手段与载体，两者在互动与融合中推动司法质效的提升。在信息技术的影响下，审判管理方式向管理主体多元化、管理目标人性化及管理方式数据化方向发展，样本地区已经初步建成以网络化、阳光化和智能化为特征的智慧法院。然而，信息技术缺少价值判断机能，在信息技术给审判管理方式带来巨大正相关冲击的情境下，人们容易形成人工智能决定司法审判等偏颇观点，淡化了司法人员在审判活动中的主体地位。因此，智慧法院需要具有价值理性的审判管理机制对信息技术进行调适。智慧法院时代审判管理改革的方向应当是既要发挥信息技术的优势，又要体现管理者的主体地位，使信息技术与人类理性高度融合。

关键词：智慧法院　信息技术　审判管理结构　司法质效

"案多人少"是长期困扰人民法院的难题，期待增加

---

* 高一飞，西南政法大学诉讼法与司法改革研究中心教授，博士生导师。高建，湖南省长沙市中级人民法院法官助理。本文为高一飞教授主持的2014年度国家社科基金重点项目《司法公开实施机制研究》（立项号14AFX013）、2014年度最高人民法院重大理论课题《司法领域公民知情权研究》（2014sp010）、2015年中国法学会"深入研究党的十八届四中全会精神"重点专项课题《司法公开实施状况评估和建议》[CLS（2015）ZDZX10]的阶段性成果。本文原发于《法律适用》2018年第1期。

办案人数以缓解人案矛盾的改革建议几乎没有落地可能性,也与“员额制”实现法官精英化的改革路径相违背。但是,人民法院及司法工作人员不能给人民群众对司法公正、司法效率的诉求打折扣,应当实现法院司法供给与人民群众司法需求平衡。

建设中的智慧法院为打破司法供给失衡的困局提供了可能。2014年6月至2016年3月,最高人民法院相继上线人民法院数据集中管理平台、国家司法审判信息系统(天平工程)及中国法律应用数字网络平台(法信平台),法院信息化水平从1.0版向3.0版跨越式发展。2016年1月29日,在最高人民法院信息化建设工作领导小组全体会议上,周强院长首次提出智慧法院概念,尔后,《国家信息化发展战略纲要》《“十三五”国家信息化发展战略纲要》《新一代人工智能发展规划》《人民法院信息化建设五年发展规划》等纲领性文件将智慧法院列为重要建设事项之一。与此同时,四级法院也掀起了智慧法院建设的热潮。法院信息化与智慧法院是一组相关联的概念,信息化是人民法院组织、管理和建设的运行载体,智慧法院是人民法院工作的一种形态。人民法院以打造智慧法院为目标,将信息化建设成果引入司法领域,以信息技术为代表的工具理性与以审判管理为代表的价值理性在司法实践的碰撞中,解放了法院的司法生产力。

本文拟通过纵向比较与实证分析的方法全面阐释智慧法院建设以来,人民法院审判管理方式的深刻变化,总结智慧法院的建设成果。同时,理性评估审判管理改革现状特别是信息技术对审判管理的正确影响方式,避免技术崇拜与技术狂热,为信息技术与人类理性的高度融合提供借鉴。

一、信息技术对审判管理方式的影响

司法人员对司法公平、司法公正的追求从未改变,影响审判管理结构更替的主要变量是效率。传统审判管理结构具有以司法人员为中心、强调亲历性等特征,保证司法质量的同时也影响了司法效率的提升。智慧法院以信息化办案平台为依托,司法人员与司法参与者交互影响,逐渐解构传统审判管理模式。

(一)管理主体多元化:“单轨制”向“双轨制”转变

诉讼参与人参与审判管理的方式是审判管理类型的决定性因素。“单轨制”管理方式以“科层制”为建构基础，由司法管理人员按照自上而下的纵向传递方式运转审判管理工作，位于审判管理末端的诉讼参与人回溯至审判管理者的信息流有限，诉讼参与人在审判管理中“集体失声”。“单轨制”作为信息传播技术欠发达时期的自然遗产，法院汇聚与共享的司法信息向两极发展，“信息孤岛”效应显现。

毋庸置疑，法院只是司法信息的管理者而非所有者，在不侵犯当事人隐私等特殊权益的情况下，公众享有接近并使用司法信息的权利。英国前首相卡梅伦甚至提出“数据权”概念并指出“‘数据权’是信息社会一项基本的公民权利”。[①] 更何况，诉讼参与人参与、影响审判管理是司法公开的要求，也是“最有效地监督审判管理的方式”。[②] 审判管理者的顾虑是，诉讼参与人影响审判管理，对现有的管理模式形成冲击效应，反而不利于审判工作的开展。事实证明顾虑是多余的。近年来，人民法院逐渐完善信息公开方式，公开渠道由“墙上公开”转向“网上公开”，公开广度从“有限公开”转向“全面公开”。司法公开转型期，如何处理司法信息并非由信息管理者决定，诉讼参与人与审判管理者之间“上下互动、彼此协商”[③]的关系逐渐成形，“单轨制”审判管理模式逐渐向“双轨制”发展。审判管理实现信息化后，消解与替代“科层制”的可能性较小，即使信息技术对审判管理的影响权重日益增加，“他们也会与正式的等级制度并存”。[④] 这也意味着，“科层制”结构会继续保留，只是新增一条信息传播渠道并对原有的审判管理模式进行再造，促进善治。

（二）管理目标人性化：“供给需求”向“用户需求”转变

传统型审判管理模式容易产生新公共管理理念下的“碎片化”问题，法院内部、法院内外信息沟通不畅、不及时，内部建设重复与滞后、外部社会关切问题解决不到位等弊端丛生。法院作为司法产品、司法信息的“供给方”，审判管理“碎片化”现象也令其利益受损，但这是次要的，因该种管理模式围绕供给方的需求展开，公众特别是诉讼参与人却为此付出了更大的代价。曾有学者探讨“电子化政府”化解管理碎片化问题的可行性，但赞同者寥寥无几，

---

① 鲍静：《我国政府数据开放管理若干基本问题研究》，载《行政论坛》2017 年第 1 期。

② 江必新：《国家权力科学管理视阈下的审判管理》，载《法律适用》2017 年第 5 期。

③ 刘强强、石乾新：《大数据背景下的治理现代化：何以可能何以可为》，载《大数据》2016 年第 2 期。

④ ［美］弗兰西斯·弗山：《大分裂：人类本性与社会秩序的重建》，刘榜离等译，中国社会科学出版社 2002 年版，第 258 页。

认为电子化相关研究没有改变围绕信息供给方构建的框架,甚少从公民的需求出发。[5] 建设智慧法院,周强院长指出,"要坚持问题导向,需求导向,实现全国法院一张网"。[6] 智慧法院以信息技术为手段,以公众需求为导向,通过协调、整合的方式,审判管理者与公众逐渐融合为"有机团体",[7]两者之间形成契合、依赖与制约的关系,审判管理迈入人性化时代,审判管理质量与价值将如同"梅特卡夫定律"[8]的描述般呈几何倍增长。

(三)管理方式数据化:"循案治理"向"循数治理"转变

因样本获取渠道及样本采集数量受限,传统型审判管理沿用"案件发生——因果关系分析——措施提出"路径,属于事后型的"循案治理"模式。"循案治理"可以集中智慧解决当前审判面临的问题。但是,对类案缺乏预测性,管理手段前瞻性不足,当待审案件数量呈井喷式增长时,审判管理人员难以应对。信息技术丰富了审判管理的手段,超越审判管理人员自身智慧的"临界点",[9]审判管理开始向"循数治理"演变,关注的样本源从微观转为宏观,按照数据"收集——存储——分析——输出"的轨迹进行流程管理。[10] 数据收集对象为动态数据、系统化数据,可以及时发现并解决法院治理过程中存在的倾向性、苗头性问题。舍恩伯格将"循数治理"方法概括为"全数据思维、混杂性思维和相关性思维",[11]通过对数据库中所有数据进行相关性分析揭示案件之间的关联与规律,审判管理的预测性功能得以强化。

---

⑤ 陈敦源、李仲彬、黄东益:《应用资讯通讯科技可以改善"公众接触"吗? 台湾地区个案的分析》,载《东吴政治学报》2007 年第 3 期。

⑥ 周强:《加快智慧法院建设推进审判体系和审判能力现代化》,载《人民法院报》2017 年 5 月 12 日,第 1 版。

⑦ See Emile Durkheim, *The Dividion of Labor in Society*, N. Y: Macmillan Publishing Co . Znc . 1984, p. 132.

⑧ 梅特卡夫定律是指,一个平台的价值跟它的用户数的平方成正比。$\frac{m_1}{m_2}=\frac{100^2}{10^2}=100$。

⑨ 苏玉娟:《政府数据治理的五种系统特征探讨》,载《理论探索》2016 年第 2 期。

⑩ 刘越男等:《大数据情境下政府治理研究进展与理论框架构建》,载《图书与情报》2017 年第 1 期。

⑪ 黄欣荣、李世宗:《舍恩伯格大数据哲学思想研究》,载《长沙理工大学学报》2017 年第 3 期。

二、智慧法院时代审判管理改革的样本剖析

作为理想型法院治理方式，智慧法院秉持“让数据多跑路，让群众少跑腿”的理念，力促信息技术与审判管理彼此融合，强化审判管理的线上治理能力，为审判体系与审判能力现代化提供系统性解决方案。本文以江苏、河北、青海、浙江、上海等地区为样本，阐述智慧法院解决审判管理面临的“案多人少”等司法难题的可行性。样本地区涵盖东中西部，经济发达地区与欠发达地区，具有代表性，能够反映我国智慧法院建设的全貌。

（一）以互联网为核心的智慧法院建设——“网络化”法院

网络化法院旨在提高公众接触司法活动的效率，样本法院将各项业务虚拟化并汇聚于网络媒介，公众可以通过网络媒介在线办理业务。

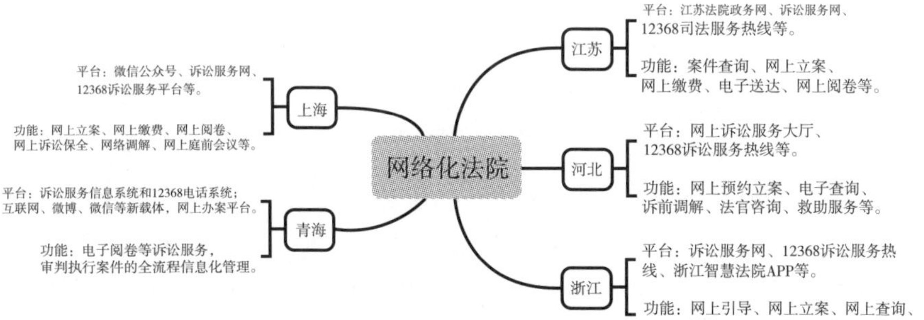

图1 “网络化”法院建设概况

1. 平台分析——共性与差异性并存的网络化法院

与其他网络媒介相比，诉讼服务网与12368诉讼服务热线具有创建时间早、网络建设成熟、可推广性强的特点，样本地区以诉讼服务网与12368诉讼服务热线为主体打造以互联网为核心的智慧法院，能基本满足公众线上办理业务的诉求。当然，随着互联网技术的普及，上述网络媒介存在的移动性不强、使用场域受限等“短板”逐渐显露。浙江、上海和青海将最新互联网技术运用至审判管理领域，开发智慧法院APP或通过微博、微信等新媒体在线办理诉讼业务，突破了诉讼服务的时空限制，线上业务办理更为便捷。

2. 功能分析——以办理审前业务为主的网络化法院

立案、缴费、阅卷、调解等司法活动集中于审前阶段,线下办理上述业务通常要求诉讼参与人亲力亲为或委托他人,并且办理各项业务的时间点较为分散,容易产生诉讼参与人参与部分审前活动的意愿不强、效率不高、成本较大等司法难题。两"害"相权取其轻,诉讼参与人会选择性地放弃行使部分权利,诉讼信息不对等的风险"如约而至"。然而,诉讼信息的不对等性增加诉讼参与人了解诉讼过程及判断诉讼结果的难度,容易引发"诉讼焦虑症"。审前业务的亲历性及诉讼信息的不对等性决定了审前阶段是"诉讼焦虑症"的高发区域。五个样本地区重点攻关立案、缴费、阅卷、法官咨询、诉前调解等审前业务,可以有效解决难题,避免诉讼参与人纠结是否行使诉前权利。

样本地区重点攻关审前并非不重视审中、审后网上业务办理工作,实则后者主要由司法人员承担。全国法院实现"一张网"办案后,审中、审后业务已经实现网上办理——如网上制作文书、网上打印、网上归档,审前环节是实现"全业务网上办理"的最后一道关口。

(二)以"四大平台"为核心的智慧法院建设——"阳光化"法院

法院的人民属性决定司法程序不能被神秘化,法院应主动公开司法运行流程及结果并接受群众监督,实现以公开促公正的司法目的。以往以办公场所为关键渠道的司法公开方式逐渐被信息技术消融。在网络时代,司法信息粘贴于公告栏与秘而不宣的差异不大。司法信息应当以最小的成本、最快捷的方式为公众获取。作为人民法院办公场所的网络延伸,司法平台为建设"以公开为原则,不公开为例外"的阳光化法院创造了条件。

2013年7月至2016年9月,最高人民法院相继开通中国裁判文书公开网、中国执行信息公开网、中国审判流程信息公开网和中国庭审直播公开网(以下简称"四大平台"),搭建涵盖审中、审后主要节点的司法公开体系。在任何网络覆盖区域,公众可以查询并跟进自己参与或感兴趣的案件。随着司法改革的深入,最高人民法院提出所有的裁判文书必须上网、所有庭审必须同步录音录像等要求,源源不断地为"四大平台"提供司法数据。法院阳光化的格局已经形成。

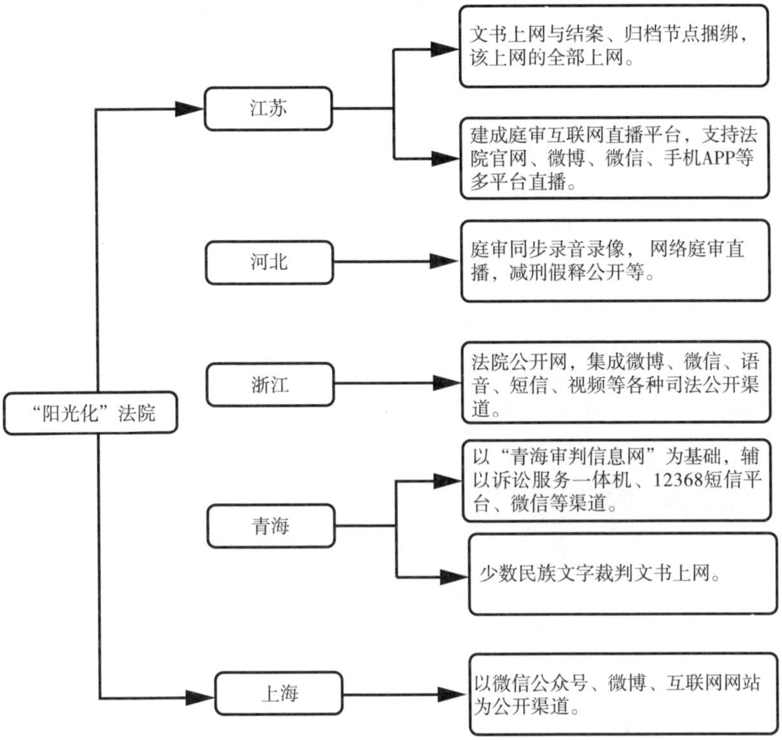

图 2 "阳光化"法院建设概况[12]

从图 2 可知，除"四大平台"外，样本地区将最新信息传播技术融入庭审与裁判文书公开等司法活动，阳光法院的实现渠道向"掌上化"发展。

1. 庭审公开的同步性、便捷性

公众不可能亲历所有的庭审，感受现场正义，样本法院通过虚拟空间的构建，依托微博、微信、手机 APP 等软件同步推送公众关注的案件。如山东辱母杀人案，山东省高级人民法院通过法院官微同步文字、图片直播庭审信息，公众犹如亲临庭审现场，甚至可以克服因听觉疲劳等原因造成的信息遗漏，参与庭审的效果可能优于当庭旁听。此外，部分纠纷发生于虚拟平台，如网络购物纠纷，当事人从虚拟平台聚集至特定物理地点是否是解决纠纷的必要条件？英国首席大法官信息技术顾问理查德 · 萨斯坎德曾提出，"法院到底

⑫ 四大公开平台在各级法院已经上线，本图没有将其列入样本地区阳光化法院建设概况。

是一项服务还是一个地方?"[13]我们认为,法院是审判人员的办公场所,是提供法律服务的地方,但不是唯一的选择。审判人员可通过虚拟法院在线解决纠纷。样本法院尝试通过远程审理方式解决争端,当事人与网民分属不同的物理空间却共处同一网络平台,实现审理与公开同步,如浙江法院电子商务网上法庭。

2. 裁判文书公开的及时性

裁判文书是诉讼的产物,是审判机关对争端或涉案行为的处理决定,法院有义务及时向社会公开裁判文书。关于何为"及时",公众与审判管理者存在因信息不对称引发的认识分歧。审判管理者倾向于认为裁判文书在审限内上网都为合理,公众却认为审判人员应马不停蹄地处理。两者需要调和。江苏法院对诉讼过程实行节点控制,裁判文书生效后,通过办公系统提醒工作人员在规定时间内办理文书上网业务,无须等到审限届满之日,"遗忘"甚至拖延裁判文书上网的现象被杜绝。及时性还蕴含着"可识别"的含义,如果法律文书不能被识别,与没有获得文书的效果是一样的。因此,法院公布的法律文书应当包括使用辖区内通用文字表述的版本。如青海省已经将少数民族文字的裁判文书上网,截至2016年10月28日,累计上网少数民族文字裁判文书44份。[14]

(三)以办公系统为核心的智慧法院建设——"智能化"法院

待办案件数与办案效率是影响案件办理质量的两个变量,当办案效率不变、待办案件数快速增加时,单位时间内审判工作完成率降低或审判质量降低。信息技术运用至司法审判领域之前,办案效率的增加无法"中和"案件数量的增速,单位时间内审判工作完成情况不容乐观。审判人员的核心任务是对案件进行事实与价值分析,并公允地作出裁判。智能化办公系统将不涉及价值判断的事务性工作剥离于审判及其辅助人员,系统自动完成,为审判及其辅助人员"减负"。

---

⑬ [英]理查德·萨斯坎德:《法律人的明天会怎样?——法律职业的未来》,何广越译,北京大学出版社2015年版,第116页。

⑭ 王宥力:《以信息化跨越发展实现审判执行飞跃——我省法院信息化建设工作综述》,载《青海日报》2017年3月13日,第7版。

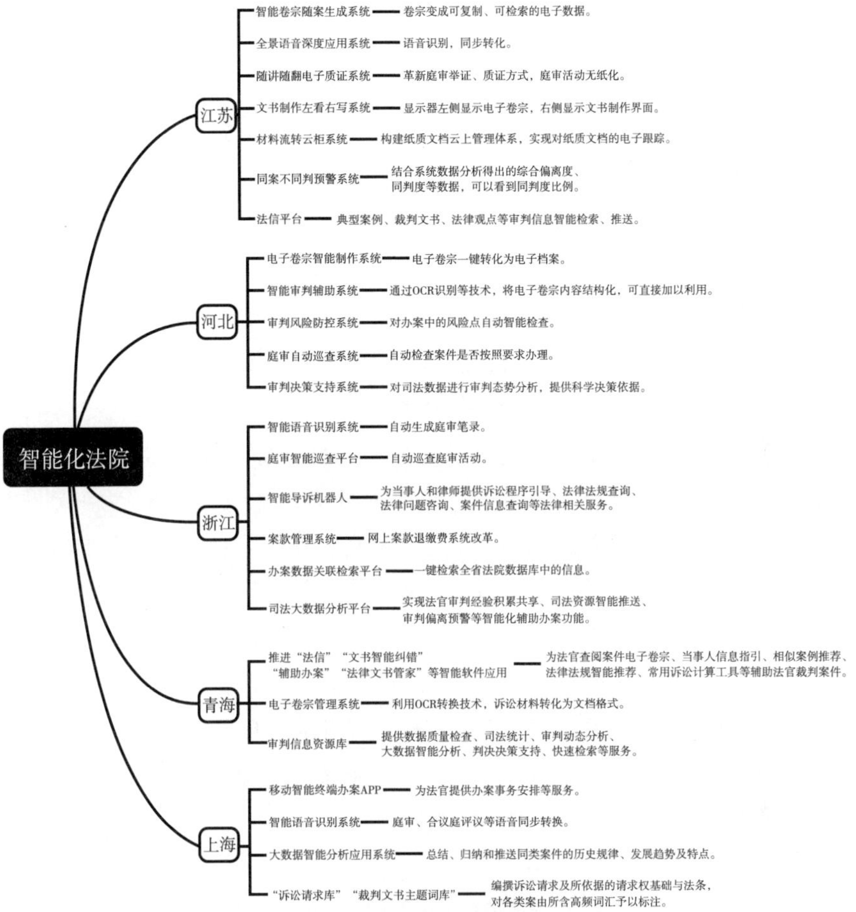

图3　智能化法院建设概况

1. 以服务文书写作为重点的智能服务

裁判文书写作是审判工作的重要组成部分，需要投入较多的时间与精力完成。样本地区主要通过降低工作量与加强风险管理的方式为审判人员提供智能服务。一是使用OCR识别技术实现卷宗电子化、结构化，系统自动生成“本院认为”以外的文书内容，如河北省、青海省。统计数据显示，80%文书里面80%的内容由计算机办案系统一键生成，减少法官案头的工作量达到30%以上。⑮ 二是通过审判预警系统评估裁判结果的合法性与合理性。如江

⑮ 蔡春华：《人民法院彻底告别人工统计时代》，载《法制日报》2017年3月7日，第3版。

苏开发“同案不同判预警系统”,通过结合系统数据分析得出的综合偏离度、同判度等数据,为审判人员提供预警服务。

2. 以服务庭审提效为重点的智能服务

书记员离职率持续高位运行的原因之一是庭审记录压力大。庭审记录是对书记员案件熟悉度、注意力集中度及打字速度的综合考验,要求较高,智能化法院将有效缓解书记员的工作压力。以庭审环节为例,苏州庭审语音智能转写系统,庭审笔录的完整度接近100%,带有口音的普通话语音识别正确率达到90%,庭审时间平均缩短20%~30%,复杂庭审时间缩短超过50%。[16]庭审过程中,书记员的主要任务由庭审记录转为设备管理。

3. 以总结司法经验为重点的智能服务

及时、准确、全面提供司法数据直接影响司法决策的精准性,最高人民法院及样本地区均开发大数据分析应用系统或审判决策支持系统,为审判或经济社会发展提供智慧支持。如2016年度,最高人民法院利用该平台推送了40份专题研究报告,为党中央、国务院、政协、人大决策提供了翔实的数据。

除服务于审判及其辅助人员之外,智能化法院也丰富了当事人知情权、参与权的实现方式,服务方式从线上人工服务向线上智能服务转变,压缩或取消了排队等候时间。如上海法院12368服务热线开通了自助语音服务功能,使当事人或代理人通过诉讼服务密码可全天候查询案件办理情况。[17]

三、智慧法院时代审判管理改革的理性评估

智慧法院建设成果显示,网络化、阳光化法院重点化解了公众便捷接触司法的难题,智能化法院为审判及其辅助人员分担了大量的事务性工作,信息技术作为法院发展的车轮、鸟翼与审判管理的融合度逐渐提升。可以肯定的是,以2014年为分界线,信息技术对法院、司法人员、诉讼参与人甚至公众的影响是颠覆性的、根本性的。我们比历史任何时期都更接近高效、透明、便民的司

---

⑯ 黄伟:《人工智能深度融入苏州法院首创智慧审判新模式》,载《新华日报》2016年12月14日,第3版。

⑰ 《上海法院12368诉讼服务平台指南》,载上海高院网:http://www.hshfy.sh.cn/shfy/gweb2017/12368_znnr.jsp?zd=12368&jdfwkey=saoxt2.,最后访问日期:2017年6月24日。

法。但是,并不意味着样本法院的改革措施、因切身受益而引爆的技术崇拜潮流值得全盘接受。应当思考的是,信息技术之于审判管理的功能限度与公众理想的高度能否契合,审判管理人员预设的信息技术功效能否实现?信息技术在审判人员的主导下以遵循司法规律的方式运作是回答所有问题的关键。在此,我们需结合改革实际厘清、评估智慧法院建设中存在的几组倾向性观点与做法。

(一)人工智能决定论 VS. 人工智能辅助论

以人工智能在审判业务中的作用为分类标准,存在决定论与辅助论两种倾向。人工智能在审判业务中扮演重要的角色,但是,"自动化的资讯处理过程可以取代行政人员的裁量与判断是错误的观点",⑱因为在审判过程中,人工智能辅助法官办案,处于从属地位,法官才是审判工作的关键与核心。

人工智能以历史数据为原材料,以数据之间的相关性为分析路径,持续推送有价值的案例与报告。我们不可能两次踏入同一条河流,审判人员也不可能两次审理案情完全相同的案件。人工智能的价值主要体现于提供参考与借鉴性信息,而非照抄照搬。目前,人工智能已经在部分样本法院实现了80%文书中80%内容自动生成,生成的文书涵盖当事人信息、控辩双方的观点及证据等。如果卷宗没有实现电子化,上述信息需要审判及其辅助人员输入。但是,这部分工作属于事务性工作,即使没有电子卷宗自动生成技术,只要审判及其辅助人员投入一定的时间,一定可以完成,剩余20%的内容才是法律文书的关键。说理、法律适用是具有创造性与价值判断的工作,审判人员必须结合案件实际情况逐层展开,人工智能不可能通过照抄照搬的方式予以解决。即使部分地区已经开发"同案不同判预警系统"对审判人员偏离类案裁判的案件予以提示。然而,预警提示并不能直接宣告审判人员的裁判结果是错误的,后判可能需要考虑前判没有遇到的情节。我们更倾向于将"同案不同判预警系统"的提示理解为提醒,是为了保持裁判标准的一致性,避免裁判出现差错。

司法是维护社会公平正义的最后一道防线,"肩负着明情析理、定纷止争的责任"。⑲ 如果判决说理生硬地从法条到法条,缺少常识、常情、常理式价值判断,裁判文书的说服力、可信度将大打折扣。此外,我们置身于一个缺乏信

---

⑱ 江明修、曾德宜:《资讯科技与政府转型:社会建构的观点》,载《研考双月刊》2003年第3期。

⑲ 徐骏:《智慧法院的法理审思》,载《法学》2017年第3期。

任的时代,同处一室的相对人尚且不能获得信任,何况虚拟空间中通过常人无法理解的运算方式计算出的裁判结果,因此审判环节的核心工作必须交给公平正义化身的法官完成。

"让审理者裁判,由裁判者负责""法官责任终身制"等司法责任制同样令审判人员无法安心地将审判权让渡给人工智能。人工智能以生效裁判文书为蓝本作出判决,但数据平台中不断跳动的是可供参考文书的数量,与文书质量的关联性不大,文书中存在的部分错误可能为人工智能所复制。因为错误裁判的责任由合议庭成员或审委会委员承担,审判人员作为理性经济人,会选择风险最小方式作出裁判结论,即裁判的核心工作由自己完成。

因此,智慧审判的未来,事务性工作归人工智能,事关经验与良知运用的实体裁判归审判人员,[20]审判人员居于主导地位。

(二)司法数字鸿沟论 VS. 司法数字平等论

以公众能否平等地拥有和使用现代信息技术获取司法数据为分类标准,存在司法数字鸿沟论与司法数字平等论之分。司法数字鸿沟与司法数字平等都是客观存在的现象,概括了司法数据运用中的实然与应然状况。

法院是司法数据的保管者,除法律等规范性文件明确禁止公开的司法信息外,法院应当无差别地向公众公开信息。这属于应然层面的机会平等,换言之,数据平等论属于应然层面的数据观。

法院阳光化以用户可获取司法数据为目的。司法公开模式已经从"墙上公开"向"线上公开"发展,后者固然可以提升司法公开的效率与品质,但是,囿于经济基础、文化教育、信息获取习惯等方面的差异,公众实际拥有和运用现代信息技术的能力难以整齐划一,线上公开反而会拉大信息富有者与信息贫困者之间的鸿沟,[21]致使某些社会群体在信息可及性方面遭受不合伦理和不可辩论的排除。[22]《中国数字鸿沟报告 2013》显示,2012 年我国城乡数字鸿沟指

---

⑳ 简言:《让审判插上翅膀:一线法官需要什么样的智慧法院》,载微口网:http://www.vccoo.com/v/8bxr15.,最后访问日期:2017 年 6 月 30 日。

㉑ 参见陈敦源:《应用资讯通讯可以改善"公众接触"吗?台湾个案的分析》,载《东吴政治学报》2007 年第 3 期。

㉒ 刘强强、石乾新:《大数据背景下的治理现代化:何以可能何以可为》,载《大数据》2016 年第 2 期。

数为0.44,地区数字鸿沟指数为0.32,[23]2017全球联接指数也表明,数字化不均衡发展的"马太效应"正在不断加剧。司法数字鸿沟是中国数字鸿沟的缩影,客观存在,也会随着智慧法院的建设有所扩大。

当然,司法数字鸿沟的评判标准不是要求所有社会成员均能无差别地运用司法数据,而是公众需要了解司法数据时能选择自己可接受的方式无障碍地获取。智慧法院建设不能因数字鸿沟的存在而止步不前,继续推进信息化建设方能有效弥合司法数据鸿沟:一方面信息技术应突出以使用者为中心的功能定位,提升系统的友好性,降低用户使用成本;另一方面法院应建立立体式公开渠道,线上线下双轨同步运行,不能因信息技术的发展而放弃场地公开等已获得公众认可的信息公开方式,须进一步拓宽并维护好信息公开渠道。

(三)司法数据归集论VS.司法数据应用论

以司法数据的利用率为分类标准,存在司法数据归集论与司法数据应用论之分。当前,我国智慧法院的建设成果仍然停留在司法数据归集层面,数据深度运用略显不足。

智慧法院以平台为基础汇集了体量庞大的司法数据并持续更新,然而,司法数据的质量与数据总量的增速未保持一致。以裁判文书为例,文书说理不足、文书说理格式化,降低了司法数据的价值。此外,从平台功能设置角度分析,平台主要扮演数据输入、筛选与输出角色,如河北法院类案及关联法条推送制度、浙江法院数据交换共享制度等,数据运用几乎被等同于司法数据的空间移转。

大数据具有价值密度低的特征,经过分析挖掘后才能释放大价值,[24]也即司法数据的二次运用是实现数据价值的主要方式。样本地区的"司法大数据分析平台"对司法数据有所分析,但遗憾的是,从《司法大数据专题报告》的内容来看,分析范围被限定于案件审结情况、案件地域分布、当事人(被告人)特征及案件特征四个方面,[25]对司法数据的分析仍停留在司法数据统计层面,没有深入。相反,部分律所在大数据分析的道路上走得更远,如广东法纳川穹律

---

[23] 国家信息中心《中国数字鸿沟研究》课题组:《中国数字鸿沟报告2013》,http://www.sic.gov.cn/News/287/2782.htm.,最后访问日期:2017年6月27日。

[24] 耿亚东:《大数据时代政府治理面临的挑战及其应对》,载《中州学刊》2017年第2期。

[25] 《司法大数据报告之电信网络诈骗》,载最高人民法院网:http://www.court.gov.cn/fabu-xiangqing-63132.html0.,最后访问日期:2017年10月13日。

师事务所完成的《广州地区伪造、变造、买卖身份证件罪大数据报告》,涵盖被告人基本情况(户籍、前科、文化程度、共同犯罪情况),地区分布、犯罪类型、证件类别和交易金额(广州地区分布、犯罪目的、交易金额),取保、自首、立功、主从犯情况(取保候审情况、取保机关、自首情况、立功情况、主从犯情况),量刑情况(整体量刑情况、缓刑情况),辩护意见及辩护意见采信情况,结论六大类数据,[26]对类案有极强的引导作用。智慧法院必须建立在数据的可测量、可收集、可报告、可分析的基础上。[27] 由于数据平台收集数量庞大的原材不能直接反应司法活动规律与经验的全貌,必须注重规律与经验分析,司法数据才能更好地服务司法实践。

因此,智慧法院建设过程中,在继续归集司法数据的同时,应注重数据分析,发现数据之间的联系与价值,使数据“从单纯的信息处理手段变成重要的治理资源”。[28]

四、走向信息技术与人类理性的高度融合

信息技术的价值无涉与审判活动的价值判断之间天然地存在张力,将解决审判质效的重任全盘委以信息技术的选择并不可取,信息技术的基础性地位决定其无法依靠自身力量解决智慧法院建设中面临的司法数据鸿沟、应用障碍等问题。信息技术优化、重组审判管理结构的同时,贯穿于审判管理的价值理性对信息技术也有调适功能,两者始终处于良性互动状态,可以共同应对智慧法院建设中出现的问题。在迈向善治的智慧法院道路上,信息技术与审判管理还需要解决以下几个问题,以发挥促进审判体系与审判能力现代化的合力。

(一)信息技术:重点辐射向全面覆盖发展

智慧法院建设应抓住问题导向与需求导向两个重点,根据审判管理需要

[26] 法纳刑辩君:《广州地区故意杀人罪大数据报告》,载百家号:http://baijiahao.baidu.com/s? id = 1582411037906794729&wfr = spider&for = pc.,最后访问日期:2017 年 10 月 27 日。

[27] 徐骏:《智慧法院的法理审思》,载《法学》2017 年第 3 期。

[28] 周盛:《走向智慧法院:信息技术与权力结构的互动机制研究——以浙江省“四张清单一张网”改革为例》,载《浙江社会科学》2017 年第 3 期。

研发信息技术，切实解决有碍审判管理质效提高的问题。

从样本地区智慧法院建设情况分析，信息化建设在庭审等重要司法活动中已经取得实质性突破，与审判相关的辅助性工作的信息化却明显不足，如全国绝大多数法院无法通过内网访问国家工商行政管理总局企业信用信息公示系统、商标查询系统和国家知识产权局专利检索系统，[29]而需要工作人员单独配置外网电脑或前往办公场所查询。网络时代，信息技术手段可批量解决的工作任务却遗留给一线审判人员人工完成，信息技术的普惠作用未充分释放。在推进信息化建设过程中，人民法院可以系统梳理涉及审判管理的工作节点，逐一攻关，实现全流程信息化覆盖。

智慧法院建设的初级目标是解放司法工作人员的手与脑，信息技术在审判管理活动中得以运用。显然，部分地区在线运行的信息化系统宣传效应大于工作实效，以网上立案系统为例，系统上线以来，部分地区网上立案数一直保持"0"。其中不乏当事人不了解、不会网上立案的原因，但主要原因仍是司法工作人员观念未转变，不愿打破现场立案的既定工作模式，对当事人宣传力度不够、对系统自主学习不足。

无论是信息技术开发不足还是信息技术尚未融入审判管理活动，归根结底仍是技术开发与司法需求脱节。技术开发应当回归提供优质司法服务的价值本真。

（二）建设方式："各自为战"向"团队协作"发展

智慧法院是最高人民法院统筹建设、地方各级法院积极参与的重大项目，先行先试地区分享建设经验帮助建设缓慢地区实现跨越式发展是"全国一盘棋"的应有之义，申言之，信息化建设缓慢的地区应站在巨人的肩膀上继续前行，而非从零开始。目前，智慧法院的部分项目存在重复建设问题，研发的数据平台/系统功能相似，不值得提倡。以电子卷宗随案生成系统为例，河北省、江苏省、青海省相继开发了电子卷宗随案生成与深度应用系统，纸质卷宗自动扫描成可复制、可粘贴的电子文档，为审判人员摘录证据材料创造了便利，但重复建设浪费了原本紧张的司法资源。今后，试点取得重大突破的法院，应当尝试提升系统的兼容性、开放端口，允许其他地区的法院同步运行平台或系

㉙ 简言：《让审判插上翅膀：一线法官需要什么样的智慧法院》，载微口网：http://www.vccoo.com/v/8bxr15，最后访问日期：2017年6月30日。

统,降低建设成本。

(三)数据管理:数据保管向数据维护发展

"数据的过分关联是个人信息最大的威胁",[30]数据平台汇聚的个人信息为不法人员寻找特定的作案对象提供了帮助。与此同时,数据平台主要外包给数据服务商建设与运营,数据存在泄露风险。"棱镜门"事件是大数据存在泄漏隐患的典型案例。智慧法院维护数据安全可以从两方面入手:一是维护数据存储空间安全,即维护司法数据与数据传输介质的安全,提升系统安全指数,防止黑客、病毒攻击司法数据平台。二是明确数据使用者的保护义务。部分数据平台采取模糊化或匿名化的方式保护个人隐私。但是,实践证明这两类数据保护方式是失效的。[31] 在条件允许的情况下,数据使用者可以通过搜集更多的数据或对数据进行交叉比对,发现被隐藏的信息。数据使用者应当为自己的行为负责,明确责任承担主体与责任承担方式,才能形成威慑力。

五、结语

本文从宏观方面阐释信息技术为审判管理人员吸纳公众参与审判管理、优化审判管理行为创造了条件;从微观方面总结了人民法院向"网络化、阳光化、智能化"塑形过程中信息技术与审判管理持续融合,信息技术影响审判管理的深度、广度与日俱增。司法实践中,基于信息技术的深刻影响,人工智能决定论、司法数据鸿沟论等论调此起彼伏。在信息技术对审判管理已经形成巨大正相关冲击的情境下,上述论断的产生有其现实土壤,也是部分客观情况的真实反映。文章肯定信息技术作用重大时,为避免技术狂热的势头蔓延,提倡理性评估信息技术在审判管理工作中的定位、合理发挥信息技术的功效,主张借助人类理性对信息技术进行调试、引导,更好地满足审判管理需求。我们认为,缺少价值理性的信息技术与缺

---

[30] 中国科协学会学术部编:《大数据时代隐私保护的挑战与思考》,中国科学技术出版社2015年版,第76页。

[31] [英]维克托·迈尔-舍恩伯格、肯尼思·库克耶:《大数据时代生活、工作与思维的大变革》,盛杨燕、周涛译,浙江人民出版社2013年版,第200页。

少工具理性的审判管理对人民法院网络化、阳光化与智能化建设的作用有限，将信息技术与审判管理互动融合、取长补短方为智慧法院建设的必经之路。当然，文章也存在缺憾，对信息技术与人类理性融合的细节探讨不足，期待抛砖引玉，求教大方。

大数据时代的刑事公诉工作创新：正当性基础与实务运作

唐守东*

内容摘要：大数据技术对提高刑事公诉办案质量和效率具有重大意义。大数据时代的刑事公诉工作具有诉讼程序效率化，证据标准统一化，庭审审判实质化和定罪量刑精准化的正当性基础。大数据时代的刑事公诉工作创新应遵循诉讼规律与法治原则，明确科技手段辅助性原则以及确保正当程序支撑的原则。在实务运作方面，刑事公诉工作应主要立足于审查起诉和庭审两个阶段。审查起诉阶段要以构建审查起诉综合数据平台为依托，庭审阶段要以着力构建庭审指控一体化平台为保障，通过大数据信息技术与刑事公诉工作的深度融合实现标准化建设，打造智慧公诉模式。

关键词：大数据　刑事公诉　正当性基础　智慧公诉

刑事公诉作为刑事诉讼中承上启下的关键环节，面临着除构建以证据为核心的刑事指控体系，进一步发挥诉前指导、审前过滤、庭审指控、人权保障等职能作用和推进案件繁简分流、构建多层次诉讼体系、提高诉讼效率的新课题以外，还面临着强化法律监督，加强对侦查和刑事审

---

* 唐守东，中国社会科学院研究生院博士研究生，天津市人民检察院第一分院检察官。

判活动的监督、维护司法公正的重任。当前，随着互联网信息技术的发展，大数据已经并且正在改变着社会公众的生活方式，现代科技进步为公诉创新发展提供了新机遇、带来了新课题，公诉人如何利用大数据资源和技术的便利，以信息化来促进公诉工作规范化和现代化，实现精准公诉，从而推进公诉工作更加高效、快捷、规范是司法改革对刑事公诉工作提出的重要课题。

最高人民检察院曹建明检察长在2017年9月26日全国检察机关智慧检务工作会议上强调，各级检察机关要强化大数据思维，落实检察大数据行动指南，构建大数据生产体系、大数据交换共享体系、数据存储加工体系、大数据应用体系、信息安全保密防护体系等检察大数据五大体系，全面推进检察工作和大数据深度融合。① 最高人民检察院印发的《检察大数据行动指南（2017－2020年）》概括了检察大数据工作的发展现状，规划了检察大数据工作的总体思路、发展战略和建设目标，明确了检察大数据建设的整体框架和主要内容，为大数据时代的刑事公诉工作创新指明了方向。有鉴于此，本文通过对大数据时代刑事公诉工作创新的正当性基础和应遵循原则进行阐明分析，提出实务运作的基本路径，以期对大数据背景下的刑事公诉工作完善有所裨益。

一、大数据时代刑事公诉工作创新的正当性基础

大数据是指跨视角、跨媒介、跨行业的海量数据的集合，具有海量的数据规模、快速的数据流动和动态的数据体系、多样的数据类型、巨大的数据价值特征。② 大数据技术提供了相互连接的，非平面的、立体化、无中心、无边缘的网状结构，③开拓了检察工作的视野，也拓宽了未来刑事公诉工作的格局。充分利用大数据技术，服务刑事公诉检察工作，进一步规范司法行为，能够破解司法效能不足、司法不规范、司法不公等问题，能够提高司法办案质量和效率，提升司法公信力，促进检察机关与社会公众良性互动，推动刑事公诉工作

---

① 《智慧检务：检察工作创新发展的“新引擎”》，载《检察日报》2017年9月27日，第3版。

② 于志刚：《大数据时代计算机数据的财产化与刑法保护》，载《青海社会科学》2013年第3期。

③ 高扬捷：《大数据技术在金融检察工作中的运用》，载《人民检察》2016年第22期。

在改革中发展、在探索中加强、在创新中前进,谱写刑事公诉工作发展新篇章。

(一)实现诉讼程序效率化

实现司法资源的优化配置是司法改革追求的目标之一。在全面依法治国的大背景下,我国刑事司法制度逐步完善,朝着法治化、民主化、信息化、精细化方向发展,十八届四中全会《中共中央关于全面推进依法治国若干重大问题的决定》(以下简称《决定》)中特别强调"优化司法职权配置",公诉在刑事诉讼中的地位更加凸显,职能更加丰富完善。[④] 在保证司法公正的基础上,提高诉讼效率,优化司法资源配置,是当下司法改革的重要关注点,刑事公诉亦不例外。公诉权的运行需要充分考虑消耗的司法成本和所获诉讼收益之间的比值是否合理,进而催生出高效化的基本需求。[⑤] 通过公诉案件办理的实际调研,提审、开庭在途时间日益成为影响案多人少矛盾的现实因素之一。以速裁案件为例,理论上一个速裁案件的办理时间为5~10小时,提审往返及办理手续约100分钟、出庭往返约60分钟,往返路程及等待时间约占办案时间的30%~60%。

大数据技术为解决上述问题提供了路径:一方面,通过依托大数据平台构建远程提审、庭审系统的建立能够解放公诉人的双脚,大幅度节省时间,提高效率;另一方面,通过智能语音识别系统、法律文书智能校对系统可以将录入的语音实时转化为文字,智能生成法律文书,省去了打字耗费的冗长时间,解放了公诉人的双手,有效提高了提审笔录、审结报告等法律文书以及案件讨论、检委会等会议记录的及时性、准确性和全面性。[⑥] 所以,大数据人工智能的运用给刑事公诉能够注入强大助力,通过向技术要效率,使人少案多的矛盾能够有效解决。

(二)实现证据标准统一化

证据标准,是指运用刑事诉讼法确立的刑事诉讼证据,以某个犯罪的基本构成要件为标志,能够证明某个犯罪的客体、客观方面、主体和主观方面的

---

④ 孙谦:《全面依法治国背景下的刑事公诉》,载《法学研究》2017年第3期。

⑤ 应琦:《论诉讼效率提升的程序前提——以轻刑案件处理为实证样本》,载《河南社会科学》2016年第1期。

⑥ 王渊:《顺应改革要求推动公诉工作创新发展——司法改革背景下刑事公诉面临的新问题、新挑战及对策研讨会述要》,载《检察日报》2017年6月19日,第3版。

证据要求。提起公诉的证据标准,即提起公诉时检察机关掌握的证据应当达到何种证明程度。[7] 我国《刑事诉讼法》第172条规定了提起公诉的证据标准是“犯罪事实已经查清,证据确实、充分”,第195条规定了法院有罪判决的证据标准是“案件事实清楚,证据确实、充分”。从立法字面上来看,我国《刑事诉讼法》对提起公诉与审判定罪证据标准都是“案件事实清楚,证据确实、充分”。但是在近些年的司法实践中,由于证据标准的不统一,公安机关将部分没有达到审判定罪证据标准的案件移送审查起诉;人民检察院对统一证据标准的认识不高,把关不严,对一些没有达到审判定罪证据标准的案件提起公诉。针对此种情况,法院本应该依照疑罪从无的原则作出无罪判决,但现实司法实践中,基于多方面的压力,人民法院常常对此类案件作出有罪判决,从而酿成了一批冤假错案。[8] 有鉴于此,最高人民法院、最高人民检察院、公安部、国家安全部和司法部于2016年10月联合颁布的《关于推进以审判为中心的刑事诉讼制度改革意见》(以下简称《意见》)第2条明确规定:“侦查机关侦查终结,人民检察院提起公诉,人民法院作出有罪判决,都应当做到犯罪事实清楚,证据确实、充分。”所以推进以审判为中心的诉讼制度改革,要求侦查终结、提起公诉采用与审判定罪相同的证据标准。

但是如何实现证据标准的统一化?当前司法实践中的主要做法是制定刑事诉讼基本证据指引。依法制定刑事诉讼各阶段基本证据指引,并以此规范侦查、起诉、审判活动,统一证据标准是以审判为中心刑事诉讼改革的基本任务。2015年以来,最高检先后制定刑事案件审查逮捕指引、刑事公诉案件证据指引,已经就常见的50个罪名明确了审查逮捕、审查起诉的证据标准。[9] 但是仅有证据指引还是不够的。原中央政法委书记孟建柱2016年9月在贵州调研时指出:“要把科技创新与司法体制改革融合起来,特别是在推进以审判为中心的诉讼制度改革中,通过强化大数据深度应用,把统一的证据标准镶嵌到数据化的程序之中,减少司法任意性,既提高审判效率,又促进司法公正。”[10]公诉工作对大数据有着非常迫切的需求,基于大数据设计的统一证据

⑦ 龙宗智:《再论提起公诉的证据标准》,载《人民检察》2002年第3期。

⑧ 陈学权:《论侦查终结、提取公诉与审判定罪证据标准的同一——以审判中心主义为视角》,载《苏州大学学报》(哲学社会科学版)2017年第2期。

⑨ 王治国、徐盈雁、李波等:《推动建立科学可行的基本证据标准》,载《检察日报》2017年7月13日,第2版。

⑩ 孟建柱:《不断提升政法综治工作智能化水平》,载《人民日报》2016年9月23日,第4版。

审查、收集和审查运用的标准,首先,有利于防止防范冤假错案,对审判监督案件以及办理一些敏感案件可以起到辅助认定的作用;其次,通过构建客观性证据审查模式主导的大数据案件证据审查系统,可以更好地贯彻证据裁判规则,防止以言词证据等主观性证据为主导的证据审查模式;再次,可数据化的统一证据标准有利于严格规范侦查和审查起诉活动,使办案质量能够经得起法律和庭审的检验,防止案件“带病”进入审判程序,使审判机关陷入“定放两难”的尴尬境地。⑪ 总之,推动建立科学可行的基本证据标准,深入运用大数据、人工智能等技术实现证据标准数据化、模型化、统一化势在必行。

(三)实现庭审审判实质化

庭审审判实质化是刑事审判活动的应然要求,但庭审虚化是我国刑事司法实践中长期存在的突出问题。所谓“庭审虚化”,是指法官对案件事实的认定和对法律的适用主要不是通过法庭调查和辩论来完成,而是通过庭审之前或之后对案卷的审查来完成的。⑫ 可见,庭审举证质证的“虚化”是庭审“虚化”的主要表现之一。

在刑事庭审实践中,公诉方在举证方式上以摘要式的宣读证据、概括式的总括证据为主,证据的细节和问题却不能通过有效方式进行展示,造成重要证据证明力削弱,部分瑕疵证据被忽视的问题。在庭审质证上,当前还停留在纸面证据质证上,辩方无法有效参与庭审,进而找到案件质证的突破口,有违质证的“疑”和“问”,使法官难以当庭进行认证并作出裁判。尤其是针对司法实践中存在的证人出庭作证难的问题,利用大数据云计算中的同步视频技术可以加以解决,通过科技手段使证人出庭作证的比例提升。基于此,传统的摘要式、概括式和宣读式的举证示证方式是造成举证示证虚化的主要原因,借助大数据思维,利用大数据的数据存储、传输和分析整合应用能力,充分发挥现代科技对证据收集和审查的指引、规范功能,运用大数据、人工智能等新技术,对基本证据完整性及矛盾点进行基础性审查、判断,及时发现需要纠正的常见问题,引导办案人员按照法律规定的证明标准、证据规则、办案程序收集、固定证据,切实解决证据标准适用不统一、办案程序不规范等问题,提升举证示证的科技化水平和可视化效果,能够有效促进庭审审判实质

---

⑪ 熊秋红:《审判中心视野下的律师有效辩护》,载《当代法学》2017年第6期。

⑫ 熊秋红:《刑事庭审实质化与审判方式改革》,载《比较法研究》2016年第5期。

化的实现。

（四）实现定罪量刑精准化

司法实践中经常会出现同案不同诉、同案不同判，甚至大相径庭的情况，究其原因不外乎司法人员在办案实践中的理解认识出现偏差，甚至不排除存在人为的因素，但更多的是司法尺度、标准把握不一致。同案同判是司法公正的一项基本要求，是自然正义在司法领域最具体的体现，蕴含着法律面前人人平等的朴素正义。司法大数据分析可以减少由于时间和空间上的距离造成的信息沟壑。[13] 公诉案件大数据平台能够通过大数据模式发挥类案指导作用。

一方面，建立庞大的案件数据库后，就能检索出同性质、相似情节的类案办理情况，详细了解此类案件的司法实践的具体处理方式和掌握标准，一定程度上发挥了类案办理的指导作用。例如，对于非法获取网络游戏游戏币、充值卡，并予以转让牟利的行为如何定性？虽然认定犯罪并无争议，但认定为盗窃罪还是破坏计算机信息系统罪对被告人而言在量刑上存在差别，对被害人而言在主体是否适格上也存在很大区别，如果认定为盗窃罪，意味着涉及的游戏公司可以作为被害人获得赔偿；如果认为破坏计算机信息系统罪，就不存在被害人，游戏公司无法获赔。由此，准确的定性，不仅涉及被告人权益的保障，也涉及被害人权益的保障。另外，在量刑上，囿于我国《刑法》对犯罪规定的法定刑幅度宽泛化，防止量刑偏差成为一个需要特别关注的问题，[14] 而且目前司法实践中存在“同案不同判”的量刑失衡现象，所以将案例推送系统和大数据量刑建议系统引入到量刑过程中，能够尽量排除情绪化因素对法官裁判的影响。通过一定的类案比较、精密计算和程序设计，对量刑情节细化，形成犯罪情节与刑罚之间的一一对应关系，从而达到精确量刑的目的。

另一方面，当前司法责任制改革落实后，检察官要独立办案，对案件终身负责，仅仅依靠拥有较高的专业素养和法学理论功底还不能保证案件精准办理。尤其对一些司法实践中经常存在的罪与非罪、此罪与彼罪界线标准难以把握的案件，更需要公诉案件大数据平台作为科技支撑。

---

⑬ 张吉豫：《大数据时代中国司法面临的主要挑战与机遇》，载《法制与社会发展》2016 年第 6 期。

⑭ 周光权：《量刑规范化：可行性与难题》，载《法律适用》2004 年第 4 期。

二、大数据时代刑事公诉工作创新应遵循的原则

规范司法行为是检察信息化和大数据工作的出发点和落脚点之一,在信息应用的需求、设计、实施、运维各阶段均应高度重视发挥规范效应。⑮ 大数据时代的刑事公诉工作应遵循以下原则。

第一,应当遵循诉讼规律与法治原则。大数据是一把“双刃剑”,既能以科技方式实现高效优质的目的,亦能在运行过程中因过度扩张而忽视刑事诉讼运行的基本规律,甚至侵犯不应侵犯的利益,造成利益抵牾。例如,大数据技术支撑下的量刑建议系统并不能取代庭审中的量刑程序以及大数据运用中会造成对个人隐私权的侵犯问题,公诉权运行的相对闭合性与大数据技术发展带来的公众参与之间的利益冲突问题,等等。大数据技术在刑事公诉工作中运用的主要目的是有效指控犯罪,这也是刑事诉讼的应然要求。但是,必须注意刑事诉讼规律的严苛性。所以,大数据技术在公诉工作中的应用要遵从诉讼规律和检察权规范运行的规律,保证公诉权的依法规范行使,防止权利侵害现象的发生。

第二,明确科技手段的辅助性原则。虽然大数据技术的应用打破了司法的“信息孤岛”,使刑事公诉工作进入了“高铁时代”,但是司法办案人员时代不能过分迷信大数据技术,而忽视了司法的能动性。例如,通过大数据技术实现证据标准的统一化仅具有指导作用,不能代替控辩双方的举证质证活动,更不能代替公诉人对证据和证明问题的独立判断。科技进步推动了司法进步,也推动了公诉工作的变革,但不会取而代之。因为科技再进步也代替不了人的理智、理性和推理,所以公诉人在办理案件时需要明确科技手段的辅助性原则,最大限度发挥大数据技术辅助刑事公诉工作的作用。

第三,确保正当程序支撑的原则。大数据时代的刑事公诉工作应当遵循的正当程序包括两方面:一方面是庭审中心的正当程序。虽然刑事公诉工作在大数据辅助下可以实现巨大变革,发挥主导作用,但不能忽视刑事庭审是

⑮ 张建升、赵志刚、李欲晓等:《探索构建“互联网+检察工作”模式提升检察工作现代化水平》,载《人民检察》2015年第21期。

整个刑事诉讼程序的中心环节，明确庭审在查明事实、认定证据、保护诉权、公正裁判中发挥决定性作用。另一方面是证据裁判的正当程序。公诉机关通过大数据平台搜集整合的证据，既要做好证据开示工作，把有利于和不利被告人的证据都要一并开示给被告方，实现控辩双方信息共享，平等对抗；又要通过举证质证的正当程序实现对证据的证据能力和证明力的审查认定。一旦发现存在非法证据一定予以排除，确保通过大数据技术收集整理的证据符合证据的合法性、关联性和客观性的要求。

三、大数据时代刑事公诉实务运作——打造“智慧公诉”模式

“智慧公诉”是“智慧检务”的重要组成部分，加快推进“智慧公诉”建设和应用，是顺应大数据、人工智能新时代的发展趋势。其实质是大数据信息技术与刑事公诉工作的深度融合，是用大数据信息技术破解依托传统方式无法解决或解决不好的问题。因此在运行过程中，既要有问题意识，围绕刑事公诉工作的难点、重点问题设计平台软件需求，又要注重标准化建设，梳理绘制公诉基础业务知识图谱，从审查起诉和庭审两个阶段发力，实现大数据技术在刑事公诉工作中运行的标准化，打造“智慧公诉”模式。

（一）审查起诉阶段：构建审查起诉综合数据平台

审查起诉综合数据平台是包括远程提讯系统、智能语音识别系统、法律文书智能校对系统、同步录音录像智能审查系统、案例推送系统和证据智能审查系统的大数据公诉辅助平台。该平台能够实现审查起诉工作的效率化、智能化和精准化。审查起诉综合数据平台通过大数据技术实现电子辅助阅卷、自动摘录、文书编写、对比自查等功能的人工智能技术。针对审查起诉的各项工作，综合数据平台主要具有五大功能：一是自动提取，智能分析起诉意见书中的段落、文字信息，通过语义分析自动提取犯罪嫌疑人身份、前科、犯罪事实、量刑情节等要素；二是智能关联，可视化展示定罪量刑要素与事实、证据之间的关联，精确匹配人、行为、案件与事实；三是量刑研判，预置量刑计算规则，智能提出量刑建议；四是文书编写，一键自动生成各类文书，并进行文书校对；五是自查监督，可对侦查机关移送的事实进行增减，全程留痕。

在审查起诉综合数据平台的各个系统中，远程提讯系统、智能语音识别

系统、法律文书智能校对系统的作用以及实际运作毋庸赘述,而且目前在实践中应用相对比较成熟普遍,需要注意的两方面:一是推进大数据和智能语音的深度融合,智能语音识别系统的建设要注意通过智能语音平台开展检务语音输入法、讯(询)问、检察办公和会议等方向的应用,实现自动生成笔录,把智能语音系统打造成实现大数据深度运用的基础性和支撑性应用体系;二是要与检察机关统一业务应用系统相衔接,实现技术互补和数据共享。下面笔者将重点阐述其他系统的实务操作及运行问题。

1. 同步录音录像智能审查系统。同步录音录像智能审查系统的建立,是基于同步录音录像集"声、形、画"于一体,具有客观性、同步性、完整性、动态连续性等特点。既可以还原侦查人员讯问的整个过程,有效弥补讯问笔录的不足,最大限度地查明案件事实,也可以发现讯问是否存在违法情形或程序瑕疵,保障犯罪嫌疑人的合法权益。[16] 同步录音录像智能审查系统要以讯问程序的合法性、询问内容的客观性和录音录像的规范性为主要出发点,将非法证据排除规则及对同步录音录像的证据审查规定具象化并预设数据指标,例如讯问的时间、地点、人数等,然后将同步录音录像进行语音识别后与询问笔录进行数据比对,对同步录音录像进行一个全面科学的分析。总之,公诉人通过将同步录音录像上传至智能审查系统来实现对同步录音录像的智能审查,服务于审查起诉工作。

2. 大数据智能案例推送系统。该系统运行的基础在于需要基于对案件关键词、诉争焦点、案由、适用法律、量刑幅度等相关数据的分析整合,通过识别模型实现案件智能检索、类案推送。类案推送系统不同于以往简单的案件搜索,是以大数据挖掘分析为前提的同类案件分析研究,可为公诉检察官提供多维度、多案件的分析场景。它不仅具备自动检索、类案推送、统计分析等功能,同时还可以对异常案件设置自动预警提醒,使检察官对智能推送的案件有一个全面掌握。

3. 证据审查智能辅助系统。该系统是以客观性证据审查模式主导的大数据案件证据审查辅助系统。客观性证据审查模式是指以客观性证据为核心的证据印证模式,其运用有三个递进层次:一是证据审查过程中,以客观性

---

[16] 张朝霞、杜邈:《公诉环节应加强同步录音录像审查》,载《检察日报》2016年4月3日,第3版。

证据为核心；二是优先使用客观性证据，以客观证据为基础开展审查；三是以客观性证据的信息为基础，查证口供等言词证据的真实性，并形成集聚性，分解事实因素、解决疑点、排除合理怀疑并认定事实。

在实务操作中，证据审查智能辅助系统会以案件构成要素及证据为关联标准，对输入的案件证据进行两步审查和分析。第一步是对证据能力的智能分析，排除非法证据，标识瑕疵证据。第二步是对证明力的智能分析，将案件的证据审查标准设定的标准分值嵌入辅助系统，例如贵州省检察院将212个案件要素和268种证据材料输入系统，关联案例库、发条库和知识库，尤其注重客观性证据与主观性证据的分值核算，实现对案件证据的分值量化，作为检察官审查起诉裁量的重要参考，⑰最终实现证据审查的规范化、数据化和全程留痕，实现刑事案件证据标准的统一适用。

综上所述，构建大数据技术支撑的审查起诉综合数据平台之目的，在于实现审查起诉工作的高效化和优质化，经过公诉人专业审查并辅助于平台运作，将符合起诉标准的案件提起公诉，而将经过程序内补充侦查完毕后不符合起诉标准的刑事案件依法作出不起诉决定，使审查起诉工作依法规范运行。

（二）庭审阶段：构建庭审指控一体化平台

庭审指控一体化平台围绕公诉人出庭履行职务的各个环节通过大数据技术支撑，实现庭审实质化和高效优质化。该平台与检察机关统一业务应用系统衔接，集电子卷宗制作、阅卷、分析、合成以及证据管理等功能为一体的电子卷宗办案辅助系统，主要包括多媒体示证系统、犯罪过程图谱展示系统、量刑建议系统和审判活动监督系统。

1. 多媒体示证系统。多媒体示证对于证据的集中生动展示具有显而易见的优点，能够强化庭审证据的丰富性，增强出庭效果提高庭审效率。庭审指控一体化平台中的多媒体示证系统是对传统的多媒体示证的更新和升级，传统的多媒体示证系统从实际效果上只能做到事前对证据进行编辑，庭审时予以播放，公诉人出庭支持公诉时仍然需要准备纸质卷宗材料、审查报告、出庭预案。而出庭一体化平台中的多媒体示证系统在包含PPT示证全部功能的同时，还配置了电子卷宗子集、法律文书子集以及检索子集，公诉人在利用

⑰ 彭波：《贵州：大数据点亮“智慧检务”》，载《人民日报》2017年5月31日，第19版。

平台的展示界面展示证据的同时,可以直接利用平台的操作界面实时查阅电子卷宗、法律文书、出庭预案,并进行关键证据检索,实现无纸化出庭。[18]

2. 犯罪过程图谱展示系统。该系统按照犯罪构成要件要素将证据进行结构化指标化组合后,通过对案件必备要件、非必备要件的数据检索,自动判断证据缺失状态,构建犯罪图谱,例如进行犯罪现场重建能够通过图谱形式生动展示犯罪现场。无论是侦查活动、审查起诉活动还是审判活动,都是办案人员对现场进行重建的过程。前述主体基于对证据判断后通过推理演绎作出的言词或书写表达,重建过程介入了人的情感思维、属于模糊判断。而犯罪过程图谱展示系统是通过数据要素标准,集合诸多数据点作出判断并进行不断修正,形成闭合性的案件过程。

3. 量刑建议系统。量刑建议是指检察机关在刑事诉讼中,依据被告人犯罪的性质、事实、社会危害程度以及犯罪后态度,对被告人所应判处的刑罚向法院提出的请求意见。量刑建议作为检察机关行使求刑权的标志,可以为辩护方量刑辩护权的履行提供针对性前提,为法院量刑裁判结论的形成提供量刑信息支持和量刑方案参考,塑造量刑程序的诉讼化形态。[19] 量刑建议有利于防止法官滥用量刑裁量权,增强量刑透明度。随着速裁程序、认罪认罚从宽制度改革的推进,检察机关量刑建议工作愈加重要。很大程度上,量刑裁判的公正性与检察机关的量刑建议密切相关。如果公诉机关无法保证量刑信息的全面完整,检察机关就无法客观地提出公正的量刑建议,从而影响量刑公正的实现。[20] 所以大数据技术支撑下的量刑建议系统能够克服量刑建议信息不全面的弊端,实现量刑精准化和公正性。

在实践中,贵州等地探索的大数据量刑分析参考技术可以为量刑建议系统的构建提供参考借鉴。该技术通过对录入计算机的大量案件信息数据进行类案分析、比对进行量刑提示和量刑偏离度分析,运用互联网思维提高量刑建议的准确性,解决案件量刑的不均衡问题。北京、杭州等地探索运行量刑建议辅助分析系统,通过智能抓取案件事实、法定和酌定量刑情节等结构化信息,依据系统预置的量刑计算规则,确定量刑情节要素,对法院判决刑期

[18] 成懿萍:《大数据背景下公诉审查暨出庭一体化平台实务与展望》,载《中国检察官》2017年8月(上)。

[19] 陈瑞华:《量刑程序中的理论问题》,北京大学出版社2011年版,第162页。

[20] 付磊:《量刑建议改革的回顾与展望》,载《国家检察官学院学报》2012年第5期。

进行数据归纳、分析和智能输出,为检察机关提出量刑建议和开展法律监督提供智能化参考。[21] 量刑建议系统的实际运作需要完成三步走。第一步,通过收集、整理分析,将该地区十年来的判例输入到软件中,为比对数据,精准量刑提供依据。第二步,定制量刑原则。以《中华人民共和国刑法》《人民法院量刑指导意见(试行)》等法律法规为依据,并结合本地区犯罪特点,以犯罪的客观情节、主观情节等制定量刑原则。办案人员可以通过输入被告人的罪名、犯罪事实、相关量刑情节等,经过系统识别、运算,最终生成量刑建议。第三步,增加搜索和编辑功能。为保证该软件的灵活性和可持续性,采用“技术人员设计模板+检察人员设计运算”的模式,利用双后台的模式设计一个可添加、可删减、可调整的量刑计算软件。办案人员不仅可以生成量刑建议、还可以搜索、编辑案件情况,甚至还可以结合本地区的案件情况输入特殊计算情节,例如是否认罪认罚、是否邻里纠纷等因素。在整个量刑建议系统运行过程中,量刑建议结果呈现动态展示。量刑建议结束后,系统则自动生成量刑建议依据及量刑建议过程报表,促使量刑建议更加规范、高效。

4. 审判活动监督系统。大数据可以为审判活动监督提供信息来源和技术支持。主要表现在两个方面:一是通过对公诉案件起诉书与判决书自动、智能化进行量刑、犯罪事实方面的信息提取,开展类案比对及差异性分析;二是将庭审规则输入系统,智能对比庭审活动中存在的不合法不合规行为,为公诉部门高效、准确进行审判监督提供信息化手段支撑。

四、结语

大数据时代,信息技术的不断发展,大数据带来的生产力正在为公诉工作注入新的生机与活力。与此同时,司法公开化、透明化不断深入,人们对检察智能化程度的要求越来越高,大数据背景下的智慧检务建设将是未来检察工作的发展潮流。作为检察实务关键环节的刑事公诉只有充分树立大数据思维模式,摒弃传统公诉案件审查思维,转变观念、转换模式、创新结构,实现

[21] 《最高人民检察院公诉厅:加强智慧公诉建设 推动现代科技与公诉工作深度融合》,载搜狐网:https://www.sohu.com/a/201140095_684791.,最后访问日期:2017年12月29日。

转型发展。需要注意的是,当前公诉工作中的大数据应用尚未实现与统一应用业务系统的无缝衔接,保密要求与智慧公诉建设之间也存在一定矛盾张力,智能辅助办案系统、量刑建议分析系统等应用范围较窄等现实问题。针对前述问题,需要我们结合办案实践深入研究并解决问题,最大限度发挥大数据技术在刑事公诉工作中的应用价值。

人工智能介入司法领域关系论要

潘庸鲁*

内容摘要：当前大数据和人工智能以势不可挡的冲击力影响着社会生活，被动封闭的司法领域并没有选择回避，而是以主动姿态接受人工智能的影响和介入，其目的就是通过人工智能与法官审判工作的深度融合以促进司法改革整体效能的提高。但需清醒地看到人工智能作为新事物有其两面性。因而以何种方式介入司法领域及程度成为当下需论证的问题。目前司法领域对人工智能的开发主要集中于证据和量刑方面，尽管它的智能性给司法领域带来诸多惊喜，但审判工作有其司法亲历性、责任性的规律，人工智能尚无法实现对证据的取舍以及证明力大小的判断，以及隐性审判经验的专属性、法官自由裁量权的自主性、实质正义的终诉性等也决定了人工智能在这些领域难以也不应发挥效用，因而将人工智能定位于法官辅助办案工具而非取代法官主体地位是恰当的。

关键词：人工智能　司法领域　介入　有限

---

* 潘庸鲁，上海市高级人民法院审判员，华东政法大学华东检察研究院博士后研究人员。本文原发于《东方法学》2018 年第 3 期。

一、拥抱大数据人工智能时代

大数据(Big Data)网络生态格局的形成始于21世纪初,其产生的影响力和变革力即使庞大的国家和卑微的个体也被裹挟之中无法自拔。第四次技术革命以来互联网、物联网、传感器、云技术、分布式计算与存储、人脑芯片、深度学习算法等一系列计算机技术和通信技术的飞速发展,为大数据的产生、收集、存储和共享提供了先决条件。通过技术串联使人类的经济社会活动轨迹在信息化时代以数据的形式呈现出前所未有的交汇融合,数据量实现了爆炸式增长,进而导致传统数据概念被大数据概念代替。但大数据并不仅指数据量巨大,其内涵更在于依托云计算等技术载体打破物理上的空间界限和局限。通过对大数据的收集、储存和分析并利用复杂的运算方法和规则,让数据不断产生又不断拆分和整合,从而可以从繁杂凌乱的数据中获取有用价值信息,并为定向需求提供精准化的服务,甚至可以从看似支离破碎的信息中完全复原一个对象的全貌。这正是大数据的魅力所在。实践表明,一旦数据升级为大数据,该突破将为我们认识和改造世界提供新的路径和工具。正如有学者所言,如果把资本和机械动能作为大航海时代以来全球近代化的推动力的话,那么数据将成为下一次技术革命和社会变革的核心动力。① 概言之,工业革命让物理自动化、信息革命则让智力自动化。

我们对大数据的关注并不停留于表象,而应对大数据进行充分开发和利用以提高人类改造世界的能力。目前对大数据的使用主要体现在对人工智能的开发上,因此可以说所谓大数据时代也就是人工智能时代。早在20世纪50年代,达特茅斯学院会议就提出了人工智能的研究方向,但真正取得实质性进展是将人工智能的研发与大数据进行紧密关联后。以往研发者的思路局限于将机器人能否采用和人一样的方法作为智能化标准,而在大数据时代则不同,因为当数据量足够大并有效利用时,很多所谓的智能问题就可以转化成数据处理的问题,如图像识别、语音识别、智能搜索、机器翻译、无人驾驶、专家系统等人工智能产品都不是对人神经的模仿,而是利用大数据驱动,

① 吴军:《智能时代》,中信出版社2016年版,第1页。

正如阿尔法狗战胜李世石的关键在于大数据和智能算法(与人工智能相比,人的主观能动性在记忆、速度、精度和容量等方面并不具有优势)。可见当前人工智能是以大数据为前提和基础,依据强大运算能力和深度学习模式等技术支撑实现对大数据信息的系统化、升级化和逻辑化,根据大数据为人脑所要解决的问题提供最佳的路径选择。这就是当今人工智能的工作原理,正如人工智能创始人之一明斯基曾概括人工智能研究的实质是让机器从事需要人的智能的工作的科学。②

二、司法领域应该引入人工智能

人工智能现已上升为国家战略,③并作为中国实现弯道超车新的支撑点,各行业领域也纷纷响应加入到这场无硝烟的争夺战。法院作为社会关系网格中的重要一环,守护着最后一道社会正义防线,与社会生活密切相关。原中央政法委书记孟建柱曾指出,大数据人工智能新时代,让我们不仅站在巨人的肩膀上,而且站在人类的智慧之巅,若把大数据、人工智能与司法体制改革结合起来,将会给司法工作注入前所未有的创造力。④ 这种观点的提出并非心血来潮,而是建立在我国司法大数据现已初具规模以及对人工智能技术前瞻性发展科学判断的基础上。目前,全国 3519 个法院和 9279 个人民法庭通过专网实现了互联互通,各级法院以每分钟一次的频率向最高人民法院大数据管理和服务平台自动汇集新收集的各类案件数据。目前该平台已汇集了 1 亿多件案件数据和 2900 万份裁判文书。⑤ 显然人工智能介入司法领域是时代的必然选择,一方面在于司法机关是国家机关和社会生活领域的重要

---

② 於兴中:《当法律遇上人工智能》,载《法制日报》2016 年 3 月 28 日,第 7 版。

③ 2015 年 8 月国务院出台的《促进大数据发展行动纲要》指出,深化大数据应用,已成为稳增长、促改革、调结构、惠民生和推动政府治理能力现代化的内在需要和必然选择。2017 年 7 月国务院出台的《新一代人工智能发展规划》对智慧法院建设作出明确规定,建设集审判、人员、数据应用、司法公开和动态监控于一体的智慧法庭数据平台,促进人工智能在证据收集、案例分析、法律文件阅读与分析中的应用,实现法院审判体系和审判能力智能化。

④ 参见《主动拥抱新一轮科技革命全面深化司法体制改革努力创造更高水平的社会主义司法文明》,载《检察日报》2017 年 7 月 12 日。

⑤ 倪寿明:《充分挖掘司法大数据的超凡价值》,载《人民司法》2017 年第 19 期。

组成部分，国家战略和社会发展均会直接影响司法领域的工作，毕竟司法工作的被动性并不是隔绝于社会，而是解决社会中出现的各种纠纷和问题，通过化解矛盾以实现社会和谐；另一方面在于司法领域对人工智能具有现实需求。当前，案多人少的严峻局面并没有因司法改革的深入得到根本性转变。以2015年和2016年为例，全国各级法院审结一审刑事案件分别为109.9万件和111.6万件，分别比上年增加了7.5%和1.5%，沿海地区的基层法院刑事法官年均结案数量已达200件以上。在员额法官增加受体制钳制的情形下，通过人工智能来提高审判工作效率是一个当然选择。以海南法院使用的智能量刑系统为例，截至2017年12月，25家法院的307位刑事法官使用该系统生成量刑表1423份，智能生成法律文书1072份，其中判决书773份，其他文书299份，系统总点击量55万余次。使用该系统后法官办理量刑规范化案件的时间减少约50%，制作裁判文书的时间缩短约70%，制作程序性法律文书的时间减少近90%，大幅度减轻了法官量刑办案的工作量，有效缓解了法院案多人少的突出矛盾，减少了同案不同判情况的发生。⑥ 况且分析近十年依法纠正的三十余件重大冤假错案发生的原因，可发现既有事实不清，更有证据收集上的不规范、数量上的不充分、标准上的不一致，严重背离了证据三性要求和排除合理怀疑的定罪标准（当然也不排除其中人为意志因素的干扰）。这就需要利用司法大数据对这些问题案件进行全面梳理以分析原因、发现问题、总结经验、制定标准和规则，并将证据收集要素嵌入人工智能模块，进而为司法人员合法有效搜集证据提供确切指引，以避免以往的随意性或不规范性。显然人工智能的智能性和高效性与司法人员的创造力结合起来，构建人力和科技深度融合的司法运行新模式，是以审判为中心诉讼制度改革的应有之义。让人民群众在每一个司法案件中都感受到公平正义是司法机关追求的最大法治梦想。梦想的实现不光需要热情，更不能对法官以人民的名义苛求其超越主观能动性，而应寻求先进科学技术倒逼新的工作方式以化解案多人少的客观现实、实现同案同判的正义追求和防范冤假错案的再次发生，也隐含了利用先进技术实现对公平正义更高层次和更广范围的追求。法官不能抱守传统工作模式的残缺，而应以积极心态适应人工智能通过对证据梳理、

---

⑥ 陈敏、肖瀚：《省高院召开量刑规范化智能辅助系统评审座谈会》，载《海南法制时报》2017年12月8日。

庭审实质、案件评议和文书制作等审判流程核心工作参与的现实。

2017年4月,最高人民法院发布《关于加快建设智慧法院的意见》。该意见提出“支持办案人员最大限度减轻非审判性事务负担,充分运用外包服务方式,建立先进的电子卷宗随案同步生成技术保障和运行管理机制,为案件信息智能化应用提供必要前提;不断提高法律文书自动生成、智能纠错及法言智能推送能力,庭审语音同步转录、辅助信息智能生成及实时推送能力,基于电子卷宗的文字识别、语义分析和案情理解能力,为辅助法官办案、提高审判质效提供有力支持;深挖法律知识资源潜力,提高海量案件案情理解深度学习能力,基于案件事实、争议焦点、法律适用类脑智能推理,满足办案人员对法律、案例、专业知识的精准化需求,促进法官类案同判和量刑规范化”。为此,部分法院关于智慧法院的建设是以人工智能为导向进行了有效探索,例如贵阳政法大数据办案系统、上海刑事案件人工智能辅助办案系统、广州法院的智审辅助量刑裁决系统、海南法院的量刑规范化智能辅助系统、南京法院的同案不同判预警系统等。同时,有些办案智能辅助系统的智能化还体现在将图文识别、语音识别、自然语言理解、算法等技术融入系统中,使系统具有识别区分、审查判断、逻辑比对、矛盾排除、量刑参考、类案推送、文书自动生成等类似人的强大智能性。所以人工智能在司法领域的有力渗透,深刻改变了法官的办案思维和判断模式、法院的诉讼流程和人员配置结构,充分展现了法院为实现审判能力和审判体系的现代化所做的努力。

三、司法领域人工智能介入与有限

人工智能的发展固然令人欣喜,但它伴随的负面产物以及所引起的社会、伦理和法律关注也不应忽视。因为人工智能的存在不仅会打破社会生活和产业结构的原有平衡,更会为人类生活带来某种难以言表的风险。用风险社会研究的先驱贝克、吉登斯等人的观点来看,⑦现代科技正深刻改变着人类

⑦ 在贝克最初的论断中,风险社会指的是一组特定的社会、经济、政治和文化的情景,其特点是不断增长的人为制造的不确定性的普遍逻辑,它要求当前的社会结构、制度和联系向一种包含更多复杂性、偶然性和断裂性的形态转型。转引自崔德华:《西方风险社会理论及其对我国构建社会主义和谐社会的启示》,山东大学2008年博士学位论文,第44页。

的生活秩序与方式,人类面临着威胁其生存的由社会所制造的全球性风险,使人类日益"生活在文明的火山口上",现代化正在成为它自身的主体和问题。因此必须反思与警惕以防止"在风险社会中不明的和无法预料的后果成为历史和社会的主宰力量"。⑧ 可见风险社会的形成与现代工业和技术模式的全球性扩张密切相关,人工智能作为现代科学技术的最先进代表和集成,对它的风险性和功用性必须给予足够的重视和法律制度的规制。物理学家斯蒂芬·霍金教授警告人工智能的崛起可能是人类文明的终结;特斯拉公司CEO埃隆·马斯克认为人工智能可能会引发第三次世界大战,呼吁限制人工智能在自主武器领域的研发。德国弗朗霍夫赫兹研究所执行主任托马斯·维甘德认为人工智能具有两面性,要平衡看待。它可以被人类利用来作恶,因此我们需要保持谨慎,提早预警,处理这些消极的因素,并在法律法规上进行规范,由此避免产生负面的代价。⑨ 显然在我们享受大数据人工智能时代带来生活便利的同时,人类也正经历着技术革命给每一个体带来的翻天覆地的变化甚至是风险。正如狄更斯从文学的角度论及19世纪英国工业革命的影响时经典评价:这是一个好时代,又是一个坏时代。因而对人工智能的理性态度"最好是期待人类的聪明才智,而非低估它;最好是承认风险的存在,而非否认它"。⑩ 同样,部分学者对人工智能介入司法领域持保留意见甚至反对态度,认为人工智能一旦介入司法领域将会培养法官惰性、冤假错案频发、破坏司法公正。一些在职法官也心存担忧,认为人工智能的介入不仅会改变审判模式、增加工作负担、模糊司法责任,甚至将来会取代法官的主体地位。但有一点必须明确,即人工智能介入司法领域是时代的必然选择。当前不是人工智能要不要介入司法领域的问题,而是如何介入以及程度或者说如何与司法工作深度融合的问题才是当下急需论证的主题。这直接关系着人工智能在司法领域未来发展的定位和方向。

如果人工智能将来可以实现自动输入证据材料和自动输出裁判文书,是否就可以说实现了人类对正义追求的理想状态?显然不是,尽管这种假设看上去很美好,但它违背了司法规律,也不会受到对司法工作尚有怨言的民众

---

⑧ [德]乌尔里希·贝克:《风险社会》,张文杰、何博文译,译林出版社2003年版,第20页。

⑨ 《从乌镇世界互联网看人工智能:未来的世界,将会被人工智能所改变》,载搜狐网:https://www.sohu.com/a/208570626_606872.,最后访问日期:2017年12月10日。

⑩ 转引自吴汉东:《人工智能时代的制度安排与法律规制》,载《法律科学》2017年第5期。

的认可和信服。因为纠纷、矛盾或犯罪都是人生产和制造的,只能通过中立的第三人运用人类共识性的公正标准去评价人行为的对错(虽然公正会有偏差,但这是难以避免且人类有自我修正能力)。由机器人来主导评价本身就犯了主体错误和对象错误的逻辑关系,把机器人赋予与人一样的法律主体地位和人格身份,不仅不可靠和不可取,更是一种十分荒谬和违背人性的做法。其结局是改变了人是一切社会关系总和的真理定性,也是人类的自我否定和毁灭。因为人工智能并不知道本我的存在,也没有意识和思维,更没有综合认知能力和自我表征能力,只会遵从设计者的指令。虽然有学者提出我国应当肯定机器人的法律主体地位,赋予机器人必要的权利。⑪ 但笔者不敢苟同,人工智能说白了就是智能化的机器人,是人类认识和改造世界的新工具,其客体属性和技术属性不容被篡改,这关系到社会秩序和人类命运。同样,司法领域的人工智能绝不会取代法官办案,而是在法官办案过程中提供实质性帮助,既不允许人工智能的发展让法官被动让出审判领域,也不允许法官对人工智能形成心理依赖主动放弃审判领域。法官在审判领域的主导地位以及判断权和裁量权始终归属于法官本人。深究之,司法自身的规律性即亲历性、经验性、判断性、程序性等使人工智能根本不可能取代法官。当然,人工智能作为一个新事物也并不是单纯的技术升级和更迭,而是将智能化的工作引入到审判领域,在引入和融合过程中必然会出现与既有审判模式的冲突,从而导致对人工智能的定位、功能、责任等存在认识和评价上的模糊和争议。正如有学者指出,人工智能在刑事司法领域必须有明确的禁区,除非人类法治文明对刑事法治的要求或相应标准发生颠覆性的改变。⑫ 故而只有划清人工智能工作区域、明确人工智能辅助定位以规避人工智能本身的负面性,才能确保人工智能始终为法官所用,从而实现法官智慧与人工智能的深度融合以促进司法改革整体效能的显著提高。

(一)人工智能无法实现对证据的取舍和证明力大小的判断

证据是诉讼的灵魂,是案件审理与裁判的核心和基础,更是案件事实是否清楚和定罪量刑是否准确的依据。无论是当前以审判为中心的诉讼制度改革还是部分法院所开发的人工智能辅助办案系统,目的均是确保侦查机关

---

⑪ 张玉洁:《论人工智能时代的机器人权利及其风险规制》,载《东方法学》2017 年第 6 期。

⑫ 黄京平:《刑事司法人工智能的负面清单》,载《探索与争鸣》2017 年第 10 期。

搜集证据程序的合法性和规范性,通过将以往侦查中心主义调整为审判中心主义以保障诉讼程序各环节均在法治轨道上运转。众所周知,办案人员在办案过程中对证据的收集和使用存在两大难点:一是不知道收集哪些证据才能达到证据确实充分的判断标准;二是对收集的证据如何满足证据客观性、合法性和关联性的要求。而人工智能在指引证据收集和判断上取得突破。以上海刑事案件智能辅助办案系统为例,它针对审判法实践中取证环节易发、多发、常见问题,根据以往证据收集和采信的经验或教训并结合法律及司法解释的程序性和合法性规定和要求,将共适性判断规则和证据标准嵌入人工智能的模块中,利用技术手段为证据收集提供统一的合法和规范的证据规则和证据标准指引,并明确不同诉讼阶段的证据要求,引导办案人员依法、全面和合法的搜集证据。这既不会导致证据的遗漏也可以防止人为的恣意,从而打破以往公安机关提供什么证据就采用什么证据的传统作法,根据审判工作的真实需求来倒逼和确保公安机关搜集证据合法性和规范性。例如,尸体检验报告通知书若没有犯罪嫌疑人签字,系统就会自动提示上传证据材料存在瑕疵,需补签字后才能上传。除此之外系统还可以对单一证据进行校验即人工智能对相关证据自动检验收集程序、形式要件和内容要素是否合规和合法;以及可以对证据链进行逻辑分析和判断即人工智能可以自动抓取作案时间、作案地点和作案经过等证据判断的核心要素,并依据一定规则进行印证和逻辑比对,进而发现证据之间有无矛盾性和是否合理性。例如,截至 2017 年 6 月 30 日,系统共录入案件 60 件,包括故意杀人案件 12 件,盗窃案件 39 件,电信网络诈骗案件 9 件;录入证据 19,316 份;提供证据指引 2622 次;发现证据瑕疵点 48 个,提供知识索引查询 348 次。⑬ 这是人工智能当前对证据收集和采信方面取得的进展,尽管尚在开发初期,但已可以窥见人工智能对证据把握的智能性,这一点足以令我们欣慰。

然而,尽管人工智能在证据收集和审查方面表现"不俗",但法官的主体

---

⑬ 上述内容综合了以下网站和报纸:《人工智能时代的机遇和挑战华政校长解码"206"辅助办案系统》,载 http://www.dzwww.com/xinwen/shehuixinwen/201707/t20170717_16167042.htm.,最后访问日期:2017 年 12 月 10 日;汤瑜:《上海刑事案件智能办案系统实现信息共享》,载《民主与法制时报》2017 年 7 月 11 日;陈琼珂:《全国首个"刑事案件智能辅助办案系统"在沪诞生》,载《解放日报》2017 年 7 月 10 日;马春晓:《贵州法院打造大数据办案"智慧样本"》,载《法制生活报》2017 年 7 月 31 日;严剑漪:《揭秘"206",法院未来的人工智能图景》,载《人民法院报》2017 年 7 月 10 日。

性和能动性却不可能被完全取代。人工智能对证据的审查判断所得出的结论仅是对法官采信证据提供数据上的参考,即使人工智能将所有真实合法的证据摆在法官面前,其证据证明力的有无和大小仍由法官来自主判断和采信。虽然人工智能可以进行证据链的印证和逻辑判断,但是其自动提取的核心要素是否全面客观和比对的是否准确有效仍然由法官作出判断。上海法院项目负责人谨慎地认为,系统的定位主要是辅助办案,在证据审查上起到把关作用,让它来识别浩繁的卷宗,防止人工遗漏,提取呈现有用的信息,然后由法官来判断。[14] 况且认定被告人有罪的标准是事实清楚、证据确实充分,事实清楚就是要排除合理怀疑,把内心存在的疑惑或不合理之处通过证据一一排除。尤其在被告人否认犯罪时,没有被告人有罪供述这一关键证据时就需要其他证据来相互印证,而人工智能被设定的证据标准固定性和统一性恰成为它的不足。因为此种案情具有个案的显著差异性,证据的不确定性,甚至最终可能需要依靠间接证据来形成完整证据链,这一过程是法官过滤、筛选和重新组合证据来进行综合判断证据证明力的过程,人工智能无法做到。例如,被告人在合同诈骗罪辩称没有非法占有的目的,那么不仅需要收集和证明被告人是否提供虚假合同和抵押物、骗取款项的用途的证据,还需收集将钱款用于消费、归还债务等不可回收性的行为证据,以及被告人作案时的经济状况以综合推定被告人的非法占有目的,但若有证据证明被告人将钱款用于生产经营则会阻却对其非法占有目的的认定。换言之,合同诈骗罪的认定并不仅是收集预先设定的证据,为准确认定被告人的主观目的需要根据相关补充证据进行综合认定才能确保不冤枉无辜的人。同时一些证据材料并不是始终固定的,会在一定阶段或一定情形下发生变化。例如,犯罪嫌疑人供述、证人证言、鉴定人的鉴定意见等言词证据需要法官结合其他证据进行综合判断言词证据的真假,尤其通过听取控辩双方在开庭时对证据的质证、察言观色被告人供述真伪以获取内心确信;而人工智能是线性的,不具有思维的跳跃性和创造性。因此,人工智能只能对海量证据进行初步筛查、提取和判断,却无法做到证据的深加工和有机组合,更不用说法官依据审判经验对证据证明力的有无和大小的判断和取舍,以及对社会危害性和危害后果之间因果关系刑法规范性的认定。更何况,一些案件处于罪与非罪的边缘,能

---

⑭ 陈琼珂:《智能206,能有效防范冤假错案吗》,载《解放日报》2017年7月10日。

否定罪并不是证据本身的问题,而是法律适用的问题。

(二)人工智能难以实现对审判经验的复制

审判经验是法官在长期审判实务中积累的知识或技能,贯穿于法官认定事实、采信证据和适用法律的逻辑判断全过程,是法官在面对案件时凭借多年办案积累的经验主观选择最佳处理路径和确保裁决公正的自觉意识,甚至可以说是一种应激反应。简言之,它是法官审判实践智慧的结晶。这里所说的智慧并非来自精妙的理解力或紧张的思考,而是出自从长期审判实践的经验和丰富的观察中获得的可靠而周密的判断力和裁决力。[15] 对审判经验进行归纳和提炼可以形成共识性经验和法则并可以上升为法律规范。例如,刑事诉讼法中对回避管辖、诉讼时效、诉讼流程、合议庭评议等立法规定说到底是一种经验的规范,"法律固然包含了一个民族经过若干世纪逻辑演化的过程,但是我们不能仅仅将其当作数学教科书中的公理和推论来加以研究。就现状而言,在任何特定的时期,法律的本质基本上是当时被理解为适当的东西,也就是人们所说的经验"。[16] 审判经验是否具有普适性又可分为共性审判经验和个性(隐形)审判经验。对于共性审判经验,法官可以通过书本学习、他人传授承继下来;但对于个性审判经验(本文论述的对象)需要集合自我品格、法律修养、知识背景、生活阅历以及各学科交叉和教训与悟性并通过岁月的积累和案件的锤炼以形成的智慧集合体,属于私人订制,具有一定的隐秘性,而这恰恰是法官在办案过程中能够做到游刃有余的关键抓手。人工智能当然是对审判经验的总结并以介质符号为载体实现智能化的应用,但这仅限于共识性审判经验、法则和规则,无法完全匹配具体案件以及应对案件背后复杂的社会关系和刑事政策的考量。此时就需要隐性审判经验的智慧应用,因为由于抽象和内嵌逻辑的法律必须应用于包罗万象的社会现实才具有生命力,尤其当下处于转型时期的中国,阶层多元、利益分化、贫富差距成为引起的问题和矛盾纠纷具有群体性、敏感性和易激性,更是犯罪高居不下并呈现新型犯罪特点的原因所在。因而对案件的处理并不能局限于以法论法,而是要考虑社情民意、社会关系修复。这并非是对法律的忤逆而是对法律更深

---

⑮ [英]冯·哈耶克:《经济、科学与政治——哈耶克论文演讲集》,冯克利译,江苏人民出版社2003年版,第584页。

⑯ 《人工智能能够代替人类法官,带来最终的公正吗?》,载http://www.360doc.com/content/17/0731/23/34413325_675713216.shtml.,最后访问日期:2017年10月1日。

层次的遵从。简单粗暴的判决带来的并不是正义而是彰显法律的蛮横和无知,法律必须服务于和谐社会的构建。这是有中国特色社会主义法治的要求。

隐性审判经验是一种运用智慧追求公平裁判的技巧和能力,因而具有强烈实践性特质的法律在古罗马被视为一门技艺。有了这些隐性审判经验法官就可以少走弯路和规避错误,正如"法律的生命不在于逻辑而在于经验"这句霍姆斯的经典法律名言所揭示的审判经验在审判工作中的作用。虽然获取隐性审判经验需要师傅的亲历指导,但更需要师傅的言传身教和潜移默化,以及徒弟的察言观色、自我省悟和善于总结以融化到办案模式中并形成自己独有的风格。"徒法不足以自行。"法律只有在案件中具体适用才能打破机械和僵化,随之条文背后的法律精神和人文情怀才能得以释放。尤其当法官发现认定事实的证据尚显薄弱或者缺乏直接证据时,应当根据与此相关的经验法则来填补这种证据上的不足。英国高等法院首席法官里尔曾说,那些经由聪颖博学的人士根据各种各样的经验而对法律做出的修正和补充,一定会比人们根据机智所做出的最佳发明更好地适合于法律的便利运行。[17] 当法官将法律规范适用于个案事实时,必须将二者之间的契合性进行反复的比较和权衡,同时需要大量实践性和非专业性的知识谱系结合法理、常识和情理进行有益的修正以及必要的创新。显然,若没有丰富的社会生活经验,很难期待法官做出明智而公正的裁判。[18] 法官只有对事态人心具有深刻的洞察力和敏感度,并怀有仁爱之心和情理之心,才能处理突发的、不确定的或价值冲突的纠纷和矛盾。例如,涉众型非法集资案件,法官除了综合案件证据准确认定各名被告人的作用地位、将非法吸收公众存款和集资诈骗归属不同被告人并合理分配责任以实现公正处罚外,还要努力追缴赃款、安抚投资人的焦躁情绪甚至承受无赃款发放所面临的抱怨,并极力防止判决后群体事件的发生。显然,在认定事实与证据采信、法律适用与情理考量、社会正义与个别正义之间需要法官审判经验的捏合和舒张。故除了法律知识与审判经验,法官还应当具有丰富的社会经验和对社会现象的深刻理解,广博的社会知识与社会经验是法官智慧得以拓展更广阔空间的依托。[19] 人工智能对审判经验的吸

---

[17] [英]冯·哈耶克:《自由秩序原理》(上册),邓正来译,三联书店1997年版,第66页。

[18] 潘庸鲁:《人工智能介入司法领域的价值与定位》,载《探索与争鸣》2017年第10期。

[19] 王申:《法官的实践性知识与智慧导向》,载《法制与社会发展》2011年第6期。

收和设计者对经验的标准化和规范化总结仅是审判所需经验的很小一部分,案情的复杂疑难、思维逻辑的变换、判断方法的不同等均非人工智能所达及,它是法官智性、心性和灵性的有机统一,而人工智能仅是对智性部分模仿的初级阶段。

(三)人工智能无法替代法官的自由裁量

自由裁量权是法官面对具体案件程序和实体上的问题以公正合理的法律思维酌情做出处理的权力,是法官裁判权特有标志和特征,并深受法官意志、思维、知识、习惯、情绪、政策、舆论的影响。尽管立法机构试图通过立法压缩和避免法官自由裁量权的行使,但美国学者梅里曼在《大陆法系》一书中提出避免法官自由裁量权的先决条件:立法机关要制定出一个无所不包的法典、法典的规定必须是明确无误、法典条文之间的规定不能相互矛盾。[20] 显然这些条件立法者根本无法做到,从反面证实法官自由裁量权存在的必要性。换言之,人工智能即使不断发展,仍无法左右(但可影响)法官的自由裁量权。它本质上是法官依据法律思维和隐性经验做出判断的内心写照,可以说自由裁量权被赋予法官行使是司法规律的主动选择。一方面法律条文的抽象性、稳定性、滞后性和不确定性使其无法完全对应纷繁复杂的社会情况。况且社会生活又始终处于变动中,必然会出现法律适用上的漏洞或模糊。此时法官若使案件得到公正信服的裁决,必须首先搞清楚法律条文的准确内涵和适用边界。换言之,法律规范只是法官裁判活动的出发点,具体到个案适用规范的归属和张力价值则只能由法官来最后完成。此项活动正是法官自由裁量的价值所在。它确保了法律条文适用周延性和伸缩性,以防止条文被频繁修改所引起的法律不确定性担忧。法律的适用解释是法官结合法律原则、词语文义、审判经验和价值取向对条文进行的规范解读,一定程度上讲具有造法的性质。若想真正实现法律对社会秩序的控制和调整,法律必须给法官留下一种合理的自主决断空间,让法官能够根据社会价值观的变化而作出利益的权衡,以弥补由于立法者认识能力的不足而导致法律适用的盲区。例如,虚拟财产的法律属性并没有明确规定,对于盗窃游戏装备、游戏账号、QQ币、比特币等虚拟财产的行为与刑法传统上规制的盗窃对象又有本质区别,刑法似

---

[20] [美]约翰·亨利·梅里曼:《大陆法系》,顾培东等译,西南政法学院出版社1993年版,第127页。

乎难以作为,但若从财产属性的价值判断出发则可以解决法律适用的难题,至于虚拟财产的价值如何评估则是另一个问题。客观地讲,有时刑法条文的适用常常存在理解上的难点,此时更需要法官结合法理来解释,例如淘宝店主甲利用淘宝购物规则对淘宝店主乙进行差评、退货等方式导致对方经营损失巨大,这种行为是否构成破坏生产经营罪?从该罪的构成要件看,由于泄愤报复或者其他个人目的,毁坏机器设备、残害耕畜或者以其他方法破坏生产经营的才构成此罪,而上述行为是否符合破坏生产经营的“其他方法”需要论证。这就需依赖法官结合时代语境进行自由裁量以确保所做的裁决符合生活智慧的检验。正如萨宾娜等人所揭示的,虽然法学院在教学生像律师那样思考以及理解众多法学理论方面功勋卓著,但法学院却很少教学生如何找到适用的法律。[21] 实际上法官的适用解释并不与罪刑法定原则相冲突,因为“明文规定”进行解释并不意味着逾越“明文规定”。[22]

当然,法官可以将证据的初步筛查和判断交予人工智能来实现以减少基础事务工作量,但事实清楚、证据确实充分的定罪标准却是法官自由裁量的结果。因为法官眼中的事实并不是客观事实而是法律事实,需要法官以充分确实证据为基础、利用审判经验遵循诉讼程序和逻辑法则并通过当庭质证和合议庭决议来判断事实是否查清。判断每一个证据的固有性质以及与案件关联程度,这一过程是法官的自由心证过程,也是对裁决获取内心确信的过程。这种确信的程度不同于丝毫无疑义的自然科学的证明,而是只要通常人们在日常生活上不怀疑并且达到作为其行动基础的程度就行。[23] 在案件的证据审查判断中,法官都需要发挥自身能动性,在进行自由心证时综合采用判断分析、逻辑推理、排除非法证据、价值比较等多种手段的配合来决定证据材料的证明力及大小。[24] 尤其针对被告人不认罪或待证事实证据不充分的情况下,有必要启用刑事推定。推定的基础在于法官的审判经验。它依据一定的经验法则和逻辑规则判定两种事实之间存在高度概然性关系,即当出现某种事实(基础事实)时通常会有相应事实(推定事实)出现,刑事推定可以看作

---

[21] [美]沙伦·E.桑尼特、萨宾娜·克洛芬尼:《蜕变——从学生到律师》,王娟译,中信出版社2007年版,第61页。

[22] 周少华:《刑法解释的观念和方法》,载《东方法学》2009年第2期。

[23] [日]兼子一、竹下守夫:《民事诉讼法》,白绿铉译,法律出版社1995年版,第101页。

[24] 李永升、陈婕:《法官的刑事自由裁量权研究》,载《海峡法学》2011年第1期。

是证据证明的一种补充手段。例如,犯罪嫌疑人在盗窃现场留下一枚烟蒂,经 DNA 比对是犯罪嫌疑人留下,虽然他否认犯罪,但无法对作案时间的活动轨迹作出合理解释并排除第三人进入现场的可能性后,完全可以推定犯罪嫌疑人实施了盗窃。推定是法官创智性活动,必须对所涉及各种相关因素进行反复斟酌和权衡,而人工智能无法进行如此复杂的思辨活动。但人工智能并不是对自由裁量权无所作为,而是可以对法官的恣意进行限制,对逾越程序设定、逻辑规则和经验法则的行为进行规制,例如对非法证据的采用、证据之间的矛盾、量刑区间的突破等都可以通过人工智能的预设规则来设防。法官自由裁量权是司法特性的必然选择,好比医生可以依靠人工智能对病人的病情进行化验和诊断,但对病人的诊断结论、药物用量或手术方案和操作必须由医生亲自完成,毕竟腹腔被划开各种意外情形都有可能存在。同样,尽管民众对法官自由裁量权的行使颇有抱怨,但作为纠纷和矛盾的诉讼主体仍愿意选择法官作为定分止争的裁判者。人的问题只能由人解决,至于实现路径可以借用工具的帮助。

(四)人工智能无法实现实质正义

正义是人类认识世界和改造世界过程中具有永恒意义的价值追求和理想状态。它既是社会制度的首要美德,也是社会的德性之基。正如亚里士多德认为在众多德性中正义是最重要的,它比星辰更加光辉。㉕ 社会主义核心价值观之一即为公平正义,是法治中国的灵魂和主题。简言之,法治视角下的正义是对个体行为恰如其分的责任分配。正义根据表现形式和实现目的可分为形式正义和实质正义。尽管形式正义(程序正义)很重要,也是法治国家建设的重要内核和诉讼审判的外在保障,但对于当事人来讲实现实质正义才是获取真正满足、自由和快乐的最终诉求。它的实现除法律制度上的安排外,还可以通过人工智能这一科技手段来确保和增强。因为,人工智能通过程序性设计可以将法官的误差、弱性和恣意以及人为干扰进一步降低。当前人工智能可以依托大数据、云计算等技术,发现证据上的瑕疵,抓取影响裁判结果的量刑要素,同步给法官推送案情统计分析、匹配数据库中全国相似的案例,提供量刑参考区间及一旦逾越量刑区间系统将自动报警,解构分析裁判文书,并自动生成司法文书。例如,贵州刑事司法大数据系统试运行 6 个

㉕ 参见《亚里士多德选集》(伦理学卷),中国人民大学出版社 1999 年版,第 103 页。

月，已审结了151起试点案件，运用大数据分析系统做智能辅助分析，判决结果偏离度均为零或者在合理数值区间，保证了同案同判，实现量刑均衡，且一审服判率达到93.38%，与同期审结未纳入试点范围的其他案件服判率相比高出8.15%。[26] 显然，人工智能所具有的客观优势在一定程度上克服了法官的弱性。

但是，每一个案件和每一名被告人都是微观具体和个性化的。世界并没有相同的两片树叶。诉讼主体所需求的正义是个别正义、实质正义和温度正义，而人工智能只能提供一般、机械和毫无情感的正义。换言之，人工智能在提供正义产品时只能提供出基本的素材或粗加工的产品，而官宣的正义是法官在准确把握事实和证据的基础上，运用经验法则、逻辑规则和审判技巧、综合各种情节，是经过法官凭借良知、敬畏之心和正义理念反复斟酌、多方权衡和精心打磨为被告人私人订制的结果。即使相同或相似的案情还要考虑到被告人的人身危险性、主观恶性以及法定和酌定的情节，认罪悔罪态度、退赃退赔、是否被谅解等情形，此外对被害人(单位)造成的伤害或损害、被害人态度、案件所引起的社情民意以及被告人能否适用缓刑也是需要考量的。这背后深刻展现法官对被害人和被告人的人文关怀，而人工智能无法关联人类的情感、价值和对错，不理解裁决背后是对被破坏社会关系的修复和对社会正义的恢复。例如，天津赵春华非法持有枪支案，一审法院以其非法持有非军用枪支6支，被判处有期徒刑3年6个月，即使将案情输入人工智能，其量刑结果不会相差无几，因为一审法官严格准确地适用了刑法条文，并无明显过错；但是气枪打气球的游戏摊位在当今中国大街小巷随处可见，也是我们童年的美好记忆，摊主的经营行为突然被追究刑事责任(动能大于等于1.8焦耳/平方厘米时一律被认定为枪支)，民众一时难以理解，法学界也颇有争议，彰显了司法人员在侦查和审理此案中过于机械，欠缺对社会常识、常情的考虑。其判决不仅没有提供正确的价值导向，反而因为被热议损害了司法权威。二审法院则综合了具体案情和社情民意对该案进行了改判，充分展现司法对弱势群体的关注、修补了被撕裂的司法公正。可见，任何裁决绝不能脱

---

[26] 贵阳研发政法大数据办案系统打破侦查中心主义，载中国新闻网：http://www.chinanews.com/gn/2017/07-04/8269041.shtml.，最后访问日期：2017年12月10日。马春晓：《贵州法院打造大数据办案"智慧样本"》，载《法制生活报》2017年12月10日；《贵州开启大数据办案模式》，载《民主与法制周刊》2017年5月。

离于社会具体生活,需要法官汲取日常生活智慧。只有作出的裁决与具体的生活环境相适应,才能使裁决获得广泛的认可。因为真正打动人的是生动的事实、鲜活的生活,而不是法律本身。正如美国卡多佐大法官所说,司法职能坚持回应了人的需求,而正是这种需求,司法职能繁荣起来了并坚持了下去。㉗ 事实上,人工智能被嵌入的证据收集规则、法律适用条款、量刑参考、类案推送以及自动生成的裁判文书等均与社会环境无关。被告人需求的不是人工智能千篇一律格式化的裁判文书输出,而是能体现法官独立思考、深厚法律功底和浓浓人文情怀的说理展开。㉘ 实质正义本身隐含了对案件独特性、差异性和鲜活性的考量和追求,唯有法官的裁量智慧才能保持天平的衡平。或许人工智能比法官更聪明,但始终不能复制法官智慧的真谛。

四、结论:人工智能无法承受司法亲历性、责任性之重

苏格拉底说法官应具备四种素质:认真地听、聪明地答、仔细地想和公正地判,即使这一要求放在当下也不过时。法官作为正义之权力的符合代表,被冠以正规化、职业化和专业化身份外衣,必须以法律专业素养并依靠社会沉淀的生活智慧和充满温暖的人文关怀来向被告人、被害人和社会民众传达正义和司法权威。这源于它关系到民众对社会正能量的内心向往和对国家秩序的信赖遵从。如果法官将安身立命的本职工作交于毫无情感的人工智能,无疑是对"人民"二字的背弃,将实质正义的追求消退为空心化的外壳。这就要求司法必须由法官亲历。所谓司法的亲历性是指法官应当亲身经历案件审理的全过程,直接听取诉讼参与方关于事实、证据和法律适用的主张、意见、理由、辩解等,重点听取控辩双方对证据的质证意见(案件事实从诉辩双方的证明向裁判者心证位移),尤其获取言词证据笔录与被害人陈述、证人证言和被告人陈述的一致性的内心确信,将心证的运用和裁判结论建立在从庭审中获取有效信息的基础上。因为对证据与事实的直接感知,能够使事实

㉗ [美]本杰明·卡多佐:《司法过程的性质》,苏力译,商务印书馆2005年版,第7页。

㉘ 最高人民法院《关于全面深化人民法院改革的意见——人民法院第四个五年改革纲要(2014-2018)》针对裁判文书的说理性提出对加强对当事人争议较大、法律关系复杂、社会关注度较高的一审案件,以及所有的二审案件、再审案件、审判委员会讨论决定案件裁判文书的说理性。

判定者掌握丰富而生动的信息内容,而这些信息内容是形成合力心证最重要的保证。[29] 事实上司法亲历性是对直接言词原则的引申。该原则之所以成为现代法治国家普遍适用的原则,就在于它能确保中立的裁判者在平等控辩对抗机制下最大程度的还原客观事实。如果法官仅躬耕于办公室翻阅卷宗材料,不认真听取或实际考察,就难以对证据的真伪或证明力大小作出准确判断,司法不公或冤假错案的发生就很难避免。司法亲历性与当前正在进行的以审判为中心的诉讼制度改革深谙契合,以审判为中心就是要激活流于形式的庭审,确保控辩双方对抗效果,通过有效质证和辩护以防止无辜的人被冤枉,[30]这是司法改革的着力点和落脚点。同样,面对法官裁判权有效行使,司法责任制给法官戴了一个"紧箍咒":法官必须对其履行职责的行为承担责任,在职责范围内对办案质量终身负责,以责任为导向来管制法官自由裁量权的行使,实行权力与责任相互匹配的制度设计。人工智能的设计只有是否更完善的评价,并无过错或瑕疵的认定。法官在使用人工智能过程中若有案件上的瑕疵或过错,并不是人工智能的责任,而是使用者办案经验不足造成的。毕竟人工智能的定位只是将它作为推进以审判为中心诉讼制度改革和法院信息化建设时设计的一个审判辅助手段,并不替代线下刑事司法活动,而真正决定案件的还是要发挥法官的作用。[31] 人工智能不会脱离人创造智能的范畴,因而发挥作用的大小取决于使用它的法官。显然,人工智能无法承受司法亲历性、责任性之重。唯有准确划定人工智能适用区域,"让审理者裁判、由裁判者负责"才能真正实现人工智能与法官审判的深度融合、效能发挥。

综上所述,笔者对人工智能介入司法领域持肯定乐观的态度,但必须坚持介入有限、运用有度、辅助有力的科学立场,以确保具有法律帝国王侯之称的法官的主体地位不被削弱。

---

[29] 参见朱孝清:《司法的亲历性》,载《中外法学》2015年第4期;龙宗智:《论建立以一审庭审为中心的事实认定机制》,载《中国法学》2010年第2期。

[30] 质证是证明的过程、内心的确信和裁决的依据。它是在法庭审理过程中控辩或当事人双方在法官的主持下,采用询问、辨认、质疑、辩驳、核实等方式对证据的效力进行质辩的诉讼活动。参见陈光中:《证据法学》(第2版),法律出版社2013年版,第292页。

[31] 《上海高院院长崔亚东对话法学专家:人工智能代替不了法官》,载搜狐网:http://www.sohu.com/a/145997716_260616.,最后访问日期:2017年12月10日。

圆桌座谈

法律人工智能的实践障碍及其应对*

左卫民　蒋　敏　刘　剑　唐　卫
龚桂莲　张　静**

左卫民：本阶段是一个圆桌论坛，比较自由化，谈的是一些现实生活的问题。四川大学之所以要举办法律人工智能学术沙龙，是因为我们长期在做实证研究，而实证研究说到底就是“数据研究”。我很自信地说，到目前为止，四川大学法学院实证研究团队可能是国内撰写刑诉实证研究文章数量最多的团队。当前，法律实证研究面临的一个新问题，就是如何将实证研究和大数据结合起来，基于大数据的法律人工智能我们就关注、研究得更少。因此，我们必须紧跟这一时代潮流。我们四川大学也期待每年至少组织一次这样的深度交流。

在那么今天这个阶段，我想抛出一些问题，供在座的各位去谈谈自己的高见，甚至可以互相批驳。

我自己在想，尽管我一直在思考法律人工智能的问题，但对于一些基本问题始终没有弄得太明白。比如，为

---

* 本文是2017年12月9日左卫民教授、蒋敏副院长、刘剑副巡视员、唐卫院长、龚桂莲院长、张静院长在四川大学举办的《法律人工智能前沿问题》学术沙龙上的一次对话，科大讯飞研究院副院长王士进、国双科技司法大数据事业部咨询总监李斌、腾讯研究院高级研究员曹建峰等也参加了讨论。

** 左卫民，四川大学法学院教授、四川大学法律实证研究所所长。蒋敏，成都市中级人民法院副院长。刘剑，成都市人民检察院副巡视员。唐卫，成都市武侯区人民法院院长。龚桂莲，成都市新都区人民法院院长。张静，成都市崇州市人民法院院长。

什么人工智能会火?火了以后我们法学界也跟着火?很多人都想做法律人工智能,我们一说开会,很多的法官、检察官、律师,扎堆地都想来。我们聚了很多人,有的人还因为说的太晚,加之空间有限,没能参加这次会议。为什么我们想用AI?我们想用AI来解决什么问题?特别是在座的这么多法院、检察院领导,你们想用AI来解决什么问题?现在实际上做了什么?现有的实践是在多大范围内展开的?话语的热闹不等于实践的展开,在你做了以后,实践中的效果如何?有没有第三方的评估?就像我们说的,司法改革要进行第三方评估,这个人工智能有没有进行评估?你做的东西跟你最初预期的有没有差距?有什么样的差距?如果有差距,下一步应该怎么办,如何调整?就中短期来看,法律人工智能在司法领域的应用能达到什么样一个水平?长期看会有什么样的情况?我先就这些问题,请我们在座的各位院长,还有各位与谈人谈谈自己的看法。主要是五位法院和检察院的领导。当然,其他专家也可以发表意见,鼓励大家发言。我初步提出一个发言规则:第一轮每个人五分钟,直截了当地表达各自的观点即可。

这些问题具体有四个方面,事先已经发给各位,比如说应用的有效性,类案推送、量刑辅助、文书自动生成、庭审笔录的自动识别等。到底哪些已经在实践中得到应用?用的效果好不好?比如现在就有人认为这些应用是给法官增加麻烦,而不是减少麻烦。此外,这些应用是不是get到了基层法官的需求?比如高新区的法官周寓先,是成都市的办案标兵,一年审1200个案件,那么对他来说,人工智能有用吗?他希望人工智能解决什么问题?希望什么样的人工智能?当然,关于法律人工智能的应用,还存在着内部、外部协调的问题,地方、中央协调的问题,基层法院、中高级法院、最高法院协调的问题,当然这其中还涉及科技公司、学者与司法部门的协调的问题。那么就按照顺序,首先有请蒋敏院长发言,我控制时间,五分钟。

蒋敏:非常感谢左老师提供学习的机会,这个单元的主题是“法律人工智能的障碍及其应对”。因为我本人接触人工智能比较早,大约是2003年,那时还在省法院研究室,当时就跟着左老师做课题和调研,大量用数据来分析。2010年,我开始到审管办做全省第一届审管办主任,审管办是做什么的呢?它主要就是开展案件流程管理、审判质效评估、案件质量评查等工作,同时研发一些软件,提出业务上的需求,包括我们刚才所说的偏离度分析以及类案推送等,都是审管办的工作职责。

关于法律人工智能,我觉得不能脱离以下三个问题:第一要有大数据;第二要有技术支撑,就是刚才大家谈到的算法、建模以及其他规则,有的我还不懂,比如刚才听的好多术语;第三要有人才,人工智能一定要有"人工",这种"人工"一定要是复合型的人才。让既懂技术又懂法律的人来当这个设计师,比如法院有的审管办主任或者信息技术室主任,本身是学法律或者计算机或者数学、统计学等的,又长期在法院实务部门工作,这类人既懂法律又懂技术,更加清楚法院的需求。

关于左老师提到的问题,我简单地谈一下:第一,我们现在的数据是真的大数据吗?数据准确性如何?它有没有价值?事实上,当前我们很多的数据都是很分散的。比如我们的执行难送达难,就目前来说,我们并没有找到特别有效的解决途径。我们曾经构想建立一个智慧送达平台(因为我分管信息化也分管几个业务庭)来解决送达难的问题。当时我们考虑智慧送达最好的方式就是和公安联网,将身份证上的住址拿到,与淘宝、京东等网购平台打通,取得送货地址。但这种构想在实践中行不通,因为这方面的数据可能拿不到。第二,数据技术的规定和算法其实也有一些问题。第三,复合型人才太少,由此造成了实践中的一些障碍,特别是在有效性和针对性方面。人工智能提升了司法质量和效率,尤其是效率。成都法院是最早采取网上同步办案的法院,采用网上同步办案,一审审结以后,如有二审或者再审,可以直接在网上移送卷宗,网上远程移送一审卷宗到二审卷宗,极大地提高了效率。与此同时,我们开发的一些文书模板,促进了文书的自动生成。此外,通过类案推送系统的应用,诉讼公正和诉讼效率均有所提升。但在实践中,普遍受到好评的类案推送还存在准确率太低的问题。量刑辅助系统因为其规则性特别强而在实务中广受欢迎,特别是对一些盗窃案件、侵权案件、民间借贷案件,它是一个很好的计算工具。在庭审笔录转换方面,目前在民事案件、刑事案件中都在尝试。庭审笔录转换目前使用的是讯飞的系统,但坦白地讲,在庭审笔录转化方面,效果并不是特别好。原因是多方面的,比如受法庭话筒配置、诉讼参与人地方口音等影响,再如一方当事人在法庭上发言时,另一方(或几方)当事人、代理人(辩护人)也都在说话。这种说话场景跟我们召开学术会议有所不同,我们是一个人讲完了另一个人再接着讲,当事人则不是、他不听。所以,在这样一个语言环境里面,当很多人同时说话时语音转化系统根本识别不了,很乱。所以,目前来看,除非最高法院不要求庭审笔录转换,我们可以直接将语音录入进去再呈报上去。录音文件就比较好,而转换的效果确实不太理想。

还有一个问题就是,有些人认为有些应用,不但没有给法官减负,反而增负。这一问题主要体现在审判管理方面。包括目前我们的网上同步办案系统,大家觉得需要录入的东西太多了。我的看法是,对于法官来说,应该是减负了,但对书记员、审判辅助人员、法官助理来说的确是增负了。此外,在法官减负的同时,法官也会感觉有人随时在对其进行监管(因为院、庭长随时可以通过后台查看案件有无超审限以及案件办理的质效等)。这可能会让法官有些压力。

关于实务部门和开发公司的分工问题,我觉得还是应该以实务部门为主导,以需求部门为主导,而不是技术部门主导。而在法院内部,在我看来,审管办主导可能比信息技术部门主导要好一些。因为信息技术室(成都中院)除了杨志农(负责人)本人比较熟悉法院工作之外,其他人全是学计算机的,不懂法律,不懂法院的具体工作。所以让懂法律的人来主导,需求主导是更可信的。我就先说这些,谢谢。

刘剑:非常感谢左老师的邀请,有机会参加这个会议并向专家学者和我们的企业代表学习,围绕左老师提到的四个方面的问题我就直接回答了。

关于应用性。人工智能在四川检察机关的应用时间相对较晚,今年全省正在推进大数据应用的试点。公、检、法三家联合办案系统,类案推送、量刑建议、文书自动生成以及庭审笔录转换等也在逐步尝试。在此之前,成都检察院的应用实践主要限于案件质量智能评查系统以及涉案财产智能管理系统等。回到刚才的问题,类案推送、量刑建议、文书生成、庭审笔录转换等,因为试点时间比较短,目前主要有以下问题:在庭审笔录自动转入方面,南充检察院目前正在试点。可以预见,成都这一块跨县"川普"(四川版普通话)识别率都不会太高,60%以上就不错了。此外,在人名、地名等专有名词的识别上效果也不是很理想。我们测试过几个系统,发现讯飞的识别率是最高的,其他的更差,但即使是如此也要提前做一些设置。对于年轻的检察官或者书记员来说,这一块的应用是没有问题的,不需要特别的人工智能辅助即可自动识别。然而问题是,大多数自动识别的结果都面临"排错"的问题,拿到混乱的识别结果后更麻烦,必须进行全文矫正,不断地纠错,这个过程是比较麻烦的。当然,在特定的、没有干扰的环境下,比如在自己的办公室,检察官的个人语音录入效果还是比较好的，能够减轻文书的投入量。在此之前，我们看过一些演示，也尝试了一些互联网方面的应用，包括一些控申案件的类案推送，严格来说是有问题的。这实际上也是四川检察系统为什么在这一块走得比较慢的原因。这其中可能有一些观念和机制上的限制，不敢迈出这一步，担心万一迈错了怎么办，出现了风险怎么办？所以，在运用智能辅助系统包括大数据的运用方面，我很同意刚才李老师说的“有所为有所不为”。

在我看来，我们在抓重点、难点、热点问题的时候，还是要审慎一些，步伐稍微迈得小一点。在应用针对性这一块，一线的检察官希望能够提供更多的智能辅助，便于提高工作效率、减少差错。在量刑建议、类案推送这一块，也取得了一定的效果。但是回过头来我们也在思考，如果未来法官、检察官完全依赖量刑建议、类案推送等系统来进行案件的判断，请问人的主体性和法律温情何在？

关于内部协调的问题，我很同意刚才蒋敏院长说的，应该以需求部门为主导，亦即需求部门做主导、技术部门做保障的工作模式。在建设初期，更多的是技术部门在发挥作用，而到了今天，应该以需求部门作为主导部门。与此同时，我们也看到，当前智慧检务推进过程中也出现了某些脱节的问题，例如智慧公诉从高检院、省检到市检的技术部门都存在着某种脱节。技术部门在资源整合、系统融合方面的保障作用没有充分发挥出来，会出现新的“信息孤岛”或者新的问题，不利于后续的体系化建设。那么如何协调这一问题？在我看来，应该是业务部门为主导，与此同时重视技术部门的作用发挥。在外部协调方面，更多的涉及公、检、法的协调。早在 2012 年，我们就建立了司法网，主要的目的就是实现资源信息共享。但到目前为止，我们都只实现了视频会议的应用，真正的数据应用、数据共享根本没法实现。从智慧办案辅助板块系统来说，1.0 版本应该算是破冰了，我也相信可以破冰。刚才在场下我还在和杨志农主任聊天，我们谈到，其实 2015 年法、检两家就建立了数据交换平台（最早是三家，包括公安），但彼此之间的数据一直没能实现交换。这其中可能就涉及观念和利益上的冲突。数据是资源是财富，但前提是得让它“活”起来，运转起来，唯有如此它才会发挥效益。如果还是这种体制，大家各自为政，搞数据封闭，有可能导致基于大数据的人工智能建设举步维艰。这与我们希望加快建设的步伐是相悖的。

另外，2017 年 11 月国家新一代的人工智能规划已经确定了四大平台建设。我大概了解到是以百度为主的智能交通、以阿里巴巴为主的城市大脑平台、以腾讯为主的医学影像平台和以讯飞为主的智能语音平台。事实上,我们也希望这些建设能够体现在我们的智慧检察、智慧法院建设当中。一个构想是,企业或者说院校的团队能不能整合成一个有力量的团体?不然我们的选择会很困难,因为各地的实践都不一样,哪一家是最好的?与此同时,我们也希望在建设智慧司法过程中,能够坚持顶层设计,由上及下,否则可能创新得越多,最后整合越困难。

唐卫:谢谢左老师。外面阳光灿烂,我就在想,怎么能够让阳光照进我们的沙龙?这是我们今天在座的人工智能专家也需要考虑的一个问题。有一个插曲,在刚刚会议开始的时候,大家跟前的屏幕都升起来了,我也在操纵,但我这个没有升起来。我就在那捣鼓了三次,心想最后按一次看它升不升起来。它最终还是没有升起来,后面我一拱手把屏幕上端“辅助”了一下,它就慢慢地升起来了。这让我想到,人工智能可能不太智能。这个是玩笑话,但也是真实的场景。受邀参加本次沙龙并安排我简单发个言,坦白地讲,这两年我对法律人工智能还是比较关注的,但可能缺乏一些深度思考。下面我就谈一点个人的感受。

作为法律人,我们对人工智能有一种复杂的心理,一是比较欣喜,因为新技术能够为我们提供一些帮助,提高效率,这是很现实的;二是有点顾虑,机器这么能干,会降低我们的价值,降低我们的作用,是吧?毕竟现在甚至连自动裁判都出来了。所以我谈两点,一是在观念上,我们担心什么?二是在实务层面,我们能够用心做点什么?前段时间 AlphaGo 的出现就引发了我们激烈的争论,“智能法官能不能够在近期出现?”有没有一种可能,以后当事人到了法院将起诉状、答辩状输入到一个机器里面就可以完成调解、判决了?这些年来,无论是计算机的运用,还是现阶段的人工智能应用,我们感受得更多的是一种司法技术的进步。这种进步能够为我们提供帮助,例如庭审语音识别、类案推送等。但是也应当看到,司法判断远比技术人员预期的复杂得多,比如证据的判断、司法规则的运用等,都具有模糊性、冲突性,不确定性非常大。这与我们日常所见的裁判规则、围棋规则、象棋规则等完全不同。另外,职业发展都有其自然演进规律,有些职业在技术革命之前就被淘汰了,但有些职业无论如何都替代不了。一个简单的例子,一些科技产品如按摩椅,家家户户都可以买。但是你看到,大街小巷按摩生意还是很好,没有完全被替代。所以,我认为,我们不用担心法官、检察官、律师有一天会被机器取代。

另外,司法实务上我们能够用心做点什么?从我所在的法院来看,2010年左右,最高法院就在我院试点了量刑规范化改革,把一些基本事实和量刑情节录入进去,生成一个一年半、两年的刑期出来。这个系统我们现在都还在用,给法官提供了一个很好的技术参照。我们现在写判决书、裁判书很费时间。因此我们希望有一个方法,让法官撰写判决书更简便,为此我们开发了一套智能文书系统。事实上,法官的裁判并不是每个案件都那么复杂,多数案件的事实、程序都相对简单。对于这部分案件,技术创新能够将法官从一般性的劳务工作中解放出来。在这方面,我们有一些尝试,比如第一,我们将裁判文书模块化、要素化,分成八个部分,自动提取首部等基本信息(因为在立案阶段,这些信息都已经输入了)。第二,将基本事实和其他能够当庭确认的部分,由法官进行标识性记录。标识性记录后,法官当庭进行认证,书记员记录下来,到时候可以直接提取走。第三,适时确认无争议事实,直接归纳争议事实,通过庭审审理后进行一个查明确认,也把它做一个标识便于提取走。第四,裁判理由,裁判依据和裁判主文。这后三部分是法官最头疼,也最需要智力劳动的地方。我们梳理发现,相同类型的案件说理大同小异,所以我们就对部分类型案件进行了梳理。如民间借贷案件,梳理了4类168项,然后对其进行类分、项目设定。法官在办理这类案件时,需要勾选一些项目,然后利用已经编制好的标的费用、利息计算公式,将其实时插入主文和判决的说理部分。这种自动组合材料的方式不仅提高了文书制作的效率,也达到了繁简分流的目的。目前智能文书系统已经形成运营的效果,我在前不久的全省信息化工作会议上也作了推荐,已经引起了中基层法院的广泛兴趣,这就是我们的初步探索。同时借这个机会,我们也邀请科技公司还有法律实证研究的专家学者们有机会到武侯法院来指导、做试点。武侯法院历来就是全省法院的试验田,我们愿意提供技术条件,方便大家在人工智能领域进行创新性的工作,谢谢大家。

龚桂莲:大家好,首先感谢左老师的邀请。作为基层法院,我们非常希望通过信息化、智能化的充分运用来解决目前基层法院面临的现实问题。我们的问题是什么?第一,案多人少、事多人少,从量化表现上就非常突出。按照传统划分方法,我们新都区法院属于二圈层法院。司改以后,员额法官只有46名,这46名员额法官实际上还包含了院领导。截至目前,2017年我们的案件受理数量已经达到了16,000件。所以总的来讲是案多人少、事多人少。与此同时,随着司改发展党务、政务不仅没有减少,反而有所强化。面对这些问题,必须以问题为导向,以需求为导向,思考如何将数据化信息化这一“车之两轮、鸟之两翼”的功能运用到实际工作中去。

就左老师提到的第一个问题,应用的“有效性”问题。从目前来讲,类案推送、量刑辅助、文书自动生成、庭审笔录自动转换等,新都法院都还没有开始尝试。我也问过周边的一些法院,目前都有但都没有用。为什么不用?分两种情况,一是不会用,二是担心用的效果不好。这些应用目前还没有得到充分的实践证明,比如缺乏专家论证或者说周期性的实践来检验其实践效果。智能系统最关键的是什么呢?即是否好用、方便。目前全国的基层法院有一个共性,员额制改革后法官构成都是“老中青”的结合。这三类主体适应能力也有不同,在人工智能辅助办案系统不是特别方便的情况下,在实践之中没办法推下去。这就是为什么很多智能化的东西并不能够确保人人都会用,这也是傻瓜相机为什么会出现的原因。总而言之,人工智能辅助办案系统的有效性尚未达到理想化的状态。

第二个就是用户这一块的问题。关于应用针对性,我举个例子,我是2016年9月到的新都区法院,当时就接到一个任务,按照最高人民法院的要求要在2017年年底前完成档案数字化的工作。我们的档案数字化要完成1950~2004年的库藏历史档案的电子化工作。这部分历史档案共有案件61,643件,82,867卷,多达3,589,000多页。接手初期,什么方案都没有,得到的信息就是按照传统的服务外包,请一家公司。经过接洽,公司提出至少需要50个人手(协助扫描),300平方米的房间,场所经费也不低。我觉得成本太高、效率太低了。有没有什么创新的办法?后来,我们就和电子科大、中科院光电所合作开发了智能档案数字化生成和管理系统,下面我就这一系统的研发过程来回答左老师提出的几个问题。主导性的问题。我们从研发到调试再到使用业务的需求、不符合需求的问题、亟待解决的问题等均由档案室的人提出、充分讨论,充分体现了需求方的主导性问题。包括此前我在高新区法院和成都市政法委所做的“6+1”审判公开、涉案财物集中管理处置系统,都体现了以用户方为主导的精神。通过密切地合作,我们从2016年9月开始酝酿,到2017年6月开始调试,然后到2017年8月正式使用,仅仅用了两个月的时间就把档案数字化的工作全部完成,不仅省去了诸多耗时的环节,还提升了质量、节省了费用,并留下一套系统、设备。所以这笔账是非常划算的,也充分体现了需求方的主导性。

通过聆听今天的会议,结合最高法院提出的实现“三全三化”、实现“智慧法院3.0”建设的目标,认为,就法院而言,我们一定要把这两个信息化的工作加以区分。对于纯事务性的工作,可以以技术方为主导,如科大讯飞针对法院或政法部门。法院不用提供业务需求,技术方知道法院的新需求是什么,比如完整客观地将语音转化成正确的文字等。对于这类纯事务性工作,可以以技术方为主导。事实上,现阶段法院还有很多工作需要纯技术的工作来引导,如立案阶段立案卡片和结案卡片的回填等。

“同案同判”的问题。我们所说的“同案同判”,实际上是否真正存在“同案”?同案的概念是什么,如何认定同案不同判?通过大数据提炼出一些规则,这些规则能够为法官办案提供一些参考,方向是对的,但这并不能够完全消除法官的疑虑。第一,所谓的大数据是不是科学的、完整的、正确的数据?此外,不同地区发展不协调、不平衡,数据来自北上广还是来全国,都会影响到大数据本身的正确性、适用性,这可能会使类案的推送效果打折扣甚至遭受质疑。第二,如何认定同案?提炼的规则,只是作为参考的一般性规则,绝对不能否认法官个性化的裁判。裁判过程是法官发挥主观能动性作出的自由裁判的过程,其中除了对法律的理解外,还要关照相应的道德、伦理以及当事人的接受度等问题。刚才李本教授质疑“算法”的问题,事实上,用“算法”进行裁判,如果不能充分地将“算法”公开,那么我相信质疑的声音可能会越来越大。

张静:刚才第一轮发言时,我说崇州法院在从事法律问答人工智能机器人研发。我现在按主持人的话题,直接回答。

第一,是关于应用有效性的问题。人工智能的运用大大提升了效率,但是在公正方面似乎还有待检验。关于第二个问题,人工智能的哪些应用,在实践中受到好评?就法院的人员分类来看,法院分为三类人员,法官、审辅人员、行政人员。人工智能在实践中的应用其实就是法官的应用,给法官减负,法官所需要的是什么?法官可能不关心送达的问题,他关心的是案件进程中审理的问题,关心的是文书的问题。审辅人员关心送达,关心鉴定情况,关心庭审笔录。所以我认为人工智能的应用要因应不同人员找准不同“痛点”。就法官来说,文书自动生成和类案推送应是他们最需要的。在刚才的休息空档,我和王教授也讨论到量刑辅助的问题,实际上很多法官也比较担心。因为大家都知道现在实行的是司法责任制,而量刑辅助本质上就是一个黑箱。我们看不到刑期是怎么计算出来的,心中没底,得不出结论。在判决的时候实际上要坚持自己的内心确信,当法官没理性的时候就没底气去作出判决。所以,在量刑辅助方面,我觉得在有关"规则的可解释性"方面还可以再加强。对书记员来说,刚才蒋敏院长也谈到,希望有一个智慧送达平台。实际上智慧送达平台是一方面,但就送达的规则来说,规则的设定可能更加迫在眉睫。

庭审笔录方面,今天科大讯飞的人员也在,我想说现在法院还是不敢大胆用。为什么?庭审笔录在实践中有特定的意涵,庭审笔录不是庭审的实录,但它也是一种法律文书。关于庭审笔录转录的准确性问题,刚才我们说庭审笔录的识别准确率能达到95%,但实际上我们希望庭审笔录100%准确,以此为后续的法律文书提供基础、依据。同时,考虑到目前的庭审没有实行强制的律师代理制度,所以庭审实录本身存在很多当事人未加提炼的观点。在庭审中,当事人同样一段话可能反复出现在庭审中,而书记员则是能动地做记录,会有提炼,会有归纳,最后会简明扼要地提供给法官。所以,在庭审笔录转换方面我觉得还有待加强。

人工智能应用在实践中究竟是增负还是减负?在我看来,第一,是否减负的问题。我们所谓的增负实际上是法院系统用了一些很原始的方式,比如扫描、填写卡片以及一些不合理的指标构建。现在是弱人工智能,如果人工智能发展好了,进入强人工智能了,那我觉得法官确实能够实现减负。第二,关于应用性的问题,我原来也在审管办,在应用方面我有比较深的感受。现在技术和实务是脱节的,在我看来,技术应该给予实务部门以引领,提供一个技术所能达到的最大限度,并根据实际需求来做调整、补充。现在的问题是实践中有不少问题,但不知道怎么解决。在这方面,技术人员可以提供引领,可以提供解决问题的产品。第三,内部协调的问题。实际上,就目前来看,人工智能开发还没有真正深度契合法院的需求,以至于司法人员在应用过程中产生了一些消极的抵触情绪。事实上,如果人工智能产品真正贴近我们的审判需要、办案需求,我相信效果应该是非常好的。第四,外部协调的问题。当前,公检法确实存在信息壁垒、技术壁垒的问题。不同地方、同一地方的不同政法部门之间存在标准不统一,接口不开放的问题。更重要的是,每一个部门所处的角色不一样,职责不一样,利益不一样,由此造成了实践中系统衔接和数据共享的困难。因此,能不能有一个第三方的力量来对数据进行统一、整合?形成省级统一下百花齐放的局面。事实上,我一直认为省法院一定要统一,这种统一是在充分征求不同层面的意见基础上的统一。另外一个问题,也是刚才龚院长讲到的,实际上每一个法院的管理都不同,虽然我们尽量追求标准的趋同化,但是每个法院确实有自己管理的特色,所以应该坚持在统一的、正确的顶层设计之下,充分征求中基层法院的意见,同时开放接口,让中基层法院能够追求自我的创新。个人认为,真正的创新来自基层,来自基层的法官、来自我们基层的技术人员,在这方面应该做到更好的协调统一。

最后两句话,我最近在思考,人工智能不等同于原来的简单信息化技术,现在很多普通的信息化技术,打着人工智能的牌子,对此一定要警惕。另一个是警惕人工智能,在这样一个发展、爆发的阶段,新生事物的出现需要扶持。我们应该对负面评价做正确的引导,而不是直接将其扼杀掉,这也包括量刑辅助系统应该怎样纳入正确的轨道等。谢谢!

法律人工智能的技术障碍及其应对*

王禄生　吕建成　马铁丰　邹邵坤

王士进　曹建峰**

王禄生：大家好，本阶段的圆桌会谈的主题聚焦在技术领域——法律人工智能的技术障碍及其应对，所讨论的问题也将会是技术性的。第一个问题关乎目前大数据的技术“瓶颈”。我们都知道这个图文声像是大数据与人工智能的基础性技术，而现阶段图文声像都有很大的障碍，比如图片的识别技术——OCR 技术，在识别打印稿的时候它准确率可以达到 95%，但在具体识别法律场景、实现证据电子化，如公安移送的可能涉及盖章、指纹等一系列这样的技术问题的案卷，其准确度会大幅下降，而准确度又直接影响了很多功能的准确性。如此，我想请教一下在通用的大数据人工智能技术领域图文声像现在具体遇到了什么样的“瓶颈”以及最近有什么样突破？

邹邵坤：正如禄生所说，其实证据电子化是从去年才开始被大家广泛关注的。这一问题目前有三种应对途径：两种常见的途径和一种我们正在尝试的途径。第一种途

---

* 本文是 2017 年 12 月 9 日王禄生副教授、吕建成院长、马铁丰教授、邹邵坤总经理、王士进副院长、曹建峰研究员在四川大学举办的《法律人工智能前沿问题》学术沙龙上的一次对话。

** 王禄生，东南大学法学院副教授、院长助理。吕建成，四川大学计算机学院院长、教授、博士生导师。马铁丰，西南财经大学统计学院教授。邹邵坤，华宇元典公司总经理。王士进，科大讯飞研究院副院长。曹建峰，腾讯研究院高级研究员。

径就是对原有数据直接进行电子化的扫描,在耗费大量的人力对卷宗进行扫描之后再运用 OCR 的技术进行集成。我国现有集成技术的在国际上都是比较优秀的,但是这个依然不够,因为一旦一个细节识别出错,整段文字就会出错——这是困难之一。这种方法的另一困难就在于人工扫描盖章、指纹等图像的过程中,因为是分包,扫描质量不会太高。但不可否认的是这一技术确实还是目前最主流的。第二种途径是电子卷宗随案生成,目前江苏省和浙江省的一些法院就在采用这一技术。其优点就在于办案的每一个流程,包括签批、呈报件,本身就是电子化的形式,只不过在存档的时候存了一份纸质版,又存了一份电子版。值得一提的是,在运用这一技术的地区,我们更多的是站在政法委的视角建设卷宗共享交换平台或者建设政务云去实现这些卷宗本身的流转和交换。第三种是我们现在想去尝试的,可能也是未来更广的和更一劳永逸的方法——真正意义上去贯穿整个法律行业的数据的交流和交换。比如最典型的鉴定:在民事案件中伤情是怎么鉴定出来的?第三方(鉴定机构)依据什么样的标准?这些都是审判活动中必须回答的问题。而我们现在想要尝试的便是反向突破即对鉴定机构本身进行分析、直接获取到这些鉴定机构的数据,从而直接解决法庭上的问题。现在已有一些省份的政法委关注到了这一块,且有可能会在年内实现建设突破。所以我觉得从纸质件的电子化到电子化与纸质件并行再到电子化替代纸质件可能是我们在未来 3 ~ 5 年内能够看到的一个根本性的迭代,而这一技术的每一个组件都已经比较成熟且在各个场景下实验过了。

王禄生:好的,谢谢邵坤。我们今天还有幸请到咱们科大讯飞研究院的王士进院长。下面我问几个比较尖锐的问题。第一个是我知道讯飞在上海 206 项目推进的时候其实遇到了 OCR 方面的难点,目前讯飞在 OCR 技术方面有什么样的一些新的突破?第二个问题是讯飞在语音识别领域相对 BAT 到底有什么核心的优势?讯飞的语音识别技术是下蛋的金母鸡,就是用它来孵化大量的边缘产业。最近有一篇文章很火,叫拯救科大讯飞,说的是 BAT 已经高调介入了语音行业。相信这两个是大家都很关注的问题,谢谢。

王士进:好,我还是就这个技术的本身问题去讲一讲,因为我的工作是偏技术的,所以我讲的东西可能也比较偏真实情况一些,且仅代表我个人观点,不代表我们公司的观点。第一个讲 OCR 技术,其实 OCR 技术在很早之前就有,无论是国际上也好还是国内也好,已经做了类似的研发。我们讯飞在做上海的206项目之前,很早就开始做OCR了,但是我们并没有把OCR放在司法领域用。我们是在做什么呢?我们在做教育考试,因为教育是我们做的比较早的一个行业。在教育行业里面我们要识别学生写的东西,特别是主观题。大家回想一下,特别是在中考或者高考的时候,我们的小孩,或者我们自己当时作文的风格是否符合当时的阅卷老师胃口会使他打分产生一些偏移。那么现在的话,就是我们这个技术应用了以后,我们学生有的写得比较正楷的,有些人可能歪歪扭扭的,甚至还有些涂改的——所以我们基本上在做中考高、考学生实际写作的识别,这里面可以把准确率做到90%以上,这是第一点。好,我们回到206项目。我们最早是用自然语言和语音技术去处理这个事情,但是后来我们发现业务里面大家也都需要一些OCR的东西。所以说最早的时候我们把教育里面的OCR技术拿到上海206项目的时候,发现这里面有一个非常大的miss bug。何为miss bug?大家知道司法证据里面经常会有一些人书写的潦草程度比学生更甚。因为学生毕竟要考试,其能力有限,虽然说他不一定认真地写,但是至少还是尝试认真地去写。所以说我们发现证据或者说我们原来很多手写稿里面,OCR的准确率其实是蛮低的,即使我们用当时效果最好的某国外公司的引擎去做的时候也发现他们有类似问题,所以说我们一点都不惧怕说效果不太好。一般来说的话客户会告诉我们两种类型的效果不好:第一种是说你这个虽然是最好的,但是你效果还是不好。大家可以想象,这个是比较头疼的,就比如说讲四川话,你们现在识别效果不好,虽然我中午进行了一些安排,后续会有一些持续的优化围绕四川话去做。但确实如大家知道的,人工智能,本身是一个概率体系。它要去提升的话,会有包括算法、数据,还包括围绕着算法数据优化等方方面面,并非朝夕可成。那么第二点,有人说你看某某公司做得比你好。我们就最喜欢遇到这种问题了。因为他是一个明显、现实的东西,只要我们能见到有谁做得比我们好的话,理论上我们很快就可以实现并超越它。这就是我对这个上海206项目的一些回应。第二个就回复一下BAT的问题。BAT的问题我还是打个比方,之前也是有一篇文章,说BAT为什么战胜不了海康。其实我们回过头来再看语音这个行业也是这样。因为大家知道,我们现在这个智能技术,并没有到达我们所谓高级的人工智能,其实只是一个大数据的智能。对大数据的智能取决于对很多垂直场景里面数据的积累以及围绕这个数据去做的持续的算法优化,因为其并不是一个通用技术,就跟我们把最早做教育的场景运用在司法领域中一样。我自己有非常大的信心,因为确实讯飞把司法领域作为非常重要的业务领域,比如说无论是研究团队,还是算法团队乃至整个团队会围绕司法去做持续的优化。也许现在并不能达到非常好的理想的状态,但是我认为随着技术发展和持续的努力,语音识别技术会越来越接近一个好的状态。

王禄生:好,非常感谢士进。我们今天很多嘉宾在发言中反复提到司法大数据进行了大量的文书的训练,那么应如何解决垃圾进垃圾出这样一个基本的数据的准确性问题?我们与谈人中有来自西南财经大学的马铁丰教授,他是统计学方面的知名专家。我想请马教授从统计学角度谈一下我们如何看待司法人工智能培训过程中数据的可靠性问题。我在不同场合听过一些统计学专家说因为这是一些大样本的培训,所以有小错误的判决并不影响最终算法的精确性,您怎么看待这个问题?

马铁丰:我们怎么去解决实际问题统计呢?在大家看来就是要从大量的数据当中去学习规律,去挖掘规律,所以它典型的是一个归纳性的学习。但是,它的思维逻辑在面临很多问题的时候也会束手无策。那么像你刚才说的这个垃圾进垃圾出的问题,一旦垃圾进来了,你想从垃圾堆里挑出好的东西的话,其实已经很难了。就是说不仅是统计解决这个问题没有太好的办法,我相信其他的学科也不会有太好的办法。数据质量一直是我们统计里边非常重要的一个方向。大家一直在探讨,但是也没有说有一个通用的解决办法能够解决所有数据的问题。我觉得这是一个具体问题。比如说做电力工程的,他们是解决不了的,不同方法的研发肯定有针对性,才能够解决相关领域的具体问题。因此我觉得我们这种法律大数据的发展,左老师的思路是很对的,一定要把统计人才吸收进来,不是让统计人成为法律的专家,而是让法律的人成为统计的专家。也就是说统计人能进到法律里边去,要成为法律的专家,这样才能成功站在里头,然后把这个问题解决。不是说仅仅通过我们坐在一起来讨论,因为真正的深入合作应该把统计人才真正的引入到这个领域里去把这些问题解读清楚,然后才能够用统一的语言把它描述清楚、解释清楚。和计算机这块相比较,统计跟计算机有优有劣,这个可能不是说谁能够战胜谁的问题。统计的解释性可能会强,它的很多语言,包括大家都在说的概率语言随机化,在解读实际问题方面感性的东西更明显,像我们说 59 和 60 有没有区别,在数目上来说感觉大家有区别,但是在统计上来说 59 和 60 有没有区别,取决于样本容量。比如说一次考试你考60分,我考59分,可能感觉咱俩没啥区别,如果经过了1万次考试,你的平均分是60分,我的平均分是59分,那么咱们俩就有区别。所以说统计在解释这些数据的时候,加了很多的概率的思想在里边。它的解释性会更强。这是回答你的问题。

王禄生:谢谢马教授,我觉得他为统计学做了一个广告。我们今天的与谈人中还有来自腾讯研究院的高级研究员曹建峰博士。建峰现在是人工领域研究的红人了,非常高产。虽然在来之前我并不认识他,但是我写很多文章都引用他的文章,所以我们也算是网友见面了。这是神交已久。他前段时间还在《法律科学》上发表过一篇文章,就是关于法律人工智能的。所以我想请教一下建峰,作为专门研究司法人工智能的专家,你如何看待司法人工领域的垃圾进垃圾出?你觉得有没有一个很好的避免的一个方法?

曹建峰:好,谢谢。其实我也并不是特别多的研究一些法律问题,对于司法领域的应用并不是接触特别多。垃圾进垃圾出确实是一个计算机的问题。在一些普遍的预测里面,每一个大数据里面都有很多偏差的数据,这并不影响结果预测的准确性。因为整个测量是一个单维度的,所有的数据其实都是差不多一样的。就说里面有一些噪声,其实不影响结果的准确性,但是在司法领域,比如说犯罪评估里,是一个综合的一个数据,并不是一个单一维度的数据。它是各种数据的综合。比如COMPAS有137个问题,有15个维度。数据的完整性就是一个非常有必要考虑的问题。这么多维度,哪些确实是值得考虑的,哪些是不应当考虑的,这是一个问题。然后另外一个就是数据的准确性,因为每次COMPAS收集数据有时候是让被告人去回答问卷。问卷里面被告人也有可能会故意地隐瞒一些问题,他不一定会全部回答这个问题,这个也需要在算法里面去考虑,包括法官或者检察官去讯问犯罪,讯问后得出的结果每次其实是不一样的,最终数据的完整性、准确性,也会受到影响。这可能没有一个客观化的标准,取决于每个人自己对法律,包括对整个过程的解释和理解。我觉得这一块没有一个客观的方法可以解决。

王禄生:我从前面两位发言人的发言中感觉这个问题比较难解决,所以把这个问题再抛给邵坤。就这个问题,华宇也做了大量量刑的推荐。这个产品包括量刑预测等,我想了解华宇在做这方面的时候垃圾进垃圾出怎么解决?

邹邵坤:这个问题刚才很多人回答的时候我也在思考,那么什么叫垃圾进垃圾出？它影响算法的是什么？一个模型，是由一个算法加上它所训练的数据组成的。我们这里说的垃圾数据有两种情况，这个数据本身的数据质量不高，这是一种可能。也就是它的可挖掘的价值比较稀疏，最典型的可能是嘈杂环境下的或者不是在会议室里的语音。实际上我们这次在跟阿里交谈的过程中，他们也不是把这些数据直接就拿去存掉了，本身需要对这些嘈杂的这些数据进行清洗，最后能够得到相对可供训练使用的数据，这是第一种说数据质量低。第二种可能像前面很多老师说的数据有歧视，比如说黑人问题、种族问题。这里面是两个层面，第一个层面是这个是不是客观存在的？是不是很长一段时间内确实对黑人的量刑就是更重？如果是，那你要对它进行后期的校准，那其实是个产品设计问题；如果不是，那你得探究是收入样本量不够大，还是说需要在数据标记的层面一定程度上扭转它。当然这个里面很少会用单纯的权重，一般都是用一些过拟合的对应的解决方案来解决，所以垃圾进垃圾出分成三个维度解决：第一个维度我们先去解决那些数据质量不高的问题，这是纯技术问题；第二个维度，我们去解决那些数据质量经过清洗再打标签的过程中，尽可能去避免它人为的错误；第三个维度，在进入训练的过程中，如果训练出来了一个客观规律，我们假定算法是对的，把这个客观规律反映一些隐秘的规律，与我们再去做产品设计方面的反相校准。我觉得这样三层筛选可以解决数据质量的问题。这个不是一个法律行业的问题，其实像图像识别 OCR 这些本身的转识别率导致的数据质量不高是一个层面，所有做以数据为基础的计算智能的行业都会遇到数据清洗的问题。

王禄生：我们刚刚的问题其实已经解决了。那么我们进入下一个问题——数据的有限性。法律人工智能如何解决小样本的情况，有些案件可能一年就十几件或者几年就只有几件，如何能够建立这样一个人工智能？这个问题我想请教咱们吕建成院长，大数据跟人工智能的关联到底是什么？是不是人工智能一定要通过大数据才能实现？因为据我的有限认知，大数据可以形成人工智能，但人工智能不一定要借助大数据，不知道我的认识是不是正确的？

吕建成：这个问题比较尖锐。我先来说一下大数据和人工智能的关系，实际上人工智能很早就有了，大数据概念的提出也很早——本身也是在 20 世纪 90 年代就有了这个概念，但是人工智能的提出比它更早，实际上就是说我们对数据的智能分析，即便没有大数据，它也是可以存在的，这一点我相信大家应该都知道。大数据的到来,让人工智能又上了一个新的台阶。这里边其实有一个非常重要的原因。这个非常重要的原因实际上也是现在大数据的推动者,即深度学习。刚才王院长也提到深度学习。它应该说是这一波人工智能的一个幕后推动者。通过这一次深度学习,它能够得到广泛关注,其实一个关键的点可能是大数据起了一个重要的作用。第二个就是说关于小样本的问题,我们所说的大数据有很多的、各种各样的变化的数据,那么小样本就好像和大数据有点背道而驰的感觉。但在实际的应用当中,大数据也符合人的一些认识规律。它不需要很多很多的数据,有些东西第一次看见都可以有印象,都能够提取出特征,都能够抓住本质。深度学习目前有两个大的研究的方向:一个是迁移学习,另一个是样本的增广。分层对抗模型也是目前在深度学习里边一个非常热点的研究课题。从质量上讲的话,实际上关于小样本,我们自己也做了一些相关的研究,包括增广,包括迁移学习。但是针对具体的问题,它的效果能够达到多少,其实我还真不敢说。

王禄生:非常感谢吕院长给我们做了这么好的科普,所以就这个问题我想再问一下士进,咱们讯飞在做语料的时候也做了迁移学习,我不知道能不能简单给我们介绍和科普一下,咱们讯飞在迁移学习方面的一些研发,当然请您在吕建成院长这个大的框架下——迁移学习没有根本解决这样一个大的框架下来给我们介绍,谢谢!

王士进:我看主持人越到后面的问题好像越尖锐。实际上我先来简单介绍一下,其实大家现在都看得很清楚,我刚才讲过类似这样几点。第一,我们现在看到非常成功的案例就是通过大数据取得的。这点其实是在工业界里面得到广泛认可的。然后刚才吕院长讲了两个非常好的点,我也非常认可,就是说在工业里面,在我们产品里面,你会遇到一些场景开始的时候或者是到最后也没有补充,对这种情况怎么处理。一般来说的话会有几种方式:第一种方式就是刚刚讲到的生成或者模拟,比如说我们处理很多问题,若没有这种数据,我们会考虑怎么通过一些拟合方式去拟合这些数据。除开这种普遍的方法,也可以通过其他一些相似领域的问题的扩展方法。第二种方式就是如果说有这些领域里面一些比较小的数据的时候,我们可以设计两种类型的相关算法。其实这个问题是一个普遍的问题,并不是只在司法里面会遇到。我们早期在做语音识别、图像识别的时候都遇到过类似问题。我们一般怎么做呢?我们会通过置信的方式,即在普遍的一个场景里面做了一个东西以后,当换到一个细分的领域里面发现它不太一样的时候,我们会运用小样本学习。机器学习真实应用后,我们就会发现,用机器学习一定会比原来不用好。但是距离通过大数据达到这样的效果,其实还是有些差距。所以说其实这个问题在工业界里面。在学术界里面都是大家正在思考的。我们知道人类判断这些问题的时候,人就会知道它会是什么东西,但机器来处理这个问题是有障碍的。所以现在很多学者在围绕这个方面去做我们称之为下一代学习的框架。这个框架的早期就是机器翻译。现在所谓的机器翻译是要通过大量数据来实现的。我们现在也发现有些这种算法在看到某一个单语的数据或者说甚至是极少量双语的数据时也能够取得非常好的翻译效果的提升。第二,深度学习现在被我们称为三大巨头之一。Kingten 是最早提出来通过大数据示范法提升的,最近他也在研究类似胶囊的一些算法。这可以使人工智能通过更少的一些样本来实现学习。所以其实我们是在做这样的探索。

王禄生:下面我还想请教一下,建峰怎么看待这个小样本的问题?因为您一直关注的是欧美的一些人工智能研发,有没有关注到他们有类似的应用呢?

曹建峰:我觉得这个就是大数据,它其实更多的是互联网领域的一个现象。其实网上所有的这些传感器,像互联网设备,记录着非常大量的数据。记录这么多的数据,其实它就是不断地更新,而且有限的传统计算机的处理能力是不能处理这么多数据。这才是属于互联网领域的大数据,包括谷歌、Facebook 它们都有非常海量的甚至可能是你无法想象的数据。但是我觉得我们的司法大数据并没有达到他们的程度,而且可能王老师刚才也提到有些案件可能一年就十几件。为什么只有十几件案件你还要为这个十几件案件再去开发一个模型?我觉得没有必要为了训练模型再去制造更多的案件出来,没必要为了做大数据而制造司法大数据。我认为这个可能是互联网的一些问题,其实在司法里没有类比性。其实我们更加注重的是传统大数据,它其实可以容忍噪声。比如说你识别动物,你里面可以加到一些数据,这个无关紧要。但是司法大数据更多的是准确性,这种准确性并不需要非常多的数据去挖掘。所以我觉得这个问题其实并不是很必要的。

王禄生:好,非常感谢建峰。他从根本上否定了这个问题在司法这个垂直领域的必要性。我们刚刚顺利地完成了这个问题。下面我们进入另一个议题,就是算法的透明性,量刑决策人工智能算法。我们一直说黑箱的算法能不能公开或者以可视化的方法向公众来呈现。我想首先请教马铁丰教授,以您的专业角度来看,这种非线性的模型有没有可能以一种可视化的方式呈现给公众?他们看得懂吗?就是我们所谓的法官的决策,不是说像普通公众觉得法官量刑就是一加一等于几这样有一个10%的可能性、20%的可能性或30%的可能性,而是好几个从重从轻的,一个模糊决策的过程,这个过程能不能用可视化的方法呈现给公众?

马铁丰:关于法学这一块,就是法官的威严性我一直还不太好把握,但是我可以就熟悉的领域稍微解释一下。比如电力领域,我们说电子是物理学的一个概念,电流、电压乘在一起等于功率,这个是很简单的一个定律,在一个灯泡、两根电线、一个电池的情况下,是没问题的。但是如果在我们庞大的网络系统下,那么几乎所有的物理定律都会失效。它的特征也呈现非常明确的非线性。这种非线性就是电压的陡降或功率的那些有功无功的抖动会传播起来,对此业界的人无法判断。这个时候就非常需要用数据分析来帮助他们解决这个问题。关于法律这一块就是模型的透明度的问题,因为我觉得这是个学科定位的问题。法学本身大家可能把它定位成一个社会学。但是经过这几次参会,我发现它是很明显的自然科学。因为法律的很多条款是很明确的,如多少含量以上就是酒驾,多少含量以上就是醉驾,在法律判的时候也不会因为具体情况而产生质疑,所以说很多规则是非常明确的,但是法律里边又揉进了很多人格、人性、人权等一些东西。这里边的很多东西法官在这个问题赶上严打的时候就可以把犯罪嫌疑人重判,不严打的时候就可以轻判,如果都给公众来讲的话反而会造成混乱。我觉得可能会引起更多人来上访。以前那个案子判得很重,那么现在同样类型的案子为什么判得这么轻。这个时候可能就不仅仅是法律本身的问题,还有很多社会上的问题。因此算法的透明度怎么来公布?到什么时候来公布?是不是等我们整个人类社会的法律意识、公民意识达到一定程度之后再公布?这个可能不仅仅是统计能够回答的问题。我觉得更多的是法律界内部人士或者包括我们的政府界怎么来做的事情。所以说统计是辅助法律界来解决问题的,并不是说靠统计方法可以帮你们摆平很多事情。

王禄生:感谢马教授,马教授说从统计学角度觉得算法过程不需要公开。我觉得如果所有社会公众都以那么开明的方式要求司法就很幸福了。下面我还想就这个问题请教吕院长,您怎么看待这个黑箱透明的问题?

吕建成:关于这个问题其实刚才我拿到以后,也在认真思考。对于量刑我不太清楚,我只能从技术、从人工智能角度来讲一讲黑箱的问题。黑箱的问题在我们人工智能领域有两种情况。一种情况是算法根据知识图谱、决策树来进行。如果我们把算法公开,你就会清楚地知道这个决策的条件等这些东西。所以从这个角度来说算法公开的话,是可以看到决策过程的。另外一种情况就是从人工智能的角度看,实际上我们所说的黑箱和不可解释性是指即便你把算法公开,也不知道它是怎么做的。在人工智能领域里边为什么会出现这个问题呢?这是因为深度学习。举个例子来说,我们现在有一个杯子和一个麦克风,如果我们用一个网络来分析,很快,它就能够非常清楚地判断,这是杯子,这是麦克风。但是你说他是怎么判断的,你可能真不知道。我们做过这方面的研究,最后研究发现其实很简单,它是通过颜色来判断的。如果我们拿很多麦克风放在这里,比如说很多高端的麦克风,再次训练这个网络的时候,最后发现,它可能又不是通过颜色,而是根据高低辨别的。也就是说算法,它是有随机性的。那么从这个角度来说即便你把算法公开,其实你也不知道它是怎么来判断的。

王禄生:非常感谢,那下面我们就进入最后一个问题,就是算法的科学性的问题。现阶段量刑决策各种人工智能,比如说决策树和深度学习,哪一种是最适合法律的。我觉得这个是我们非常关心的。关于这个我想首先问一下士进。我们知道科大讯飞在做量刑决策的时候,你们的工作人员跟我很自豪,说咱们用的是神经网络的方式,这是怎么做的呢?到底这个优势在哪里?

王士进:就刚才讲的,算法配合的问题,这个问题正好跟量刑辅助决策这个事情蛮贴切。大家看到在司法量刑里面,其实也会有类似的系统。我认为它其实是一个半黑箱的问题,什么意思?我们可以看到任何一个司法案件,对它分析以后可知它会涉及哪些法条。我们知道法条,但它并不对应说你是触犯这个法条以后马上就是某一个具体的时间点,或者说某一个具体的罚金点,理论上你是根据法条给出一个区间的。所以我认为进了区间以后就进入主观的环节了,我们称之为黑箱。但其实黑箱不仅是对机器存在的,对我们人也同样存在。同样一个案件,我让不同的法官去判一定是不一样的,所以每一个人都有一个黑箱决策的理论。这就是我们现在服务量刑为什么有时候可以取得一定效果的原因。在服务量刑里面有两种类型的做法:首先有一种非常简单的方法,我会找跟它类似的一些案件,根据这个类似的案件或者根据匹配的一些法条去锁定的空间。那么锁定空间以后,理论上我从类似的案件应该可以看出一个大概的,或者说我根据里面的规定比如说多少量之间应该判多年做一个小的变化,决定是否把它映射出来的,这是一种方式。第二种方式就是我们现在做的,正是因为我们现在可以获取到大量样本。在样本里面,每个法官在判断的时候有一些不同的因素,包括他可能运用不同的法条,最后做出一个判断。这个最早的启发来自我们做教育评分的经历。大家知道,老师在判作文的时候也是拿一个非常粗糙的原则去判断作文。为什么我们在教育考试里面能够做的是跟专家类似的一些技术?其实就在于我们从大量的带有一定噪声的,(不可否认,这里面肯定会有一些噪声)神经网络站迅速的学习,从大量的一些可能高可能低的规则里面去吸收,大概就是这么一个过程吧。

王禄生:谢谢。那建峰,你怎么看这个问题?你觉得哪种方式更适合法院?因为现在有很多种算法,你认为哪种是最适合法院现阶段用的呢?

曹建峰:这个其实我也不懂,我就说一下上面那个问题吧。为什么司法并不需要像互联网那么多的大数据,因为这种深度学习跟司法领域中的深度学习并不是一个系统,就相当于它可能有一个明确的目标,然后它所有的输入都是一样的。比如说你预测案件的结果,这个可能是一个深度学习的过程,但是如果你去推送相似的案件,类似案件,更多是一种搜索,包括自然语言处理,可能并没有黑箱的存在。我觉得外界可能会有一些超越,有一些误解。

王禄生:好的,非常感谢建峰。那么我们最后来问一下邵坤,给你一个总结的机会,你怎么来看待算法的科学性问题?讯飞用的是神经网络,那么华宇用的什么来做量刑?

邹邵坤:什么是最适合的算法?我们说是不太适合场合的。就是说两个人穿衣服撞衫,谁丑谁尴尬,所以量刑这个事也是一样的。无论你用什么样的算法,你用什么样的模式,无论你是事后评价,还是事先提醒,你只需要判断你现在机器所给出的建议值。所以什么样的算法更合适,需要回到我的数据场景中,如我的数据场景是线性的,每一个影响的因子都是相对独立产生影响的,那可能回归类的或者线性回归的对待更合适。如果像刚才说的小样本,你说做机器学习有没有意义,至少对法律行业来说,没有一定要做机器学习的必要。如果这个场景我需要的是大量的类型化的场景,剔除出来,筛出来,我就想看那几个特殊的,那这又是另一种合适的算法。就是这个问题,本质上是个伪命题,是需要去界定场景的。所以为什么我们会愿意跟高校开展深度的合作,是因为发现了这个行业对人才的巨大缺口,正是因为这种对人才的巨大缺口,才会导致我们对最起码的应用场景的描述的缺失,不是每个法官的需要,就是一个智能化产品的需求。法官是用户,当你去问用户的时候,用户永远只能告诉你,我要一匹跑得更快的马。他不会告诉你我要汽车,解决我什么样的问题。所以我呼吁高校培养更多的跨界人才,他们能够从实务中了解到这些需求,并且用最合适的技术去匹配它。没有最好的技术,只有最精确的场景定义。

王禄生:好,非常感谢邵坤在总结的时候说到那么好的话,现在五个主题发言人都已经圆满完成了任务。我们今天这个环节也就圆满结束了,谢谢!

图书在版编目(CIP)数据

中国法律实证研究. 第3卷, 2018年 / 左卫民主编. -- 北京 : 法律出版社, 2019
ISBN 978 - 7 - 5197 - 3259 - 2

Ⅰ. ①中… Ⅱ. ①左… Ⅲ. ①法律－研究－中国 Ⅳ. ①D920.4

中国版本图书馆CIP数据核字(2019)第044104号

中国法律实证研究(第3卷·2018年)
ZHONGGUO FALÜ SHIZHENG YANJIU
(DI - 3 JUAN · 2018 NIAN)

左卫民 主编

策划编辑 高 山
责任编辑 高 山 邓颖君
装帧设计 李 瞻

出版 法律出版社
总发行 中国法律图书有限公司
经销 新华书店
印刷 固安华明印业有限公司
责任校对 李景美
责任印制 陶 松

编辑统筹 学术·对外出版分社
开本 710毫米×1000毫米 1/16
印张 18
字数 282千
版本 2019年5月第1版
印次 2019年5月第1次印刷

法律出版社/北京市丰台区莲花池西里7号(100073)
网址/www.lawpress.com.cn
投稿邮箱/info@lawpress.com.cn
举报维权邮箱/jbwq@lawpress.com.cn
销售热线/010 - 83938336
咨询电话/010 - 63939796

中国法律图书有限公司/北京市丰台区莲花池西里7号(100073)
全国各地中法图分、子公司销售电话:
统一销售客服/400 - 660 - 6393
第一法律书店/010 - 83938334/8335
西安分公司/029 - 85330678
重庆分公司/023 - 67453036
上海分公司/021 - 62071639/1636
深圳分公司/0755 - 83072995

书号:ISBN 978 - 7 - 5197 - 3259 - 2
定价:69.00元